이기적 스터디 카페

카페 회원가입 시 전부 제공!

KB022502

1:1 질문답변

궁금한 문제는 바로 답변을 받아야죠!
전문가가 달아주는 친절한 답변!

온라인 스터디 모임

같은 목표를 두고 함께 공부해봐요!
스터디 모임 인증하고 간식도 챙겨요!

다양한 추가 자료

스터디 카페에서만 받아볼 수 있는!
아주 특별한 학습자료!

리뷰 이벤트

이기적 도서에 대한 리뷰를 달아보세요!
네이버 페이 포인트를 드려요!

*제공되는 혜택은 도서별 상이합니다. 도서별 제공되는 혜택을 확인해주세요.

 이기적 스터디 카페 　Q 　검색

이기적 스터디 카페 회원 가입하러 가기

365 이벤트

홈페이지와 스터디 카페에서 365일 진행!

정오표 이벤트

이기적 수험서로 공부하다가 오타·오류를 발견하셨나요?
그럼 영진닷컴에 제보해 주세요.

참여 방법

- 이기적 수험서의 오타·오류를
'book2@youngjin.com'에 보내주세요.

- [도서명], [페이지], [수정사항], [이름], [연락처]를
꼭 적어 주세요.

QR로 세부 내용 확인!

기출문제 복원 이벤트

시험보고 오셨다면 이기적 스터디 카페에 공유해 주세요.
참여해주시는 모든 분께 푸짐한 상품을 드립니다.

참여 방법

- 이기적 수험서로 공부하신 후, 시험을 보고 오세요.
- 기억나는 문제를 '이기적 스터디 카페'에 와서 공유해 주세요.

QR로 세부 내용 확인!

참여 혜택

영진닷컴 도서
최대 30,000원 상당

이벤트 선물
다양하게 아낌없이 팡팡!

정오표 이벤트 당첨자는 매월 5일 이기적 홈페이지(license.youngjin.com)에서 확인하세요.

※ 이벤트의 세부 내용은 변경될 수 있습니다. 자세한 사항은 이기적 홈페이지나 카페를 확인하세요.

당첨자 확인

GTQ

환상의 콤비 1급 ver.CC

1권·포토샵

차례

1권·포토샵

Part 01

GTQ 포토샵은 이렇게 준비하세요

Part 02 ▶동영상 무료

시험 문항별 기능 익히기

Part 03 ▶동영상 무료

최신 기출 유형 따라하기

Part 04 ▶동영상 무료

기출 유형 문제

▶ 무료 동영상 강의 제공

① 언제 어디에서든 제공되는 '무료 동영상 강의'는 이기적 홈페이지(license.youngjin.com)에서 시청할 수 있습니다.
② 홈페이지에 로그인 후 '무료 동영상' 게시판의 해당 카테고리에서 간단한 인증 절차 후에 동영상 강의를 시청하세요.
③ 'Part1'은 '시험 소개'에 대한 설명으로 동영상을 제공하지 않습니다. Part2 시험 문항별 기능 익히기부터 동영상을 제공합니다.
④ 본 도서에서 제공하는 동영상 시청은 1판 1쇄 기준 2년간 유효합니다. 단, 출제 기준안에 따라 동영상 내용은 변경될 수 있습니다.

시험 안내

01 응시 자격 조건

02 원서 접수하기

- license.kpc.or.kr에서 접수
- 인터넷 홈페이지를 통해 접수한 후 수험표를 인쇄하여
  직접 선택한 고사장, 날짜, 시험시간 확인(방문 접수 가능)

03 시험 응시

답안 파일 작성 후 네트워크로
연결된 감독위원 PC로 답안 전송

04 합격자 발표

license.kpc.or.kr에서 확인 후 자격증 발급 신청

01 자격검정 응시 안내

① 응시 자격 : 전 국민 누구나 응시 가능

② 자격 종류 : 공인민간자격

③ 시험 등급 및 버전, 시험 시간

〈GTQ 포토샵〉

등급	프로그램 버전	평가 범위	시험 시간	합격 기준	시험 방법	응시료
1급	Adobe Photoshop CS4, CS6, CC(한글, 영문)	1문항(20점) 2문항(20점) 3문항(25점) 3문항(35점)	90분	100점 만점 70점 이상	실무작업형 실기시험	일반 : 31,000원 군장병 : 25,000원
2급				100점 만점 60점 이상		일반 : 22,000원 군장병 : 18,000원

〈GTQ 일러스트〉

등급	프로그램 버전	평가 범위	시험 시간	합격 기준	시험 방법	응시료
1급	Adobe Illustrator CS4, CS6, CC(영문)	1문항(25점) 2문항(35점) 3문항(40점)	90분	100점 만점 70점 이상	실무작업형 실기시험	일반 : 31,000원 군장병 : 25,000원
2급				100점 만점 60점 이상		일반 : 22,000원 군장병 : 18,000원

※ 시행처의 상황에 따라 응시료가 변동될 수 있습니다. 자세한 사항은 한국생산성본부(license.kpc.or.kr) 홈페이지에서 확인하세요.

02 학점 인정

① 인정 학점 및 전공분야

등급	인정 학점	대분류	중분류	직무번호	표준교육과정 해당 전공	
					전문학사	학사
1급	5점	15. 정보/통신	컴퓨터 전문응용	02	게임그래픽, 게임디자인, 광고디자인, 만화예술, 멀티미디어, 산업디자인, 시각디자인, 인터넷정보, 컴퓨터그래픽, 전자편집디자인, 컴퓨터산업디자인	디지털아트학, 멀티미디어학, 산업디자인, 시각디자인학
2급	3점					

※ 해당 전공인 경우 '전공필수 학점'으로 인정 / 그 외 전공일 경우 '일반선택 학점'으로 인정

② 인정 기간 : 국가공인 승격일(2021. 1. 1.) 이후 자격 취득자에 한해 학점인정 적용

③ 인정 절차

　– 국가평생교육진흥원, 시·도 교육청 등에 온라인 접수로 학점인정 신청

　– 최종합격 후 발급한 자격증 원본을 제출하여 원본 대초 후 사본 제출

　– 명칭변경, 종목통합 등의 변동사항이 발생할 경우 재교부 후 제출

※ 자세한 학점은행제 인정에 대한 최신 상세내용은 학점은행 홈페이지(cb.or.kr)의 '공지사항'을 참고하여 주시기 바랍니다.

부록 자료 다운로드

이 책에 사용된 이미지 및 완성(정답) 파일은 이기적 홈페이지(license.youngjin.com/)에서 다운받을 수 있습니다.

1. 이기적 홈페이지(license.youngjin.com/)에 접속하세요.

2. [자료실]-[GTQ] 게시판을 클릭하세요.

3. '[6902] 이기적 GTQ 환상의 콤비 1급 ver.CC' 게시글을 클릭하여 다운로드합니다.

답안 전송 프로그램

1. 다운 받은 부록 자료 안에 있는 'SETUP.EXE'를 더블 클릭합니다.

2. 설치 화면이 나오면 [다음]을 클릭합니다.
   (오류가 날 경우, 오른쪽 마우스 버튼을 클릭하여 [관리자 권한으로 실행]을 눌러 주세요.)

3. 프로그램이 설치될 폴더를 보여주면 [설치시작]을 클릭합니다.

4. [확인]을 클릭하여 설치를 완료합니다.

5. 바탕화면에 'GTQ 수험자용' 아이콘을 더블클릭합니다. [수험자 등록] 화면에 수험번호를 입력한 후 [확인] 버튼을 클릭합니다.
   ※ 실제 시험장에서는 본인의 수험번호를 입력합니다.
   ※ 도서에 사용한 수험번호는 기출 유형 문제의 유의사항 페이지에 있습니다.

6. 답안이 모두 완료되면 [답안 전송]을 클릭합니다. 다음과 같이 [상태]가 '성공'으로 바뀌면 [닫기]를 클릭합니다.

7. 시험 종료 전에 답안 파일을 감독 PC로 전송했는지 다시 확인합니다.
   ※ 실제 시험장과 연결되어 있는 것이 아니기 때문에 전송되지 않으며, 실물과 다를 수 있습니다.
   이기적에서 제공하는 답안 전송 프로그램은 참고용으로 사용해주세요.

1 GTQ 포토샵 시험 소개

GTQ 포토샵 시험의 전반적 소개와 작성요령, 문제 풀이 Tip 등을 제공합니다.

2 시험 문항별 기능 익히기

출제되는 기능별로 Chapter를 구성하여 이해하기 쉽게 설명하였습니다.

※ Adobe CC 버전은 해마다 업데이트 될 수 있고 그에 따른 프로그램의 버전(CC 2021, CC 2022, CC 2023 등)의 메뉴나 용어에서 차이가 있을 수 있습니다.

3 최신 기출 유형 따라하기

최신 기출 유형 문제를 따라하기 식으로 구성하였습니다.

4 기출 유형 문제 5회

기출 유형 문제 5회분을 따라하기 식으로 구성하였습니다.

이 책의 구성 · 2권 일러스트

1 GTQ 일러스트 시험 소개

GTQ 일러스트 시험의 전반적 소개와 작성요령, 문제 풀이 Tip 등을 제공합니다.

2 시험 문항별 기능 익히기

출제되는 기능별로 Chapter를 구성하여 이해하기 쉽게 설명하였습니다.

※ Adobe CC 버전은 해마다 업데이트 될 수 있고 그에 따른 프로그램의 버전(CC 2021, CC 2022, CC 2023 등)의 메뉴나 용어에서 차이가 있을 수 있습니다.

3 최신 기출 유형 따라하기

최신 기출 유형 문제를 따라하기 식으로 구성하였습니다.

4 기출 유형 문제 5회

기출 유형 문제 5회분을 따라하기 식으로 구성하였습니다.

01
PART

GTQ 포토샵은
이렇게 준비하세요

01 수험자 유의사항 및 답안 작성 요령

수 험 자 유 의 사 항

- 수험자는 문제지를 받는 즉시 응시하고자 하는 과목 및 급수가 맞는지 확인한 후 수험번호와 성명을 작성합니다.
- 파일명은 본인의 "수험번호–성명–문제번호"로 공백 없이 정확히 입력하고 답안폴더(내 PC₩문서₩GTQ)에 jpg 파일과 psd 파일의 2가지 포맷으로 저장해야 하며, jpg 파일과 psd 파일의 내용이 상이할 경우 0점 처리됩니다. 답안문서 파일명이 "수험번호–성명–문제번호"와 일치하지 않거나, 답안 파일을 전송하지 않아 미제출로 처리될 경우 불합격 처리됩니다.
- 문제의 세부조건은 '영문(한글)' 형식으로 표기되어 있으니 유의하시기 바랍니다.
- 수험자 정보와 저장한 파일명, 저장 위치가 다를 경우 전송이 되지 않으므로, 주의하시기 바랍니다.
- 답안 작성 중에도 주기적으로 '저장'과 '답안 전송'을 이용하여 감독위원 PC로 답안을 전송하셔야합니다.(※ 작업한 내용을 저장하지 않고 전송할 경우 이전의 저장내용이 전송되오니 이점 반드시 유념하시기 바랍니다.)
- 답안문서는 지정된 경로 외의 다른 보조기억장치에 저장하는 행위, 지정된 시험 시간 외에 작성된 파일을 활용한 행위, 기타 통신수단(이메일, 메신저, 네트워크 등)을 이용하여 타인에게 전달 또는 외부 반출하는 행위는 부정으로 간주되어 자격기본법 제32조에 의거 본 시험 및 국가공인 자격시험을 2년간 응시할 수 없습니다.
- 시험 중 부주의 또는 고의로 시스템을 파손한 경우와 〈수험자 유의사항〉에 기재된 방법대로 이행하지 않아 생기는 불이익은 수험자의 책임임을 알려 드립니다.
- 시험을 완료한 수험자는 최종적으로 저장한 답안파일이 전송되었는지 확인한 후 감독위원의 지시에 따라 문제지를 제출하고 퇴실합니다.

❶ 파일저장규칙대로 답안문서 파일명은 반드시 "수험번호–성명–문제번호"로 저장하여야 하며 답안폴더인 '내 PC₩문서₩GTQ'에 문제당 각각 jpg 파일과 psd 파일의 2가지 포맷으로 저장해야 합니다. 총 8개의 답안 파일이 해당 경로에 저장되어야 하고 바탕화면에 실행 중인 전송 프로그램을 통해 시간내에 반드시 전송되어야 합니다. (지정된 답안폴더에 저장하지 않으면 전송되지 않습니다.)

❷ 제시된 그림 및 문자 효과가 모두 완료되면 완성된 답안을 문제지의 《출력형태》와 비교하며 꼼꼼하게 점검한 후 전송합니다. 만약, 답안 제출 후 수정 사항이 발생하면 임의 경로에 저장한 파일을 열고 추가 작업을 완료한 후 다시 jpg 파일과 psd 파일의 2가지 포맷으로 저장합니다. jpg 파일과 psd 파일의 내용이 다를 경우 0점 처리되므로 반드시 다시 저장해야 합니다. 답안 파일은 수시로 전송 가능하며 최종적으로 저장하여 전송한 답안이 채점이 됩니다.

임시 파일을 수시로 저장하되 문제당 다음과 같은 저장 순서대로 작업을 진행합니다.

1. 원본 psd 파일	2. jpg 파일	3. 축소된 psd 파일
• 작업 과정이 모두 포함된 임시 파일로 최종 정답 파일 제출 후 퇴실 전 삭제 • 저장 위치 : 임의 경로	• 정답 파일 제출용 • 문제에서 제시된 원본 크기 • [File(파일)]–[Save As(다른 이름으로 저장)]로 jpg 저장 • 저장 위치 : 내 PC₩문서₩GTQ	• 정답 파일 제출용 • 원본 크기의 1/10로 축소 • [File(파일)]–[Save As(다른 이름으로 저장)]로 psd 저장 • 저장 위치 : 내 PC₩문서₩GTQ

답안작성요령

- 온라인 답안 작성 절차
- 수험자 등록 ⇒ 시험 시작 ⇒ 답안파일 저장 ⇒ 답안 전송 ⇒ 시험 종료
- 내 PC\문서\GTQ\Image폴더에 있는 그림 원본파일을 사용하여 답안을 작성하시고 최종답안을 답안폴더(내 PC\문서\GTQ)에 저장하여 답안을 전송하시고, 이미지의 크기가 다른 경우 감점 처리됩니다.
- 배점은 총 100점으로 이루어지며, 점수는 각 문제별로 차등 배분됩니다.
- 각 문제는 주어진 〈조건〉에 따라 작성하고, 언급하지 않은 조건은 《출력형태》와 같이 작성합니다.
- 배치 등의 편의를 위해 주어진 눈금자의 단위는 '픽셀'입니다.
- 그 외는 출력형태(효과, 이미지, 문자, 색상, 레이아웃, 규격 등)와 같게 작업하십시오.
- 문제 조건에 서체의 지정이 없을 경우 한글은 굴림이나 돋움, 영문은 Arial로 작업하십시오.
  (단, 그 외에 제시되지 않은 문자 속성을 기본값으로 작성하지 않은 경우는 감점 처리됩니다.)
- Image Mode(이미지 모드)는 별도의 처리조건이 없을 경우에는 RGB(8비트)로 작업하십시오.
- 모든 답안 파일은 해상도 72 pixels/inch로 작업하십시오.
- Layer(레이어)는 각 기능별로 분할해야 하며, 임의로 합칠 경우나 각 기능에 대한 속성을 해지할 경우 해당 요소는 0점 처리됩니다.

한 국 생 산 성 본 부

❶ 문제지의 《출력형태》에는 답안 파일의 레이아웃 설정을 위해 눈금자가 표시되어 있습니다. 작업 이미지에 [View(보기)]–[Rulers(눈금자)](Ctrl+R)를 클릭하여 눈금자 보기를 하고 눈금자에 마우스 오른쪽 버튼을 클릭하여 눈금자의 단위를 'Pixels(픽셀)'로 설정합니다. 상단과 왼쪽의 눈금자에서 작업 이미지로 드래그하여 안내선을 표시합니다. [View(보기)]–[Show(표시)]–[Grid(격자)](Ctrl+')를 선택하여 격자를 표시하면 작업 화면 전체에 균일한 Grid(격자)를 표시되어 《출력형태》와 같은 세부적인 배치 및 크기 조절이 용이합니다. [Edit(편집)]–[Preference(환경설정)](Ctrl+K)를 클릭하고 [Guides, Grid & Slices(안내선, 격자와 슬라이스)]를 선택하여 '격자 간격, 세분, 격자 색상' 등을 변경할 수 있습니다.

❷ 문제지에서 제시한 문자 효과는 주어진 서체 속성대로 글꼴, 크기, 색상을 지정해야 합니다. 그 외 제시되지 않은 문자 속성인 문자 스타일, 자간, 행간, 문자의 장과 평은 수험자 임의대로 작성하지 말고 기본값으로 작성해야 감점이 없습니다. 서체의 지정이 없을 경우에는 한글은 굴림이나 돋움, 영문은 Arial로 작업합니다.

❸ 새로운 작업 이미지를 설정할 때는 이미지 모드는 [File(파일)]–[New(새로 만들기)] 대화상자에서 반드시 Color Mode(색상 모드)는 'RGB Color(RGB 색상), 8bit(비트)'로 설정합니다. 만약 RGB 색상이 아니면 Filter(필터), Layer(레이어), Image(이미지) 메뉴의 사용이 제한적일 수 있으며 작업 중 [Image(이미지)]–[Mode(모드)]–[RGB color(RGB 색상)]로 변환이 가능합니다.

❹ 새로운 작업 이미지를 설정할 때는 [File(파일)]–[New(새로 만들기)] 대화상자에서 반드시 Resolution(해상도)를 '72 Pixels/Inch(픽셀/인치)'로 설정합니다. 작업 중 [Image(이미지)]–[Image Size(이미지 크기)]로 확인 및 변경이 가능하지만 이미 작업 완료된 이미지에 영향이 미치므로 처음 설정 시 반드시 확인합니다.

❺ Layer(레이어)는 이미지, 문자, 모양 레이어, 레이어 스타일 등 각각의 기능별로 분리해서 작업이 되어야 하며, 레이어를 임의대로 합치거나 각 기능에 대한 속성이 해지되어 0점 처리되지 않도록 주의합니다.

다음의 《조건》에 따라 아래의 《출력형태》와 같이 작업하시오.

출력형태

조건

원본 이미지	Part04₩1급-1.jpg, 1급-2.jpg, 1급-3.jpg	
파일저장규칙	JPG	파일명	문서₩GTQ₩수험번호-성명-1.jpg
		크기	400×500 pixels
	PSD	파일명	문서₩GTQ₩수험번호-성명-1.psd
		크기	40×50 pixels

1. 그림 효과

① 1급-1.jpg : 필터 – Paint Daubs(페인트 덥스/페인트 바르기)
② Save Path(패스 저장) : 쥬서기 모양
③ Mask(마스크) : 쥬서기 모양, 1급-2.jpg를 이용하여 작성
    레이어 스타일 – Stroke(선/획)(5px, 그라디언트(#ff9900, #009900)), Inner Shadow(내부 그림자)
④ 1급-3.jpg : 레이어 스타일 – Drop Shadow(그림자 효과)
⑤ Shape Tool(모양 도구) :
    – 나뭇잎 모양(#009933, 레이어 스타일 – Bevel and Emboss(경사와 엠보스))
    – 물결 모양(#ffffff, #ff6633, 레이어 스타일 – Outer Glow(외부 광선))

2. 문자 효과

① 신선한 당근 주스~(돋움, 45pt, 레이어 스타일 – Stroke(선/획)(2px, #330033)), 그라디언트 오버레이(#ffff00, #ff3333)

★ 자세한 지시사항은 **최신 기출 유형 따라하기**를 참고하세요.

01 주요 포인트

❶ 제시된 정답파일의 크기에 맞게 소스 이미지를 변형, 배치하고 필터를 적용합니다.

❷ 제시된 패스 모양대로 패스를 만들고 저장한 후 클리핑 마스크를 적용하여 《출력형태》와 동일하게 배치합니다.

❸ 다양한 선택 도구를 활용하여 제시된 이미지 일부를 정확하게 선택하고 변형 메뉴를 활용하여 크기 및 회전, 뒤집기 등을 적용하여 《출력형태》의 눈금자를 참고하여 동일하게 배치합니다.

❹ 제시된 두 가지의 모양을 Custom Shape Tool(사용자 정의 모양 도구)을 활용하여 그리고 레이어 스타일을 적용합니다. 레이어 스타일의 세부 옵션을 조절하여 《출력형태》와 동일하게 설정합니다.

❺ 사용자 정의 모양 중 하나는 복제하여 색상과 변형을 적용하여 배치합니다.

❻ 제시된 문자의 속성대로 글꼴, 크기, 색상, 변형된 텍스트를 적용하여 입력하고 제시되지 않은 문자 속성은 행간, 자간, 장평 등을 기본값으로 작성합니다. 제시된 레이어 스타일을 적용하여 《출력형태》와 동일하게 배치합니다.

다음의 《조건》에 따라 아래의 《출력형태》와 같이 작업하시오.

출력형태

조건

원본 이미지			Part04₩소스파일₩1급-4.jpg, 1급-5.jpg, 1급-6.jpg
파일저장규칙	JPG	파일명	문서₩GTQ₩수험번호-성명-2.jpg
		크기	400×500 pixels
	PSD	파일명	문서₩GTQ₩수험번호-성명-2.psd
		크기	40×50 pixels

1. 그림 효과
① 1급-4.jpg : 필터 – Crosshatch(그물눈)
② 색상 보정 : 1급-5.jpg – 보라색, 연두색 계열로 보정
③ 1급-5.jpg : 레이어 스타일 – Drop Shadow(그림자 효과)
④ 1급-6.jpg : 레이어 스타일 – Inner Shadow(내부 그림자)
⑤ Shape Tool(모양 도구) :
　– 꽃 프레임 모양(#ff9900, 레이어 스타일 – Drop Shadow(그림자 효과))
　– 꽃 모양(#cccc99, #cc9999, 레이어 스타일 – Outer Glow(외부 광선))

2. 문자 효과
① Organic Food(Arial, Regular, 40pt, 레이어 스타일 – 그라디언트 오버레이(#ff00ff, #99ccff, #99ff33), Stroke(선/획)
(2px, #333366))

★ 자세한 지시사항은 **최신 기출 유형 따라하기**를 참고하세요.

01 주요 포인트

❶ 제시된 정답파일의 크기에 맞게 소스 이미지를 변형, 배치합니다.

❷ 제시된 필터를 적용합니다. 대부분 Filter Gallery(필터 갤러리)의 필터가 출제되며 기본 옵션 설정값을 사용하지만 정확하게는 문제지의 《출력형태》를 참조하여 동일한 필터 효과를 찾아 옵션을 조절하여 적용합니다.

❸ 조정 레이어를 활용하여 레이어 이미지의 전체 또는 일부에 제시된 계열의 색상으로 보정합니다. 주로 [Hue/Saturation(색조/채도)]에서 'Colorize(색상화) : 체크'를 한 후 색조, 채도, 명도를 《출력형태》와 동일하게 설정합니다.

❹ 제시된 두 가지의 모양을 Custom Shape Tool(사용자 정의 모양 도구)을 활용하여 그리고 레이어 스타일을 적용합니다. 사용자 정의 모양 중 하나는 복제하여 색상과 변형을 적용하여 배치합니다.

❺ 문자는 가로, 세로 문자 도구로 입력합니다. 세부 옵션에 대한 별도의 제시는 없습니다. 옵션 바의 'Create warped text(변형된 텍스트 만들기)'를 클릭하여 스타일과 Bend의 수치를 설정하여 《출력형태》와 동일하게 적용하고 레이아웃에 맞게 배치합니다.

다음의 《조건》에 따라 아래의 《출력형태》와 같이 작업하시오.

출력형태

조건

원본 이미지		Part04\1급-7.jpg, 1급-8.jpg, 1급-9.jpg, 1급-10.jpg, 1급-11.jpg	
파일저장규칙	JPG	파일명	문서\GTQ\수험번호-성명-3.jpg
		크기	600×400 pixels
	PSD	파일명	문서\GTQ\수험번호-성명-3.psd
		크기	60×40 pixels

1. 그림 효과

① 배경 : #99cccc

② 1급-7.jpg : Blending Mode(혼합 모드) – Hard Light(하드 라이트), Opacity(불투명도)(80%)

③ 1급-8.jpg : 필터 – Rough Pastels(거친 파스텔 효과), 레이어 마스크 – 가로 방향으로 흐릿하게

④ 1급-9.jpg : 필터 – Dry Brush(드라이 브러시)

⑤ 1급-10.jpg : 색상 보정 – 녹색 계열로 보정, 레이어 스타일 – Stroke(선/획)(4px, 그라디언트(#99ccff, #ffff99)),
Inner Shadow(내부 그림자)

⑥ 1급-11.jpg : 레이어 스타일 – Bevel and Emboss(경사와 엠보스), Outer Glow(외부 광선)

⑦ 그 외 《출력형태》 참조

2. 문자 효과

① 건강 식재료 세미나(돋움, 30pt, 레이어 스타일 – Stroke(선/획)(2px, #333333), 그라디언트 오버레이(#00ccff, #ffccff,
#ffcc00), Drop Shadow(그림자 효과))

② #1 신선한 토마토 요리하기(바탕, 23pt, 30pt, 레이어 스타일 – Stroke(선/획)(2px, #ffffff), 그라디언트 오버레이
(#003300, #ff0033))

③ HEALTHY EATING SEMINAR(Arial, Bold, 16pt, 22pt, #cc6600, #663399, 레이어 스타일 – Stroke(선/획)(2px,
#99ff33))

④ 장소 : 교육문화회관강당 시간 : 매주 토요일 10시(돋움, 13pt, #663300, 레이어 스타일 – Stroke(선/획)(2px, #ffffff))

★ 자세한 지시사항은 **최신 기출 유형 따라하기**를 참고하세요.

01 주요 포인트

❶ 배경 이미지에 설정된 색상 채우기는 전경색을 지정하고 Alt + Delete 로 빠르게 설정합니다.

❷ 제시된 혼합 모드 및 필터를 적용한 후 가로, 세로, 대각선 등 제시된 방향으로 레이어 마스크를 적용하여
배경색 및 이미지와 흐릿하게 합성합니다.

❸ 제시된 필터 적용 및 사용자 정의 모양 또는 이미지의 일부를 레이어로 복제한 후에 클리핑 마스크 적용합
니다.

❹ 조정 레이어를 활용하여 레이어 이미지의 전체 또는 일부에 제시된 계열의 색상으로 보정합니다.

❺ 3개의 Custom Shape(사용자 정의 모양)을 옵션에서 빠르게 찾아 적용할 수 있도록 세부 항목을 잘 익히
고 레이어 스타일과 Opacity(불투명도)를 적용합니다.

❻ 4개의 문자 효과 중 2개 정도의 문자에 'Create warped text(변형된 텍스트 만들기)'를 적용됩니다.

문제 4 : [실무응용] 웹 페이지 제작　　35점

다음의 《조건》에 따라 아래의 《출력형태》와 같이 작업하시오.

조건

원본 이미지		Part04₩소스파일₩1급−12.jpg, 1급−13.jpg, 1급−14.jpg, 1급−15.jpg, 1급−16.jpg, 1급−17.jpg	
파일저장규칙	JPG	파일명	문서₩GTQ₩수험번호−성명−4.jpg
		크기	600×400 pixels
	PSD	파일명	문서₩GTQ₩수험번호−성명−4.psd
		크기	60×40 pixels

1. 그림 효과
① 배경 : #ffcc66
② 패턴(나뭇잎 모양) : #99cc33, #009966, Opacity(불투명도)(70%)
③ 1급−12.jpg : Blending Mode(혼합 모드) − Darken(어둡게 하기), 레이어 마스크 − 세로 방향으로 흐릿하게
④ 1급−13.jpg : 필터 − Dry Brush(드라이 브러쉬), 레이어 마스크 − 가로 방향으로 흐릿하게
⑤ 1급−14.jpg : 레이어 스타일 − Outer Glow(외부 광선), Drop Shadow(그림자 효과)
⑥ 1급−15.jpg : 필터 − Texturizer(텍스처화), 레이어 스타일 − Bevel and Emboss(경사와 엠보스)
⑦ 1급−16.jpg : 색상 보정 − 노란색 계열로 보정, 레이어 스타일 − Inner Glow(내부 광선), Drop Shadow(그림자 효과)
⑧ 그 외 《출력형태》 참조

2. 문자 효과
① Experience Orchard(Times New Roman, Bold, 20pt, #ffcc00, 레이어 스타일 − Stroke(선/획)(2px, #336633))
② 복숭아 따기 체험(궁서, 35pt, 레이어 스타일 − Stroke(선/획)(3px, #006633), 그라디언트 오버레이(#ff6699, #ffcc66, #ccffcc))
③ 우리지역 농산물 이용하기(돋움, 14pt, #660000, 레이어 스타일 − Stroke(선/획)(2px, 그라디언트(#ccffcc, #ffcc00)))
④ 농장소개 체험안내 교통안내(돋움, 17pt, #330000, 레이어 스타일 − Stroke(선/획)(2px, #ffff99))

★ 자세한 지시사항은 **최신 기출 유형 따라하기**를 참고하세요.

01 주요 포인트

❶ 배경 이미지에 설정된 색상 채우기는 전경색을 지정하고 Alt + Delete 로 빠르게 설정합니다.

❷ 제시된 2개의 사용자 모양 도구를 활용하여 패턴을 정의하고 Pen Tool(펜 도구) 및 모양 도구 연산을 활용한 모양에 클리핑 마스크로 불투명도를 활용하여 적용합니다.

❸ 제시된 혼합 모드 및 필터를 적용한 후 가로, 세로, 대각선 등 제시된 방향으로 레이어 마스크를 적용하여 배경색 및 이미지와 흐릿하게 합성합니다.

❹ 조정 레이어를 활용하여 레이어 이미지의 전체 또는 일부에 제시된 계열의 색상으로 보정합니다. 주로 [Hue/Saturation(색조/채도)]에서 'Colorize(색상화) : 체크'를 한 후 색조, 채도, 명도를 《출력형태》와 동일하게 설정합니다.

❺ 3개의 Custom Shape(사용자 정의 모양)를 옵션에서 빠르게 찾아 적용할 수 있도록 세부 항목을 잘 익히고 레이어 스타일과 Opacity(불투명도)를 적용합니다.

❻ 4개의 문자 효과 중 2개 정도의 문자에 'Create warped text(변형된 텍스트 만들기)'를 적용됩니다.

문제 풀이 TIP

01 답안 파일 저장규칙

❶ 각 문제당 2개의 파일로 총 8개 파일이 저장해야 합니다.

❷ 파일명은 '수험번호–성명–문제번호'로 저장해야 합니다.

문제번호	파일명	예
1	수험번호–성명–1.jpg	G123456789–성명–1.jpg
	수험번호–성명–1.psd	G123456789–성명–1.psd
2	수험번호–성명–2.jpg	G123456789–성명–2.jpg
	수험번호–성명–2.psd	G123456789–성명–2.psd
3	수험번호–성명–3.jpg	G123456789–성명–3.jpg
	수험번호–성명–3.psd	G123456789–성명–3.psd
4	수험번호–성명–4.jpg	G123456789–성명–4.jpg
	수험번호–성명–4.psd	G123456789–성명–4.psd

02 온라인 답안 작성 절차

❶ 수험자 등록 → 시험 시작 → 수시로 답안 저장 및 전송 → 최종 답안 전송 → 시험 종료

❷ 모든 답안을 완성했는데 전체가 0점 처리되는 경우

- 최종 작업에서 저장하지 않고 답안 전송 프로그램으로 전송했을 경우에 해당됩니다. 반드시 수시로 저장한 후 전송을 하고, 최종 파일 전송 전에는 마지막으로 저장을 다시 한 후 전송하십시오.

❸ 해당 문제 0점 또는 일부가 감점 처리되는 경우

- 답안 문서 파일명이 "수험번호–성명–문제번호"와 일치하지 않은 경우
- jpg 파일과 psd 파일의 내용이 상이할 경우
- 이미지의 크기가 다른 경우
- 제시되지 않은 문자 속성을 기본값으로 작성하지 않은 경우
- Layer(레이어)를 각 기능별로 분할하지 않고 임의로 합칠 경우나 각 기능에 대한 속성을 해지할 경우

03 해상도와 색상 모드 설정

❶ Image Mode(이미지 모드)는 별도의 처리조건이 없을 경우에는 RGB(8비트)로 작업합니다.

❷ 모든 답안 파일은 해상도 72 Pixels/Inch로 작업합니다.

04 이미지 크기 설정

❶ 문제지의 《조건》에는 각각의 문제별로 크기가 다음과 같이 설정되어 있습니다.

원본 이미지	문서₩GTQ₩Image₩1급-1.jpg, 1급-2.jpg, 1급-3.jpg		
파일저장규칙	JPG	파일명	문서₩GTQ₩수험번호-성명-1.jpg
		크기	400×500 pixels
	PSD	파일명	문서₩GTQ₩수험번호-성명-1.psd
		크기	40×50 pixels
원본 이미지	문서₩GTQ₩Image₩1급-7.jpg, 1급-8.jpg, 1급-9.jpg, 1급-10.jpg, 1급-11.jpg		
파일저장규칙	JPG	파일명	문서₩GTQ₩수험번호-성명-3.jpg
		크기	600×400 pixels
	PSD	파일명	문서₩GTQ₩수험번호-성명-3.psd
		크기	60×40 pixels

❷ 문제1과 문제2는 JPG의 크기가 400×500 pixels이며, 문제3과 문제4는 JPG의 크기가 600×400 pixels 입니다.

❸ 최종 제출용 JPG와 PSD의 이미지 크기는 매우 중요합니다.

❹ PSD의 이미지 크기는 작업 중에는 제시된 크기가 아닌 JPG에서 제시된 이미지 크기로 작업을 해야 합니다. 답안 작업이 완료되면 최종 저장 후 전송 전에 JPG로 다른 이름으로 저장을 합니다. 그런 다음에 크기를 1/10로 축소하여 다른 이름으로 저장하여 PSD로 저장한 후 전송합니다.

05 클리핑 마스크 적용

❶ Clipping Mask(클리핑 마스크)를 적용할 때는 반드시 '사용자 정의 모양 도구' 또는 '이미지의 특정 형태' 레이어의 바로 위쪽에 이미지 레이어를 서로 겹치도록 배치해야 합니다.

❷ 클리핑 마스크 후 이미지 레이어를 《출력형태》의 레이아웃과 동일하게 이동하여 배치합니다.

06 레이아웃 배치

❶ 문제지의 《출력형태》를 보고 동일하게 작성합니다.

• 문제지의 《출력형태》 왼쪽과 위쪽에 표시된 눈금자를 보고 미리 준비한 자를 이용하여 문제지의 《출력형태》 위에 100pixel 간격으로 가로와 세로 선을 그어 표시합니다.

• [Edit(편집)]–[Preference(환경설정)]–[Guides, Grid & Slices(안내선, 격자와 슬라이스)]에서 Grid(격자)의 'Gridline every(격자 간격) : 100pixels(픽셀), Subdivisions(세분) : 1'로 설정합니다.

• 포토샵에서 눈금자 보기(Ctrl+R)를 하고 문제지의 《출력형태》와 같이 격자(Ctrl+') 및 안내선을 표시합니다.

• Ctrl+T로 《출력형태》와 동일하게 크기, 회전, 방향을 설정합니다. 특히 크기를 조절할 때는 Shift를 누른 채 드래그하여 조절해야 종횡비를 유지할 수 있습니다.

❷ 감점이 되는 경우

• 문제지의 《출력형태》와 다른 경우

출력형태	감점 처리
문제지의 《출력형태》대로 격자에 배치합니다.	텍스트의 변형 효과가 다르고 한옥 모양 패스가 비대칭이며 클리핑 마스크가 적용된 이미지의 위치가 달라 감점이 됩니다.

• 레이어의 순서가 다른 경우

출력형태	감점 처리
	오른쪽 곤충 모형 레이어가 불투명도가 적용된 모양 레이어의 위쪽에 배치되어 있으므로 감점이 됩니다.

07 이미지 방향

[Edit(편집)]-[Free Transform(자유변형)]([Ctrl]+[T])을 클릭하고 이미지의 회전, 뒤집기로 이미지의 방향을 《출력형태》와 동일하게 적용한 후 배치합니다.

출력형태	감점 처리
	왼쪽 하단 곤충 이미지의 방향과 나뭇잎 모양의 회전 각도가 다르므로 감점됩니다.

08 문자 속성의 기본값

❶ 답안 파일은 해상도 72Pixels/Inch로 설정되어 있어야 합니다. 해상도가 다르면 제시된 문자 크기대로 설정하고 입력하여도 《출력형태》와 크기가 다르게 보입니다.

❷ 문제 조건에 별도의 서체 지정이 없을 경우에는 한글은 굴림이나 돋움, 영문은 Arial로 작업합니다.

❸ 그 외에 제시되지 않은 문자 속성은 기본값으로 작성하지 않은 경우는 감점 처리됩니다.

❹ 문자를 입력하여 문자 레이어를 생성한 후 Transform(변형)을 통해 크기를 조절하지 않도록 합니다.

09 텍스트 변형 조건

❶ 변형된 텍스트는 정확한 모양 및 회전을 평가합니다. 세부 옵션에 대한 별도의 제시는 없습니다. 눈금자와 격자를 활용하여 변형의 정도를 설정합니다.

❷ 문자 도구의 Option Bar(옵션 바)에서 Create warped text(변형된 텍스트 만들기, ⬈)를 클릭하여 [Warp Text(텍스트 변형)] 대화상자에서 'Style(스타일), Horizontal(가로) 또는 Vertical(세로), Bend(구부리기)'를 설정하여 문자의 모양을 왜곡합니다.

출력형태	감점 처리

'K – Pet Fair' 문자 레이어에 텍스트 변형 미적용으로 감점이 됩니다.

10 필터 효과

❶ 필터는 문제지에서 제시한 정확한 필터를 찾아서 적용합니다.

❷ 제시된 필터는 대부분 [Filter(필터)]–[Filter Gallery(필터 갤러리)]에서 찾아서 적용할 수 있습니다.

❸ 필터의 세부 옵션은 기본값을 그대로 적용한 경우가 많으나, 《출력형태》를 보고 최대한 동일하게 옵션을 조절합니다.

❹ 필터에 따라 'Preview(미리보기)'가 지원되지 않은 필터는 적용 후, 《출력형태》와 설정이 맞지 않으면 'Undo(명령 취소)(Ctrl+Z)'를 하고 다시 적용합니다.

❺ 필터를 적용하기 전에는 처리 속도와 프로그램 다운을 대비하여 저장을 미리 합니다.

출력형태	감점 처리
	배경 이미지에 적용된 필터가 출력형태와 다르므로 감점이 됩니다.

11 그라데이션

❶ 그라데이션 적용은 문자나 사용자 정의 모양 도구로 그린 모양의 칠 또는 선에 설정합니다.

❷ Layer(레이어) 패널 하단의 'Add a layer style(레이어 스타일 추가, *fx*)'을 클릭하여 [Stroke(선/획)]–[Fill Type(칠 유형)]–[Gradient(그레이디언트)] 또는 [Gradient Overlay(그레이디언트 오버레이)]를 선택하고 'Click to edit the gradient(클릭하여 그레이디언트 편집)'를 클릭합니다.

❸ 그라데이션의 스타일, 방향 및 각도, 색상이 《출력형태》와 일치해야 합니다.

출력형태	감점 처리
	오른쪽 상단 '사용자 지정 모양 레이어'의 그라데이션의 방향 및 불투명도가 다르므로 감점이 됩니다.

12 색상 보정

❶ 색상 보정은 레이어에서 적용할 이미지의 범위와 제시된 색상을 《출력형태》와 동일하게 표현해야 합니다.

❷ 색상 보정은 이미지 메뉴를 활용하여 원본 레이어를 직접 보정하는 것보다는 Layer(레이어) 패널 하단의 'Create new fill or adjustment layer(새 칠 또는 조정 레이어 생성, *⊘*)'를 클릭하고 [Hue/Saturation(색조/채도)]을 적용합니다.

❸ Properites(속성) 패널에서 'Colorize(색상화)'를 체크하고 'Hue(색조), Saturation(채도), Lightness(명도)'를 각각 설정하여 제시된 계열의 색상으로 보정합니다.

출력형태	감점 처리
	보정된 색상 및 범위가 출력형태와 다르므로 감점이 됩니다.

13 레이어 마스크 적용

❶ 레이어에 마스크를 적용하여 아래쪽 레이어에 적용한 색상과 합성할 때는《출력형태》와 최대한 동일하게 설정해야 합니다.

❷ Layer(레이어) 패널의 추가된 레이어 마스크는 적용 후 속성을 병합하면 감점이 되므로 주의해야 합니다.

❸ Gradient Tool(그라디언트 도구, ▣)로 Option Bar(옵션 바)에서 'Black, White(검정, 흰색)'를 선택하고 지워질 부분에서 시작하여 제시된 방향으로 드래그하여 적용합니다.

출력형태	감점 처리
	하단 레이어와 합성된 이미지의 레이어 마스크 방향이 다르므로 감점이 됩니다.

14 레이어 속성 유지

❶ 시험지의 답안작성 요령에서 지시한대로 Layer(레이어)는 각 기능별로 분할해야 하며, 임의로 합칠 경우나 각 기능에 대한 속성을 해지할 경우 해당 요소는 0점이 되므로 주의합니다.

❷ 채점시 1/10로 축소 저장한 PSD 파일에서 확인하므로 절대로 병합하지 말고, 불필요하게 생성된 레이어는 삭제합니다.

❸ 레이어 스타일 중 작업 과정에서 적용한 후 가시성(눈 아이콘)이 꺼져 있는 불필요한 스타일은 반드시 삭제합니다.

자주 질문하는 Q&A

Q 새 작업 이미지의 이미지 모드와 해상도, 작업 단위의 설정은 무엇으로 하나요?

답안 파일의 Image Mode(이미지 모드)는 별도의 처리조건이 없는 경우에는 RGB(8비트)로 설정하고 작업조건에서 주어진 모든 답안 파일의 해상도는 '72Pixels/Inch'이며 단위는 'Pixels(픽셀)'를 지정합니다.

Q 한글 폰트의 이름이 영어로 표시되어 쉽게 찾을 수가 없어요?

[Edit(편집)]—[Preferences(환경설정)]에서 'Type(문자)'의 'Type Options(문자 옵션)'의 'Show Font Names In English(글꼴 이름을 영어로 표시) : 체크 해제'를 설정하면 옵션 바에 한글로 폰트 이름이 표기됩니다.

Q 문제지에 제시된 색상은 어떻게 적용하나요?

문제지의 색상은 RGB 색상을 16진수로 표현한 색상 코드입니다. Tool Panel(도구 패널) 하단의 'Set foreground color(전경색 설정)'을 클릭하여 Color Picker(색상 픽커) 대화상자에서 '#'의 오른쪽 입력란에 6자리의 코드를 입력합니다.

합격생의 비법

색상값 빠르게 입력하기

제시된 6자리의 색상 코드는 입력 순서대로 2자리씩 동일합니다. 예로 '#ccff00'이면 'cf0'을 입력해도 됩니다.

Q 문제지에서 제시한 《출력형태》와 동일하게 레이아웃을 맞추려면 어떻게 하나요?

자를 미리 준비해 가시면 됩니다. 문제지에서 제시한 《출력형태》에는 왼쪽과 위쪽에 눈금자가 픽셀 단위로 표시되어 있습니다. 주요 이미지의 배치 상태를 보고 100픽셀 간격으로 수직선과 수평선을 그어서 격자 상태와 동일하게 표시하고 작업하면 됩니다.

작업 이미지의 격자 간격은 [Edit(편집)]–[Preference(환경설정)]([Ctrl]+[K])를 클릭하고 [Guides, Grid & Slices(안내선, 격자와 슬라이스)]를 선택하여 Grid(격자)의 'Gridline every(격자 간격) : 100Pixels(픽셀), Subdivisions(세분) : 1'로 설정한 후 'Grid Color(격자 색상)'를 클릭하여 밝은 색상으로 변경합니다.

Q Custom Shape Tool(사용자 정의 모양 도구, [icon])의 Option Bar(옵션 바)에서 이전 버전의 사용자 정의 모양이 없어요. 어떻게 찾을 수 있나요?

[Window(창)]–[Shapes(모양)]을 클릭하고 Shapes Panel(모양 패널)의 팝업 메뉴에서 'Legacy Shapes and More(레거시 모양 및 기타)'를 클릭하여 확장하면 이전 버전의 사용자 정의 모양 라이브러리를 추가할 수 있습니다.

Q 이미 적용한 색상 보정을 수정할 수는 없나요?

Layer(레이어) 패널의 'Hue/Saturation(색조/채도)' 레이어의 'Layer thumbnail(레이어 축소판)'을 더블 클릭한 후 Properites(속성) 패널에서 수정이 가능합니다.

Q 반복적인 Layer style(레이어 스타일)을 빠르게 적용할 수는 없나요?

Layer(레이어) 패널에서 이미 적용한 레이어 스타일에 마우스 오른쪽 버튼을 눌러 'Copy Layer Style(레이어 스타일 복사)'을 클릭한 후, 적용할 레이어에 마우스 오른쪽 버튼을 눌러 'Paste Layer Style(레이어 스타일 붙여넣기)'을 클릭합니다.

Q Tool(도구)의 Option Bar(옵션 바) 설정을 초기화하려면 어떻게 하나요?

Option Bar(옵션 바) 왼쪽의 선택된 도구 모양에 마우스 오른쪽 버튼을 누르고 'Reset Tool(도구 재설정)'를 클릭하여 현재 도구만 초기화하거나 'Reset All Tools(모든 도구 재설정)'를 클릭하여 포토샵의 모든 도구 옵션을 초기화할 수 있습니다.

Q 그림자 효과의 Angle(각도)을 레이어별로 각각 따로 적용하려면 어떻게 하나요?

작업 이미지의 Layer Style(레이어 스타일) 대화상자에서 'Use Global Light(전체 조명 사용)'의 체크를 해제하면 이미 적용한 다른 레이어에 영향을 미치지 않고 레이어별로 각도를 따로 설정할 수 있습니다.

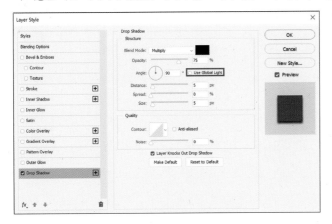

Q 레이어 마스크를 적용할 때 그레이디언트를 빠르게 'Black, White(검정, 흰색)'를 설정하는 방법은 없나요?

Gradient Tool(그레이디언트 도구, ▥)를 클릭하고 Option Bar(옵션 바)에서 'Click to open Gradient picker(클릭하여 그레이디언트 편집)'를 클릭한 후 Presets(사전 설정)에서 Basics(기본 사항)를 클릭하고 'Black, White(검정, 흰색)'를 선택합니다.

Tool Panel(도구 패널) 하단의 Default Foreground and Background Colors(기본 전경색과 배경색, ▣)를 클릭하여 기본값으로 설정한 후 Swatch Foreground and Background Colors(전경색과 배경색 전환, ↰)를 클릭하여 설정하는 방법도 있습니다.

Q 연속해서 사용자 정의 모양 도구로 그릴 때 Fill(칠)를 설정하면 먼저 그린 모양의 색상이 바뀌는데 어떻게 해결하나요?

연속해서 모양을 그릴 때는 이미 그린 모양 레이어가 선택된 상태로 옵션을 설정하므로 색상에 영향을 줍니다. Options Bar(옵션 바)에서 목록 단추를 눌러 새롭게 제시된 Shape(모양)를 선택하여 먼저 그린 후에 'Layer thumbnail(레이어 축소판)'을 더블 클릭하여 Fill(칠)을 변경합니다.

02
PART

시험 문항별 기능 익히기

CHAPTER
01

[기능평가]
고급 Tool(도구) 활용

▶ 동영상 무료

주요 기능	메뉴	단축키	출제빈도
Selection Tool(선택 도구)	☑, ☑, ☑, ☑, ☑, ☑	L W	★★★★★
Move Tool(이동 도구)	☑	V	★★★★★
Type Tool(문자 도구) 및 옵션	T, IT, Options Bar(옵션 바)의 ☑	T	★★★★★
Shape Tool(모양 도구)	☑, ☑, ☑, ☑, ☑	U	★★★★★
Pen Tool(펜 도구)	☑	P	★★★★
Free Transform(자유 변형 메뉴)	[Edit(편집)]–[Free Transform(자유 변형)]	Ctrl + T	★★★★★
Layer Style(레이어 스타일)	[Layer(레이어)]–[Layer Style(레이어 스타일), Layers Panel(레이어 패널) 하단의 fx.		★★★★★
Clipping Mask(클리핑 마스크)	[Layer(레이어)]–[Create Clipping Mask(클리핑 마스크 만들기)]	Alt + Ctrl + G	★★★★★
Color Panel(색상 패널)	[Window(윈도우)]–[Color(색상)]	F6	★★★★★
Character Panel(문자 패널)	[Window(윈도우)]–[Character(문자)]		★★★★★
Layers Panel(레이어 패널)	[Window(윈도우)]–[Layers(레이어)]	F7	★★★★★
Paths Panel(패스 패널)	[Window(윈도우)]–[Paths(패스)]		★★★★★
Options Bar(옵션 바)	[Window(윈도우)]–[Options(옵션)]		★★★★★
Filter(필터)	[Filter(필터)]		★★★★★
Image Size(이미지 크기)	[Image(이미지)]–[Image Size(이미지 크기)]		★★★★★

01 선택 반전하여 이미지 선택하기

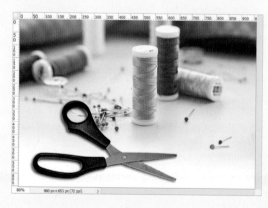

◀ 완성 이미지

01 배경 선택하고 선택 반전하기

① [File(파일)]-[Open(열기)]([Ctrl]+[O])을 선택하여 가위.jpg를 불러옵니다.

② Magic Wand Tool(자동 선택 도구, 🪄)을 클릭하고 Options Bar(옵션 바)에서 'Add to selection(선택 영역 추가, 🔲), Tolerance(허용치) : 30'으로 설정한 후 이미지의 배경 부분을 여러 번 클릭하여 선택합니다. 계속해서 가위의 손잡이 안쪽 부분을 클릭하여 배경을 모두 선택합니다.

합격생의 비법

Options Bar(옵션 바)의 Tolerance(허용치)가 클수록 이미지에 클릭할 때 선택되는 색상 범위가 넓어집니다.

③ [Select(선택)]-[Inverse(선택 반전)]([Shift]+[Ctrl]+[I])를 클릭하여 선택 영역을 반전하고 [Edit(편집)]-[Copy(복사하기)]([Ctrl]+[C])로 복사합니다.

02 이미지 복사하고 변형 및 그림자 효과 적용하기

① [File(파일)]-[Open(열기)]([Ctrl]+[O])을 선택하여 실과 핀.jpg를 불러온 후, [Edit(편집)]-[Paste(붙여넣기)]([Ctrl]+[V])로 복사한 이미지를 붙여넣습니다.

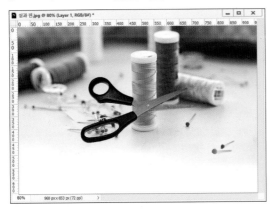

② [Edit(편집)]-[Free Transform(자유 변형)]([Ctrl]+[T])을 선택하고 [Shift]를 누른 채 조절점의 모서리를 드래그하여 비율에 맞게 크기를 확대합니다. 계속해서 조절점의 밖을 드래그하여 회전한 후 이동하여 배치하고 [Enter]를 눌러 변형을 완료합니다.

합격생의 비법

[Ctrl]+[T]로 크기를 조절할 때 [Shift]를 누른 채 드래그하면 가로, 세로의 비율에 맞게 조절이 됩니다. 회전할 때 [Shift]를 누른 채 드래그하면 15° 단위로 회전할 수 있습니다.

③ Layers(레이어) 패널 하단의 'Add a layer style(레이어 스타일 추가, [fx.])'을 클릭하여 [Drop Shadow(그림자)] 선택, 'Opacity(불투명도) : 60%, Angle(각도) : 40°, Distance(거리) : 6px, Size(크기) : 9px'로 설정하고 [OK(확인)]를 클릭합니다.

◀ 완성 이미지

01 문자 입력하고 변형하기

① [File(파일)]−[Open(열기)]([Ctrl]+[O])을 선택하여 해바라기.jpg를 불러옵니다.

② Horizontal Type Tool(수평 문자 도구, [T])로 작업 이미지를 클릭하고 Options Bar(옵션 바)에서 'Font(글꼴) : Arial, Set font style(글꼴 스타일 설정) : Bold, Set font size(글꼴 크기) : 62pt, Center text(중앙 정렬, [틀]), Color(색상) : #ffffff'로 설정한 후 YELLOW SUNFLOWER를 입력합니다.

② Options Bar(옵션 바)에서 Create warped text(뒤틀어진 텍스트 만들기, ⌁)를 클릭하여 [Warp Text(텍스트 뒤틀기)] 대화 상자에서 'Style(스타일) : Wave(파형), Horizontal(가로) : 체크, Bend(구부리기) : 50%'로 설정하여 문자 모양을 왜곡합니다.

02 그레이디언트 효과 적용하기

① Layers(레이어) 패널 하단의 'Add a layer style(레이어 스타일 추가, fx)'을 클릭하여 [Stroke(획)] 선택, 'Size(크기) : 4px, Fill Type(칠 유형) : Gradient(그레이디언트), Click to edit the gradient(클릭하여 그레이디언트 편집)'를 클릭합니다. 그레이디언트 슬라이더 왼쪽 하단의 'Color Stop(색상 정지점)'을 더블 클릭하여 #ffcc33, 오른쪽 'Color Stop(색상 정지점)'을 더블 클릭하여 #ff0033으로 설정한 후, 'Style(스타일) : Linear(선형), Angle(각도) : 90°'로 설정합니다.

② 계속해서 [Drop Shadow(드롭 섀도)] 선택, 'Angle(각도) : 120°, Distance(거리) : 15px, Size(크기) : 10px'로 설정하고 [OK(확인)]를 클릭합니다.

◀ 완성 이미지

01 작업 이미지에 안내선 표시하고 새 레이어 만들기

① [File(파일)]-[Open(열기)]([Ctrl]+[O])을 선택하여 패스저장.jpg를 불러옵니다.

② [View(보기)]-[Rulers(눈금자)]([Ctrl]+[R])를 선택하고 눈금자를 표시합니다. 작업 이미지의 왼쪽 눈금자를 오른쪽으로 드래그하여 안내선을 표시합니다. Layers(레이어) 패널 하단의 Create a new layer(새 레이어 만들기, [⊞])를 클릭하여 'Layer 1' 레이어를 만듭니다.

02 Shape Tool(모양 도구)로 패스 그리고 변형하기

① Ellipse Tool(원형 도구, [○])을 클릭하고 Options Bar(옵션 바)에서 Pick tool mode(모드 선택)를 Path(패스)로 클릭하여 전환하고 Path Operations(패스 작업)을 'Combine Shapes(패스 결합, [⬛])'을 클릭합니다.

합격생의 **비법**

Shape Tool(모양 도구)의 옵션을 Path(패스)로 설정하면 초기값은 'Exclude Overlapping Shapes(모양 오버랩 제외, [⬛])'로 설정되어 있어 서로 겹친 부분을 제외하므로 설정을 변경합니다.

② 작업 이미지에 드래그하여 크기가 다른 4개의 타원형을 겹치도록 그립니다.

③ Rounded Rectangle Tool(둥근 사각형 도구, ▢)을 클릭하고 Options Bar(옵션 바)에서 'Radius : 10px'로 설정하고 상단 2개의 타원형 사이에 드래그하여 둥근 사각형을 서로 겹치도록 그립니다. Path Selection Tool(패스 선택 도구, ▶)을 클릭하고 Options Bar(옵션 바)에서 Path alignment(패스 정렬, ▤)를 클릭하여 'Align(정렬) : Align horizontal centers(수평 중앙 정렬, ▤)'를 클릭하여 세로 안내선에 정렬합니다.

④ Path Selection Tool(패스 선택 도구, ▶)로 둥근 사각형을 선택하고, Ctrl + T 를 눌러 마우스 오른쪽 버튼을 클릭하여 [Warp(뒤틀기)]를 선택합니다. 핸들의 방향점을 드래그하여 패스를 변형하고 반대쪽 핸들을 대칭적으로 드래그한 후 Enter 를 눌러 변형을 적용합니다.

⑤ Rounded Rectangle Tool(둥근 사각형 도구, ▢)로 드래그하여 둥근 사각형을 그리고 Ctrl +T를 눌러 반시계방향으로 회전하여 큰 타원형과 겹치도록 배치합니다.

⑥ 마우스 오른쪽 버튼을 클릭하여 [Warp(뒤틀기)]를 선택하고, 핸들의 방향점을 각각 드래그하여 패스를 변형한 후 Enter 를 눌러 변형을 적용합니다.

⑦ Ellipse Tool(원형 도구, ◯)로 드래그하여 손잡이 부분에 타원형을 그린 후 Ctrl 을 누른 채 작업 이미지의 빈 곳을 클릭하여 패스의 선택을 해제합니다. Options Bar(옵션 바)에서 'Path Operations(패스 작업) : Subtract Front Shape(전면 모양 빼기, ⬚)'를 클릭하고 작은 타원형을 겹치도록 그립니다.

합격생의 비법

패스의 선택을 해제한 후 타원형 패스를 겹치도록 그려야 큰 타원형과 겹치도록 그리는 작은 타원형의 겹친 부분을 뚫어서 작업할 수 있습니다.

03 패스 병합하기

① Ctrl을 누른 채 드래그하여 2개의 타원형을 선택하고 Options Bar(옵션 바)에서 Path alignment(패스 정렬, ▣)를 클릭하여 'Align(정렬) : Align horizontal centers(수평 중앙 정렬, ▣), Align vertical centers(세로 가운데 정렬, ▣)'를 각각 클릭하여 중앙에 정렬합니다. 계속해서 Options Bar(옵션 바)에서 'Path Operations(패스 작업) : Merge Shape Components(모양 병합 구성 요소, ▣)'을 클릭하고 손잡이 모양의 패스를 병합합니다.

② Ctrl+T를 눌러 시계방향으로 회전하여 큰 타원형과 겹치도록 배치하고, 마우스 오른쪽 버튼을 클릭하여 [Warp(뒤틀기)]를 선택합니다. 핸들의 방향점을 드래그하여 패스를 변형하고 Enter를 눌러 변형을 적용합니다.

③ Ctrl 을 누른 채 드래그하여 패스를 모두 선택하고 Options Bar(옵션 바)에서 'Path Operations (패스 작업) : Merge Shape Components(모양 병합 구성 요소, ▣)'를 클릭하여 패스를 병합합니다.

04 패스 저장하고 레이어 스타일 적용하기

① Paths(패스) 패널의 'Work Path(작업 패스)'를 더블 클릭하여 Save Path(패스 저장) 대화 상자에서 'Name(이름) : 티포트'를 입력하고 [OK(확인)]를 클릭합니다.

 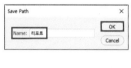

② Tool(도구) 패널 하단의 'Set foreground color(전면색 설정)'를 클릭하여 #ffffff로 설정하고, Paths(패스) 패널 하단의 'Fill path with foreground color(전경색으로 패스 칠하기)'를 클릭하여 티포트 모양대로 흰색으로 칠합니다.

③ Layers(레이어) 패널 하단의 'Add a layer style(레이어 스타일 추가, fx.)'을 클릭하여, [Stroke(획)] 선택, 'Size(크기) : 8px, Fill Type(칠 유형) : Gradient(그레이디언트), Click to edit the gradient(클릭하여 그레이디언트 편집)'를 클릭한 후, 그레이디언트 슬라이더 왼쪽 하단의 'Color Stop(색상 정지점)'을 더블 클릭하여 #0066cc, 오른쪽 'Color Stop(색상 정지점)'을 더블 클릭하여 #99ffcc로 설정한 후, 'Style(스타일) : Linear(선형), Angle(각도) : 90°로 설정합니다.

④ 계속해서 [Inner Shadow(내부 그림자)] 선택, 'Distance(거리) : 10px, Size(크기) : 5px'로 설정하고 [OK(확인)]를 클릭합니다.

⑤ Custom Shape Tool(사용자 모양 도구, ✿)을 클릭하고 Options Bar(옵션 바)에서 'Pick tool mode(선택 도구 모드) : Shape(모양), Fill(칠) : 임의 색상, Stroke(획) : No Color(색상 없음), Shape(모양)은 Legacy Shapes and More(레거시 모양 및 기타) > All Legacy Default Shapes(모든 레거시 기본 모양) > Ornaments(장식)에서 Ornament 2(꽃 장식 2, ❁)'으로 설정한 후 Shift 를 누른 채 드래그하여 모양을 그립니다.

⑥ Layers(레이어) 패널 하단에 'Add a layer style(레이어 스타일 추가, fx.)' 클릭, [Bevel & Emboss(경사와 엠보스)] 선택, 'Depth(깊이) : 100%, Size(크기) : 7px'로 설정합니다.

⑦ 계속해서 [Gradient Overlay(그레이디언트 오버레이)] 선택, 'Click to edit the gradient(클릭하여 그레이디언트 편집)' 클릭한 후, 그레이디언트 슬라이더 왼쪽 하단의 'Color Stop(색상 정지점)'을 더블 클릭하여 #339999, 오른쪽 'Color Stop(색상 정지점)'을 더블 클릭하여 #ff9999로 설정한 후, 'Style(스타일) : Radial(원형), Angle(각도) : 90°로 설정합니다.

◀ 완성 이미지

01 작업 이미지에 안내선 표시하고 새 레이어 만들기

① [File(파일)]-[Open(열기)]([Ctrl]+[O])을 선택하여 케이크.jpg를 불러옵니다.

② [View(보기)]-[Rulers(눈금자)]([Ctrl]+[R])를 클릭하고 눈금자를 표시합니다. 작업 이미지의 왼쪽 눈금자를 오른쪽으로 드래그하여 안내선을 표시합니다. Layers(레이어) 패널 하단의 Create a new layer(새 레이어 만들기, ⊞)를 클릭하여 'Layer 1' 레이어를 만듭니다.

02 펜 도구로 딸기 모양 그리고 변형하기

① Pen Tool(펜 도구, ✐)을 클릭하고 Options Bar(옵션 바)에서 'Pick tool mode(모드 선택) : Path(패스), Path Operations(패스 작업) : Exclude Overlapping Shapes(모양 오버랩 제외, ❑)'을 설정합니다. 작업 이미지에 드래그하여 딸기 모양을 2개의 닫힌 패스로 완성합니다.

② Path Selection Tool(패스 선택 도구, ▶)로 드래그하여 2개의 작업 패스를 선택하고 Ctrl + T 를 눌러 시계방향으로 회전하여 배치한 후 Enter 를 눌러 변형을 적용합니다.

03 패스 저장하고 레이어 스타일 적용하기

① Paths(패스) 패널의 'Work Path(작업 패스)'를 더블 클릭하여 Save Path(패스 저장) 대화 상자에서 'Name(이름) : 딸기'를 입력하고 [OK(확인)]를 클릭합니다.

② Paths(패스) 패널 하단의 'Fill path with foreground color(전경색으로 패스 칠하기, ●)' 를 클릭하여 딸기 모양대로 임의 색상으로 칠합니다.

③ Layers(레이어) 패널 하단의 'Add a layer style(레이어 스타일 추가, fx.)' 클릭, [Stroke (획)] 선택, 'Size(크기) : 10px, Fill Type(칠 유형) : Gradient(그레이디언트), Click to edit the gradient(클릭하여 그레이디언트 편집)'를 클릭한 후, Color Stop(색상 정지점)을 더블 클릭하여 #ccff00, #009900, #990033으로 설정한 후, 'Style(스타일) : Linear(선형), Angle(각도) : 0°로 설정합니다.

④ 계속해서 [Inner Shadow(내부 그림자)] 선택, 'Angle(각도) : 144°, Distance(거리) : 15px, Size(크기) : 15px'로 설정하고 [OK(확인)]를 클릭합니다.

04 클리핑 마스크 적용하기

① [File(파일)]−[Open(열기)]([Ctrl]+[O])을 선택하여 딸기.jpg를 불러옵니다. [Ctrl]+[A]로 전체 선택, [Ctrl]+[C]로 복사, 작업 이미지에 [Ctrl]+[V]로 붙여넣기를 합니다.

② Layers(레이어) 패널에서 'Layer 1'과 'Layer 2' 레이어 경계선을 [Alt]를 누른 채 클릭하여 Clipping Mask(클리핑 마스크)를 적용합니다.

05 사용자 지정 모양 그리고 레이어 스타일 적용하기

① Custom Shape Tool(사용자 모양 도구, 🔷)을 클릭하고 Options Bar(옵션 바)에서 'Pick tool mode(선택 도구 모드) : Shape(모양), Fill(칠) : 임의 색상, Stroke(획) : No Color(색상 없음), Shape(모양)은 Legacy Shapes and More(레거시 모양 및 기타) 〉 All Legacy Default Shapes(모든 레거시 기본 모양) 〉 Nature(자연)에서 Grass 1(풀잎 1, 🔲)'로 설정한 후 [Shift]를 누른 채 드래그하여 모양을 그립니다.

② [Ctrl]+[T]를 눌러 반시계방향으로 회전하여 배치한 후 [Enter]를 눌러 변형을 적용합니다.

③ Layers(레이어) 패널 하단에 'Add a layer style(레이어 스타일 추가, fx.)' 클릭하여 [Gradient Overlay(그레이디언트 오버레이)] 선택, 'Click to edit the gradient(클릭하여 그레이디언트 편집)'를 클릭한 후, 그레이디언트 슬라이더 왼쪽 하단의 'Color Stop(색상 정지점)'을 더블 클릭하여 #ff66cc, 오른쪽 'Color Stop(색상 정지점)'을 더블 클릭하여 #ffffff로 설정한 후, 'Style(스타일) : Linear(선형), Angle(각도) : 0°'로 설정합니다. 계속해서 [Outer Glow(외부 광선)] 선택, 'Opacity : 35%, Spread(스프레드) : 10%, Size(크기) : 10px'로 설정하고 [OK(확인)]를 클릭합니다.

06 문자 입력하고 변형 및 레이어 스타일 적용하기

① Horizontal Type Tool(수평 문자 도구, T)로 작업 이미지를 클릭하고 Options Bar(옵션 바)에서 'Font(글꼴) : Arial, Set font style(글꼴 스타일 설정) : Bold, Set font size(글꼴 크기) : 16pt, Color(색상) : 임의 색상'을 설정한 후 Strawberry Cake를 입력합니다.

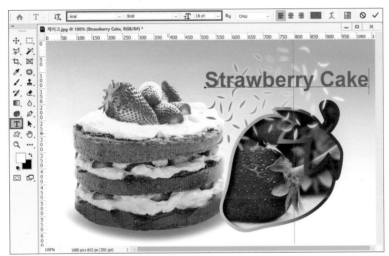

② Options Bar(옵션 바)에서 Create warped text(뒤틀어진 텍스트 만들기,)를 클릭한 후 'Style(스타일) : Arc Upper(위 부채꼴), Horizontal (가로) : 체크, Bend(구부리기) : 40%'로 설정하여 문자 모양을 왜곡합니다.

③ Layers(레이어) 패널 하단의 'Add a layer style(레이어 스타일 추가,)'을 클릭하고 [Gradient Overlay(그레이디언트 오버레이)] 선택, 'Click to edit the gradient(클릭하여 그레이디언트 편집)'를 클릭하여 #ffffff, #ff0066으로 설정한 후, 'Style(스타일) : Linear(선형), Angle(각도) : 0˚로 설정합니다.

④ 계속해서 [Stroke(획)] 선택, 'Size(크기) : 5px, Color(색상) : #990033'으로 설정하고 [OK (확인)]를 클릭합니다.

CHAPTER
02
[기능평가]
사진편집 응용

동영상 무료

주요 기능	메뉴	단축키	출제빈도
Selection Tool(선택 도구)	▨, ▨, ▨, ▨, ▨, ▨	L, W	★★★★★
Move Tool(이동 도구)	▨	V	★★★★★
Type Tool(문자 도구) 및 옵션	T, IT, Options Bar(옵션 바)의 ▨	T	★★★★★
Shape Tool(모양 도구)	▨	U	★★★★★
Pen Tool(펜 도구)	▨	P	★★★★
Free Transform(자유 변형 메뉴)	[Edit(편집)]–[Free Transform(자유 변형)]	Ctrl + T	★★★★★
Layer Style(레이어 스타일)	[Layer(레이어)]–[Layer Style(레이어 스타일), Layers Panel(레이어 패널) 하단의 ▨		★★★★★
색상 보정	[Layer(레이어)]–[New Adjustment Layer(새 조정 레이어)–[Hue/Saturation(색조/채도)], Layers Panel(레이어 패널) 하단의 ▨		★★★★★
Color Panel(색상 패널)	[Window(윈도우)]–[Color(색상)]	F6	★★★★★
Character Panel(문자 패널)	[Window(윈도우)]–[Character(문자)]		★★★★★
Layers Panel(레이어 패널)	[Window(윈도우)]–[Layers(레이어)]	F7	★★★★★
Paths Panel(패스 패널)	[Window(윈도우)]–[Paths(패스)]		★★★★★
Options Bar(옵션 바)	[Window(윈도우)]–[Options(옵션)]		★★★★★
Filter(필터)	[Filter(필터)]		★★★★★
Image Size(이미지 크기)	[Image(이미지)]–[Image Size(이미지 크기)]		★★★★★

[기능평가] 사진편집 응용 CHAPTER 02 1-047

▲ 완성 이미지

01 사용자 모양 도구 옵션 설정 및 변형, 레이어 스타일 적용하기

① [File(파일)]−[Open(열기)]([Ctrl]+[O])을 선택하여 강아지.jpg를 불러옵니다.

② Custom Shape Tool(사용자 정의 모양 도구, ⚙)을 클릭하고 Options Bar(옵션 바)에서 'Pick tool mode(선택 도구 모드) : Shape(모양), Fill(칠) : 임의 색상, Stroke(획) : No Color(색상 없음), Shape(모양)은 Legacy Shapes and More(레거시 모양 및 기타) 〉 All Legacy Default Shapes(모든 레거시 기본 모양) 〉 Talk Bubbles(말 풍선)에서 Thought 1(생각 1, 💭)'로 설정한 후 모양을 그립니다.

③ Layers(레이어) 패널 하단의 'Add a layer style(레이어 스타일 추가, $fx.$)'을 클릭하고 [Inner Shadow(내부 그림자)] 선택, 'Opacity(불투명도) : 75%, Angle(각도) : 120°, Distance(거리) : 8px, Size(크기) : 8px'로 설정합니다.

④ 계속해서 [Gradient Overlay(그레이디언트 오버레이)] 선택, 'Click to edit the gradient(클릭하여 그레이디언트 편집)'를 클릭한 후, 그레이디언트 슬라이더 왼쪽 하단의 'Color Stop(색상 정지점)'을 더블 클릭하여 #ff9966, 오른쪽 'Color Stop(색상 정지점)'을 더블 클릭하여 #ffffcc로 설정한 후, 'Style(스타일) : Linear(선형), Angle(각도) : 90°로 설정하고 [OK(확인)]를 클릭합니다.

⑤ Custom Shape Tool(사용자 정의 모양 도구, $\textcircled{x}$)을 클릭하고 Options Bar(옵션 바)에서 'Pick tool mode(선택 도구 모드) : Shape(모양), Fill(칠) : #ffffff, Stroke(획) : No Color(색상 없음), Shape(모양)은 Legacy Shapes and More(레거시 모양 및 기타) 〉 All Legacy Default Shapes(모든 레거시 기본 모양) 〉 Animals(동물)에서 Bone(뼈, ▬)'로 설정한 후 드래그하여 모양을 그립니다.

합격생의 **비법**

Shift 를 누른 채 드래그하여 그리면 원래 등록된 비율대로 모양을 그릴 수 있습니다.

⑥ Ctrl + T 를 눌러 조절점 밖을 Shift 를 누른 채 시계방향으로 드래그하여 회전하고 Enter 를 눌러 변형을 완료합니다.

⑦ Layers(레이어) 패널 하단의 'Add a layer style(레이어 스타일 추가, fx.)'을 클릭하고 [Bevel & Emboss(경사와 엠보스)] 선택, 'Style(스타일) : Inner Bevel(내부 경사), Direction(방향) : Up(위로), Size(크기) : 12px'로 설정합니다.

⑧ 계속해서 [Stroke(획)] 선택, 'Size(크기) : 7px, Fill Type(칠 유형) : Gradient(그레이디언트), Click to edit the gradient(클릭하여 그레이디언트 편집)'를 클릭합니다. 그레이디언트 슬라이더 왼쪽 하단의 'Color Stop(색상 정지점)'을 더블 클릭하여 #ffcc00, 오른쪽 'Color Stop(색상 정지점)'을 더블 클릭하여 #ff6600으로 설정한 후, 'Style(스타일) : Linear(선형), Angle(각도) : 0°'로 설정하고 [OK(확인)]를 클릭합니다.

02 모양 복제하고 변형하기

① Custom Shape Tool(사용자 정의 모양 도구, ⚙)을 클릭하고 Options Bar(옵션 바)에서 'Pick tool mode(선택 도구 모드) : Shape(모양), Fill(칠) : #33ffff, Stroke(획) : No Color (색상 없음), Shape(모양)은 Legacy Shapes and More(레거시 모양 및 기타) 〉 All Legacy Default Shapes(모든 레거시 기본 모양) 〉 Music(음악)에서 Eighth Notes(8분 음표(두개), ♫)'로 설정한 후 드래그하여 모양을 그립니다.

② Ctrl + T를 눌러 조절점 밖을 시계방향으로 드래그하여 회전하고 Enter를 눌러 변형을 완료합니다.

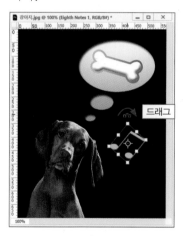

③ Layers(레이어) 패널 하단의 'Add a layer style(레이어 스타일 추가, fx.)'을 클릭하고 [Outer Glow(외부 광선)] 선택, 'Opacity(불투명도) : 75%, Size(크기) : 20px'로 설정한 후 [OK(확인)]를 클릭합니다.

④ Ctrl + J 를 눌러 레이어를 복사합니다. 'Eighth Notes 1 copy' 레이어의 'Layer thumbnail (레이어 축소판)'을 더블 클릭하여 'Color(색상) : #ffff66'으로 설정하고 [OK(확인)]를 클릭합니다.

⑤ Ctrl + T 를 눌러 Shift 를 누른 채 드래그하여 크기를 축소하고 회전하여 배치합니다.

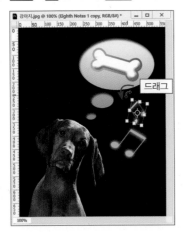

03 문자 입력하고 레이어 스타일 적용하기

① Horizontal Type Tool(수평 문자 도구, T)로 작업 이미지를 클릭하고 Options Bar(옵션 바)에서 'Font(글꼴) : 바탕, Set font size(글꼴 크기) : 45pt, Color(색상) : #66ffcc'로 설정한 후 맛있는 간식을 입력합니다.

② Options Bar(옵션 바)에서 Create warped text(뒤틀어진 텍스트 만들기, ⊥)를 클릭한 후 'Style(스타일) : Rise(상승), Horizontal(가로) : 체크, Bend(구부리기) : 50%'를 설정하여 문자의 모양을 왜곡합니다.

③ Layers(레이어) 패널 하단의 'Add a layer style(레이어 스타일 추가, fx.)'을 클릭하고 [Stroke(획)] 선택, 'Size(크기) : 3px, Color(색상) : #cc9966'으로 설정한 후 [OK(확인)]를 클릭합니다.

◀ 완성 이미지

01 조정 레이어로 이미지 보정하기

① [File(파일)]−[Open(열기)]([Ctrl]+[O])을 선택하여 녹색나무.jpg를 불러옵니다.

② Layers(레이어) 패널 하단의 'Create new fill or adjustment layer(새 칠 또는 조정 레이어 생성, [◑])'를 클릭하고 [Hue/Saturation(색조/채도)]을 선택합니다.

합격생 비법

[Image(이미지)] 메뉴의 [Adjustments(조정)]−[Hue/Saturation(색조/채도)]으로 색상을 조정할 수도 있습니다. 레이어 패널의 '조정 레이어'는 언제든지 더블 클릭하여 색상을 조정할 수 있고 이미지 원본은 그대로 유지된다는 장점이 있습니다.

③ Properties(속성) 패널에서 'Colorize(색상화) : 체크, Hue(색조) : 36, Saturation (채도) : 60, Lightness(명도) : 10'으로 설정하여 갈색 계열로 색상을 보정합니다.

합격생의 비법

시험 문제에는 정확한 색상값이 제시되지 않으며 《출력형태》와 최대한 유사하게 제시된 특정 계열로 색상을 보정하면 됩니다.

02 사용자 모양 도구로 그리고 레이어 스타일과 불투명도 적용하기

① Custom Shape Tool(사용자 정의 모양 도구, ⬡)을 클릭하고 Options Bar(옵션 바)에서 'Pick tool mode(선택 도구 모드) : Shape(모양), Fill(칠) : #000000, Stroke(획) : No Color(색상 없음), Shape(모양)은 Legacy Shapes and More(레거시 모양 및 기타) 〉 All Legacy Default Shapes(모든 레거시 기본 모양) 〉 Nature(자연)에서 Cloud 1(구름 1, ☁)'로 설정한 후 모양을 그립니다.

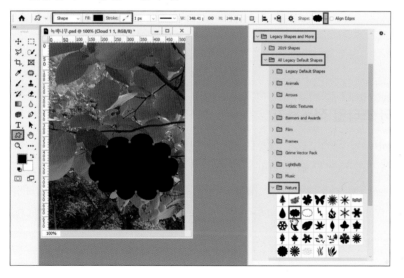

② Layers(레이어) 패널 하단의 'Add a layer style(레이어 스타일 추가, *fx.*)'을 클릭하고 [Inner Glow(내부 광선)] 선택, 'Opacity(불투명도) : 75%, Size(크기) : 20px'로 설정한 후 [OK(확인)]를 클릭합니다.

③ Layers(레이어) 패널 상단의 'Opacity(불투명도) : 60%'를 설정합니다.

03 문자 변형 및 레이어 스타일 적용하기

① Horizontal Type Tool(수평 문자 도구, T)로 작업 이미지를 클릭하고 Options Bar(옵션 바)에서 'Font(글꼴) : Arial, Set font style(글꼴 스타일 설정) : Bold, Set font size(글꼴 크기) : 55pt, Center text(텍스트 중앙 정렬, 亖), Color(색상) : #ffffff'로 설정한 후 SEPIA TONE을 입력합니다. 'TONE' 문자를 드래그하여 'Color(색상) : #330000'으로 설정합니다.

② Options Bar(옵션 바)에서 Create warped text(뒤틀어진 텍스트 만들기, ⏉)를 클릭한 후
'Style(스타일) : Bulge(부풀리기), Horizontal(가로) : 체크, Bend(구부리기) : 50%'를 설정
하여 문자의 모양을 왜곡합니다.

③ Layers(레이어) 패널 하단의 'Add a layer style(레이어 스타일 추가, fx.)'을 클릭하고
[Stroke(획)] 선택, 'Size(크기) : 5px, Fill Type(칠 유형) : Gradient(그레이디언트), Click
to edit the gradient(클릭하여 그레이디언트 편집)'를 클릭합니다. 그레이디언트 슬라이더 왼
쪽 하단의 'Color Stop(색상 정지점)'을 더블 클릭하여 #ffcc00, 오른쪽 'Color Stop(색상 정
지점)'을 더블 클릭하여 #663300으로 설정한 후, 'Style(스타일) : Linear(선형), Angle(각도)
: 90°로 설정하고 [OK(확인)]를 클릭합니다.

◀ 완성 이미지

01 노란색 계열로 꽃 이미지의 색상 보정하기

① [File(파일)]-[Open(열기)]((Ctrl)+(O))을 선택하여 꽃.jpg를 불러옵니다.

② Quick Selection Tool(빠른 선택 도구, ✏️)을 클릭하고 Options Bar(옵션 바)에서 'Add to selection(선택 영역에 추가, ✏️)'을 설정한 후 왼쪽 상단의 꽃 이미지에 드래그하여 선택합니다.

> **합격생의 비법**
>
> Quick Selection Tool(빠른 선택 도구, ✏️)로 클릭 또는 드래그하여 선택하면 Options Bar(옵션 바)의 'Add to selection(선택 영역에 추가, ✏️)'으로 자동으로 설정됩니다.

③ Layers(레이어) 패널 하단의 'Create new fill or adjustment layer(새 칠 또는 조정 레이어 생성, 🔘)'를 클릭하고 [Hue/Saturation(색조/채도)]을 선택합니다. Properties(속성) 패널에서 'Colorize(색상화) : 체크, Hue(색조) : 40, Saturation(채도) : 85, Lightness(명도) : 0'으로 설정하여 노란색 계열로 색상을 보정합니다.

합격생의 비법

특정 이미지를 선택한 후 조정 레이어를 추가하면 선택 영역의 색상만을 보정할 수 있습니다.

02 주황색 계열로 꽃 이미지의 색상 보정하기

① Quick Selection Tool(빠른 선택 도구, ✏️)을 클릭하고 Option Bar(옵션 바)에서 'Add to selection(선택 영역에 추가, ✏️)'을 설정한 후 왼쪽 하단의 꽃 이미지에 드래그하여 선택합니다.

합격생의 비법

Quick Selection Tool(빠른 선택 도구, ✏️)의 브러시 크기는 🔲 를 눌러 크기를 확대하고 🔲를 눌러 점증적으로 축소할 수 있습니다. Caps Lock이 켜져 있으면 ⊡로 표시되어 브러시의 크기를 파악할 수 없으므로 **Caps Lock**을 눌러 꺼줍니다.

② Layers(레이어) 패널 하단의 'Create new fill or adjustment layer(새 칠 또는 조정 레이어 생성, ◐)'를 클릭하고 [Hue/Saturation(색조/채도)]을 선택합니다. Properties(속성) 패널에서 'Colorize(색상화) : 체크, Hue(색조) : 20, Saturation(채도) : 70, Lightness(명도) : 0'으로 설정하여 주황색 계열로 색상을 보정합니다.

합격생의 비법

제시된 색상 계열은 'Colorize(색상화)'를 먼저 체크한 후 'Hue(색조)'의 스펙트럼 바를 참조하여 지정합니다.

03 파란색과 보라색 계열로 꽃 이미지의 색상 보정하기

① Quick Selection Tool(빠른 선택 도구,)을 클릭하고 Options Bar(옵션 바)에서 'Add to selection(선택 영역에 추가,)'을 설정한 후 오른쪽 하단의 꽃 이미지에 드래그하여 선택합니다.

합격생의 비법

Quick Selection Tool(빠른 선택 도구,)로 작업 중 **Alt** 를 누르면 'Subtract from selection(선택 영역에서 빼기,)'로 설정되어 기존 선택 영역에서 제외할 수 있습니다.

② Layers(레이어) 패널 하단의 'Create new fill or adjustment layer(새 칠 또는 조정 레이어 생성,)'를 클릭하고 [Hue/Saturation(색조/채도)]을 선택합니다. Properties(속성) 패널에서 'Colorize(색상화) : 체크, Hue(색조) : 176, Saturation(채도) : 73, Lightness(명도) : 0'으로 설정하여 파란색 계열로 색상을 보정합니다.

③ Quick Selection Tool(빠른 선택 도구,)을 클릭하고 Options Bar(옵션 바)에서 'Add to selection(선택 영역에 추가,)'을 설정한 후 오른쪽 상단의 꽃 이미지에 드래그하여 선택합니다.

④ Layers(레이어) 패널 하단의 'Create new fill or adjustment layer(새 칠 또는 조정 레이어 생성, 🌓)'를 클릭하고 [Hue/Saturation(색조/채도)]을 선택합니다. Properties(속성) 패널 에서 'Colorize(색상화) : 체크, Hue(색조) : 280, Saturation(채도) : 65, Lightness (명도) : −30'으로 설정하여 보라색 계열로 색상을 보정합니다.

04 파란색 계열로 배경 이미지의 색상 보정하기

① Layers(레이어) 패널에서 'Background(배경)'을 클릭하여 선택합니다.

합격생의 비법

레이어 패널에서 추가된 조정 레이어의 아래쪽에 배치된 레이어 색상만을 보정합니다.

② Layers(레이어) 패널 하단의 'Create new fill or adjustment layer(새 칠 또는 조정 레이어 생성, 🌓)'를 클릭하고 [Hue/Saturation(색조/채도)]을 선택합니다. Properties(속성) 패널 에서 'Colorize(색상화) : 체크, Hue(색조) : 198, Saturation(채도) : 49, Lightness (명도) : 10'으로 설정하여 파란색 계열로 색상을 보정합니다.

[실무응용]
포스터 제작

주요 기능	메뉴	단축키	출제빈도
Selection Tool(선택 도구)	☑, ✒, ▣, ◯, ⬚, ⬚	L, W	★★★★★
Move Tool(이동 도구)	✛	V	★★★★★
Type Tool(문자 도구) 및 옵션	T, IT, Options Bar(옵션 바)의 ⬚	T	★★★★★
Shape Tool(모양 도구)	⬚	U	★★★★★
Pen Tool(펜 도구)	⬚	P	★★★★
Free Transform(자유 변형 메뉴)	[Edit(편집)]–[Free Transform(자유 변형)]	Ctrl + T	★★★★★
Layer Style(레이어 스타일)	[Layer(레이어)]–[Layer Style(레이어 스타일), Layers Panel(레이어 패널) 하단의 fx.		★★★★★
레이어 마스크	[Layer(레이어)]–[Layer Mask(레이어 마스크)], Layers Panel(레이어 패널) 하단의 ⬚		★★★★★
Clipping Mask(클리핑 마스크)	[Layer(레이어)]–[Create Clipping Mask(클리핑 마스크 만들기)]	Alt + Ctrl + G	★★★★★
색상 보정	[Layer(레이어)]–[New Adjustment Layer(새 조정 레이어)–[Hue/Saturation(색조/채도)], Layers Panel(레이어 패널) 하단의 ⬚		★★★★★
Blending Mode(혼합 모드)	Layers Panel(레이어 패널) 상단의 혼합 모드		
Color Panel(색상 패널)	[Window(윈도우)]–[Color(색상)]	F6	★★★★★
Character Panel(문자 패널)	[Window(윈도우)]–[Character(문자)]		★★★★★
Layers Panel(레이어 패널)	[Window(윈도우)]–[Layers(레이어)]	F7	★★★★★
Paths Panel(패스 패널)	[Window(윈도우)]–[Paths(패스)]		★★★★★
Options Bar(옵션 바)	[Window(윈도우)]–[Options(옵션)]		★★★★★
Filter(필터)	[Filter(필터)]		★★★★★
Image Size(이미지 크기)	[Image(이미지)]–[Image Size(이미지 크기)]		★★★★★

▲ 완성 이미지

01 새 작업 이미지 만들고 배경색 채우기

① [File(파일)]−[New(새로 만들기)](Ctrl+N)를 선택하고 'Width(폭) : 600Pixels(픽셀), Height(높이) : 400Pixels(픽셀), Resolution(해상도) : 72Pixels/Inch(픽셀/인치), Color Mode(색상 모드) : RGB Color(RGB 색상), 8bit(비트), Background Contents(배경 내용) : White(흰색)'로 설정하여 새 작업 이미지를 만듭니다.

② Tool Panel(도구 패널) 하단의 'Set foreground color(전경색 설정)'을 클릭하여 #33ccff로 설정하고, Alt+Delete를 눌러 이미지의 배경을 채웁니다.

Foreground Color(전경색)를 불투명하게 채우기는 [Alt]+[Delete]를, Background Color(배경색)는 [Ctrl]+[Delete]를 눌러 빠르게 채울 수 있습니다.

02 작업할 소스 이미지 불러오고 크기 조절하기

① [File(파일)]-[Open(열기)]([Ctrl]+[O])을 선택하여 새.jpg를 불러옵니다. [Ctrl]+[A]로 전체 선택, [Ctrl]+[C]로 복사, 작업 이미지에 [Ctrl]+[V]로 붙여넣기를 합니다. [Ctrl]+[T]를 누르고 [Shift]를 누른 채 조절점의 모서리를 드래그하여 비율에 맞게 크기를 조절합니다.

② Layers(레이어) 패널 상단의 Blending Mode(혼합 모드)를 클릭하여 'Linear Light(선형 라이트)'를 설정한 후, 'Opacity(불투명도) : 70%'로 설정합니다.

◀ 완성 이미지

01 새 작업 이미지 만들고 배경색 채우기

① [File(파일)]–[New(새로 만들기)]([Ctrl]+[N])를 선택하고 'Width(폭) : 600Pixels(픽셀), Height(높이) : 400Pixels(픽셀), Resolution(해상도) : 72Pixels/Inch(픽셀/인치), Color Mode(색상 모드) : RGB Color(RGB 색상), 8bit(비트), Background Contents(배경 내용) : White(흰색)'를 설정하여 새 작업 이미지를 만듭니다.

② [Edit(편집)]–[Preference(환경설정)]([Ctrl]+[K])를 클릭하고 [Guides, Grid & Slices(안내선, 격자와 슬라이스)]를 선택하여 Grid(격자)의 'Gridline every(격자 간격) : 100pixels(픽셀), Subdivisions(세분) : 1'로 설정한 후 'Grid Color(격자 색상)'를 클릭하여 밝은 색상으로 변경합니다.

③ [View(보기)]–[Show(표시)]–[Grid(격자)]([Ctrl]+[']))와 [View(보기)]–[Rulers(눈금자)]([Ctrl]+[R])를 선택하여 격자와 눈금자를 표시합니다.

④ Tool Panel(도구 패널) 하단의 'Set foreground color(전경색 설정)'을 클릭하여 #ff9999로 설정하고 [Alt]+[Delete]를 눌러 이미지의 배경을 채웁니다.

02 Blending Mode(혼합 모드) 적용하고 레이어 마스크로 합성하기

① [File(파일)]–[Open(열기)](Ctrl + O)을 선택하여 설경.jpg를 불러옵니다. Ctrl + A 로 전체 선택, Ctrl + C 로 복사, 작업 이미지에 Ctrl + V 로 붙여넣기를 합니다.

② Layers(레이어) 패널 상단의 Blending Mode(혼합 모드)를 클릭하여 'Color Burn(색상 번)'을 설정한 후, 하단의 'Add layer mask(레이어 마스크 추가, ▣)'를 클릭하여 레이어 마스크를 추가합니다.

③ Tool Panel(도구 패널) 하단의 Set foreground color(전경색 설정)를 #000000, Set background color(배경색 설정)를 #ffffff로 설정합니다. Gradient Tool(그레이디언트 도구, ▣)을 클릭하고 Options Bar(옵션 바)에서 'Type(유형) : Linear Gradient(선형 그라디언트), Mode(모드) : Normal(표준), Opacity(불투명도) : 100%'로 설정한 후 Shift 를 누르고 아래쪽에서 위쪽으로 세로 방향으로 드래그하여 이미지 일부를 자연스럽게 지워 합성합니다.

03 필터 적용하고 레이어 마스크로 합성하기

① [File(파일)]-[Open(열기)]([Ctrl]+[O])을 선택하여 겨울스포츠.jpg를 불러옵니다. [Ctrl]+[A]로 전체 선택, [Ctrl]+[C]로 복사, 작업 이미지에 [Ctrl]+[V]로 붙여넣기를 합니다. [Ctrl]+[T]를 눌러 [Shift]를 누른 채 크기를 조절합니다.

② [Filter(필터)]-[Filter Gallery(필터 갤러리)]-[Brush Strokes(브러시 선)]-[Crosshatch (그물눈)]를 선택합니다.

③ Layers(레이어) 패널 하단의 'Add layer mask(레이어 마스크 추가, ▣)'를 클릭하여 레이어 마스크를 추가합니다.

④ Tool Panel(도구 패널) 하단의 Set foreground color(전경색 설정)를 #000000, Set background color(배경색 설정)를 #ffffff로 설정합니다. Gradient Tool(그레이디언트 도구, ▣)을 클릭하고 Options Bar(옵션 바)에서 'Type(유형) : Linear Gradient(선형 그라디언트), Mode(모드) : Normal(표준), Opacity(불투명도) : 100%'로 설정한 후 왼쪽 위에서 오른쪽 아래로 대각선 방향으로 드래그하여 이미지 일부를 자연스럽게 지워 합성합니다.

◀ 완성 이미지

01 패스 작업하기

① [File(파일)]−[Open(열기)]($\boxed{\text{Ctrl}}$+$\boxed{\text{O}}$)을 선택하여 인형1.jpg를 불러옵니다.

② Pen Tool(펜 도구, $\boxed{\varnothing}$)을 클릭하고 Options Bar(옵션 바)에서 'Path(패스), Exclude Over-lapping Shapes(모양 오버랩 제외, $\boxed{\square}$)'로 설정한 후 인형의 외곽선을 따라 닫힌 패스를 완성합니다.

합격생의 비법

- $\boxed{\varnothing}$: 곡선 패스를 그린 후 직선 또는 방향선이 다른 패스를 연결하여 그릴 때 $\boxed{\text{Alt}}$를 누른 채 기준점에 클릭시 표시입니다.
- $\boxed{\varnothing}$: 패스의 시작점과 연결하는 끝 기준점을 표시하며 클릭하면 닫힌 패스를 만들 수 있습니다.

③ Pen Tool(펜 도구, $\boxed{\varnothing}$)로 계속해서 팔 사이 공간의 외곽선을 따라 닫힌 패스를 완성합니다.

④ Paths(패스) 패널에서 Work path 패스의 'Path Thumbnail'을 Ctrl 을 누른 채 클릭하여 선택 상태로 변환하고, Ctrl + C 를 눌러 복사합니다.

합격생의 비법

Paths(패스) 패널에서 Work path 패스가 생성되면 Ctrl + Enter 를 눌러 선택 상태로 빠르게 변환할 수도 있습니다.

⑤ [File(파일)]–[Open(열기)](Ctrl + O)을 선택하여 실타래.jpg를 불러옵니다. Ctrl + V 로 붙여 넣고, Ctrl + T 를 눌러 비율에 맞게 크기를 축소합니다. 계속해서 마우스 오른쪽 버튼을 클릭한 후 [Flip Horizontal(가로로 뒤집기)]을 선택하여 수평 방향으로 반전하고 Enter 를 눌러 변형을 적용합니다.

⑥ Layers(레이어) 패널 하단의 'Add a layer style(레이어 스타일 추가, fx)'을 클릭하고, [Drop Shadow(그림자)] 선택, 'Opacity(불투명도) : 58%, Angle(각도) : 75°, Distance(거리) : 6px, Size(크기) : 10px'로 설정한 후 [OK(확인)]를 클릭합니다.

◀ 완성 이미지

01   Shape Tool(모양 도구)로 모양 그리고 레이어 스타일 적용하기

① [File(파일)]−[Open(열기)]([Ctrl]+[O])을 선택하여 하늘.jpg를 불러옵니다.

② Custom Shape Tool(사용자 정의 모양 도구, [⚙])을 클릭하고 Options Bar(옵션 바)에서 'Pick tool mode(선택 도구 모드) : Shape(모양), Fill(칠) : 임의 색상, Stroke(획) : No Color(색상 없음), Shape(모양)은 Legacy Shapes and More(레거시 모양 및 기타) 〉 All Legacy Default Shapes(모든 레거시 기본 모양) 〉 Animals(동물)에서 Bird 2(새 2, [🕊])'로 설정한 후 [Shift]를 누른 채 모양을 그립니다.

③ Layers(레이어) 패널 하단의 'Add a layer style(레이어 스타일 추가, [fx.])'을 클릭하고 [Stroke(획)] 선택, 'Size(크기) : 8px, Fill Type(칠 유형) : Gradient(그레이디언트), Click to edit the gradient(클릭하여 그레이디언트 편집)'를 클릭한 후, 'Basics(기본 사항)'을 확장하여 'Foreground to Transparent(전경색에서 투명으로)'를 클릭합니다. 그레이디언트 슬라이더 왼쪽 하단의 'Color Stop(색상 정지점)'을 더블 클릭하여 #ffcc33으로 설정합니다.

④ 계속해서 [Inner Shadow(내부 그림자)] 선택, 'Opacity(불투명도) : 75%, Angle(각도) : 120˚, Distance(거리) : 7px, Size(크기) : 7px'로 설정하고 [OK(확인)]를 클릭합니다.

02 클리핑 마스크 및 필터 적용하기

① [File(파일)]-[Open(열기)]([Ctrl]+[O])을 선택하여 새2.jpg를 불러옵니다. [Ctrl]+[A]로 전체 선택, [Ctrl]+[C]로 복사, 작업 이미지에 [Ctrl]+[V]로 붙여넣기를 하고 새 모양과 겹치도록 배치합니다.

② Layers(레이어) 패널에서 'Layer 1' 레이어와 'Bird 2 1' 레이어 사이에 마우스 커서를 놓고 [Alt]를 누르고 클릭하여 Clipping Mask(클리핑 마스크)를 적용하고 위치를 조절합니다.

③ [Filter(필터)]–[Filter Gallery(필터 갤러리)]–[Artistic(예술 효과)]–[Paint Daubs(페인트 덥스/페인트 바르기)]를 선택합니다.

④ Custom Shape Tool(사용자 정의 모양 도구, 🔗)을 클릭하고 Options Bar(옵션 바)에서 'Pick tool mode(선택 도구 모드) : Shape(모양), Fill(칠) : #ffffff, Stroke(획) : No Color(색상 없음), Shape(모양)은 Legacy Shapes and More(레거시 모양 및 기타) 〉 All Legacy Default Shapes(모든 레거시 기본 모양) 〉 Animals(동물)에서 Bird 2(새 2, 🔽)'로 설정한 후 [Shift]를 누른 채 새 모양을 그립니다.

⑤ Layers(레이어) 패널 상단의 'Opacity(불투명도) : 70%'를 설정합니다.

⑥ Layers(레이어) 패널에서 하단의 'Add layer mask(레이어 마스크 추가, 🔲)'를 클릭하여 레이어 마스크를 추가합니다.

⑦ Tool Panel(도구 패널) 하단의 Set foreground color(전경색 설정)를 #000000, Set background color(배경색 설정)를 #ffffff로 설정합니다. Gradient Tool(그레이디언트 도구, 🔲)을 클릭하고 Options Bar(옵션 바)에서 'Type(유형) : Linear Gradient(선형 그라디언트), Mode(모드) : Normal(표준), Opacity(불투명도) : 100%'로 설정한 후 아래에서 위쪽으로 수직 방향으로 드래그하여 이미지 일부를 자연스럽게 지워 합성합니다.

CHAPTER
04

[실무응용]
웹 페이지 제작

주요 기능	메뉴	단축키	출제빈도
Selection Tool(선택 도구)	▢, ◢, ✦, ▣, ◯, ◿, ◿	L, W	★★★★★
Move Tool(이동 도구)	✛	V	★★★★★
Type Tool(문자 도구) 및 옵션	T, IT, Options Bar(옵션 바)의 ☱	T	★★★★★
Shape Tool(모양 도구)	▨	U	★★★★★
Pen Tool(펜 도구)	✎	P	★★★★
Free Transform(자유 변형 메뉴)	[Edit(편집)]–[Free Transform(자유 변형)]	Ctrl + T	★★★★★
Define Pattern(패턴 정의)	[Edit(편집)]–[Define Pattern(패턴 정의)]		★★★★★
Layer Style(레이어 스타일)	[Layer(레이어)]–[Layer Style(레이어 스타일), Layers Panel(레이어 패널) 하단의 fx.		★★★★★
레이어 마스크	[Layer(레이어)]–[Layer Mask(레이어 마스크)], Layers Panel(레이어 패널) 하단의 ▣		★★★★★
Clipping Mask(클리핑 마스크)	[Layer(레이어)]–[Create Clipping Mask(클리핑 마스크 만들기)]	Alt + Ctrl + G	★★★★★
색상 보정	[Layer(레이어)]–[New Adjustment Layer(새 조정 레이어)–[Hue/Saturation(색조/채도)], Layers Panel(레이어 패널) 하단의 ◕.		★★★★★
Blending Mode(혼합 모드)	Layers Panel(레이어 패널) 상단의 혼합 모드		★★★★★
Color Panel(색상 패널)	[Window(윈도우)]–[Color(색상)]	F6	★★★★★
Character Panel(문자 패널)	[Window(윈도우)]–[Character(문자)]		★★★★★
Layers Panel(레이어 패널)	[Window(윈도우)]–[Layers(레이어)]	F7	★★★★★
Paths Panel(패스 패널)	[Window(윈도우)]–[Paths(패스)]		★★★★★
Options Bar(옵션 바)	[Window(윈도우)]–[Options(옵션)]		★★★★★
Filter(필터)	[Filter(필터)]		★★★★★
Image Size(이미지 크기)	[Image(이미지)]–[Image Size(이미지 크기)]		★★★★★

▲ 완성 이미지

01 패턴 정의

① [File(파일)]-[New(새로 만들기)]([Ctrl]+[N])를 선택하고 'Width(폭) : 60Pixels(픽셀), Height(높이) : 30Pixels(픽셀), Resolution(해상도) : 72Pixels/Inch(픽셀/인치), Color Mode(색상 모드) : RGB Color(RGB 색상), 8bit(비트), Background Contents(배경 내용) : Transparent(투명)'로 설정하여 새 작업 이미지를 만듭니다.

합격생의 비법

Background Contents(배경 내용)를 'Transparent(투명)'로 설정하면 배경색으로 지정한 색상이 패턴의 배경으로 보입니다.

② [View(보기)]-[Rulers(눈금자)]([Ctrl]+[R])를 선택하여 눈금자를 표시합니다. 왼쪽 눈금자에서 작업 이미지로 드래그하여 30px 위치에 안내선을 표시합니다.

③ Custom Shape Tool(사용자 정의 모양 도구,)을 클릭하고 Options Bar(옵션 바)에서 'Pick tool mode(선택 도구 모드) : Shape(모양), Fill(칠) : #33cccc, Stroke(획) : No Color(색상 없음), Shape(모양)은 Legacy Shapes and More(레거시 모양 및 기타) 〉 All Legacy Default Shapes(모든 레거시 기본 모양) 〉 Shapes(모양)에서 Spade Card(스페이드 모양 카드, ♠)'로 설정한 후 모양을 그립니다.

④ Custom Shape Tool(사용자 정의 모양 도구,)을 클릭하고 Options Bar(옵션 바)에서 'Pick tool mode(선택 도구 모드) : Shape(모양), Fill(칠) : #663333, Stroke(획) : No Color(색상 없음), Shape(모양)은 Legacy Shapes and More(레거시 모양 및 기타) 〉 All Legacy Default Shapes(모든 레거시 기본 모양) 〉 Shapes(모양)에서 Diamond Card(다이아몬드 모양 카드, ◆)'로 설정한 후 모양을 그립니다.

⑤ [Edit(편집)]-[Define Pattern(패턴 정의)]을 선택하고 'Pattern Name(패턴 이름) : 카드 패턴'으로 설정하여 패턴을 등록합니다.

02 패턴 채우고 레이어 마스크 적용하기

① [File(파일)]−[New(새로 만들기)]([Ctrl]+[N])를 선택하고 'Width(폭) : 600Pixels(픽셀), Height(높이) : 400Pixels(픽셀), Resolution(해상도) : 72Pixels/Inch(픽셀/인치), Color Mode(색상 모드) : RGB Color(RGB 색상), 8bit(비트), Background Contents(배경 내용) : White(흰색)'로 설정하여 새 작업 이미지를 만듭니다.

② Tools Panel(도구 패널) 하단의 'Set foreground color(전경색 설정)'을 클릭하여 # 오른쪽 입력란에 ffffcc로 입력하고 [OK(확인)]를 클릭합니다. [Alt]+[Delete]를 눌러 작업 이미지의 배경에 채웁니다.

③ Layers(레이어) 패널 하단의 'Create a new layer(새 레이어 만들기, ⊞)'를 클릭하여 새 레이어를 만듭니다.

④ [Edit(편집)]-[Fill(칠)]을 선택하고 'Contents(내용) : Pattern(패턴), Custom Pattern(사용자 정의 패턴) : 카드 패턴, Mode(모드) : Normal(표준), Opacity(불투명도) : 100%, Preserve Transparency(투명도 유지) : 체크 해제'로 설정하여 채웁니다.

⑤ Layers(레이어) 패널 하단의 'Add layer mask(레이어 마스크 추가,)'를 클릭하여 레이어 마스크를 추가합니다.

⑥ Tool Panel(도구 패널) 하단의 Set foreground color(전경색 설정)를 #000000, Set background color(배경색 설정)를 #ffffff로 설정합니다. Gradient Tool(그레이디언트 도구, ▣)을 클릭하고 Options Bar(옵션 바)에서 'Type(유형) : Linear Gradient(선형 그레이디언트), Mode(모드) : Normal(표준), Opacity(불투명도) : 100%'로 설정한 후 위쪽에서 아래쪽으로 Shift를 누른 채 드래그합니다.

Shift + 드래그

합격생의 비법

Gradient Tool(그레이디언트 도구, ▣)로 Shift를 누른 채 드래그하면 수직, 수평, 45° 대각선 방향으로 적용할 수 있습니다.

⑦ 패턴 이미지의 일부를 자연스럽게 지워 배경색과 합성합니다.

◀ 완성 이미지

01 패턴 정의

① File(파일)]–[New(새로 만들기)]([Ctrl]+[N])를 선택하고 'Width(폭) : 50Pixels(픽셀), Height(높이) : 50Pixels(픽셀), Resolution(해상도) : 72Pixels/Inch(픽셀/인치), Color Mode(색상 모드) : RGB Color(RGB 색상), 8bit(비트), Background Contents(배경 내용) : Transparent(투명)'로 설정하여 새 작업 이미지를 만듭니다. [View(보기)]–[Rulers(눈금자)] ([Ctrl]+[R])를 선택하여 눈금자를 표시합니다.

② Custom Shape Tool(사용자 정의 모양 도구, ⌘)을 클릭하고 Options Bar(옵션 바)에서 'Pick tool mode(선택 도구 모드) : Shape(모양), Fill(칠) : #ff9900, Stroke(획) : No Color(색상 없음), Shape(모양)은 Legacy Shapes and More(레거시 모양 및 기타) 〉 All Legacy Default Shapes(모든 레거시 기본 모양) 〉 Nature(자연)에서 Flower 1(꽃 1, ✽)' 로 설정한 후 모양을 그립니다.

③ 계속해서 'Pick tool mode(선택 도구 모드) : Shape(모양), Fill(칠) : #339966, Stroke(획) : No Color(색상 없음), Shape(모양)은 Legacy Shapes and More(레거시 모양 및 기타) 〉 All Legacy Default Shapes(모든 레거시 기본 모양) 〉 Nature(자연)에서 Leaf 4(나뭇잎 4, ♣)'로 설정한 후 모양을 그립니다. Ctrl+T 를 눌러 시계 방향으로 회전합니다.

④ [Edit(편집)]-[Define Pattern(패턴 정의)]을 선택하고 'Pattern Name(패턴 이름) : 꽃과 나뭇잎'으로 설정하여 패턴을 등록합니다.

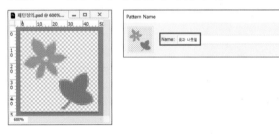

02 모양 도구로 모양 그리고 병합하기

① [File(파일)]-[Open(열기)](Ctrl+O)을 선택하여 배경1.jpg를 불러옵니다.

② [Edit(편집)]-[Preference(환경설정)](Ctrl+K)를 클릭하고 [Guides, Grid & Slices(안내선, 격자와 슬라이스)]를 선택하여 Grid(격자)의 'Gridline Every(격자 간격) : 100Pixels(픽셀), Subdivisions(세분) : 1'로 설정한 후 'Grid Color(격자 색상)'를 클릭하여 밝은 색상으로 변경합니다.

③ [View(보기)]-[Show(표시)]-[Grid(격자)](Ctrl+')를 선택하여 격자를 표시합니다.

④ Custom Shape Tool(사용자 정의 모양 도구, ⬚)을 클릭하고 Options Bar(옵션 바)에서 'Pick tool mode(선택 도구 모드) : Shape(모양), Fill(칠) : #003366, Stroke(획) : No Color(색상 없음), Shape(모양)는 Legacy Shapes and More(레거시 모양 및 기타) 〉 All Legacy Default Shapes(모든 레거시 기본 모양) 〉 Shapes(모양)에서 Triangle(삼각형, ▲)' 로 설정한 후 모양을 그립니다.

⑤ Options Bar(옵션 바)에서 'Path Operations(패스 작업) : Combine Shapes(패스 결합, ⬚)'을 클릭한 후 크기가 다른 3개의 삼각형 모양을 겹치도록 그립니다.

합격생의 비법

Options Bar(옵션 바)에서 Path Operation(패스 작업)을 'Combine Shapes(패스 결합, ⬚)'으로 설정하면 하나의 레이어에 여러 개의 모양을 그릴 수 있습니다.

⑥ Rectangle Tool(사각형 도구, ▢)을 클릭하고 Options Bar(옵션 바)에서 'Path Operation (패스 작업) : Combine Shapes(패스 결합, ⬚)'을 클릭한 후 삼각형 모양과 겹치도록 하단에 사각형을 그립니다.

⑦ Path Selection Tool(패스 선택 도구, ▶)을 클릭하고 5개의 모양에 드래그하여 선택한 후, Options Bar(옵션 바)에서 Path alignment(패스 정렬, ▤)를 클릭하여 'Align(정렬) : Align horizontal centers(수평 중앙 정렬, ▤)'를 클릭하여 정렬합니다.

⑧ Options Bar(옵션 바)에서 'Path Operations(패스 작업) : Merge Shape Components(모양 병합 구성 요소, ▣)'을 클릭하여 모양을 하나로 병합합니다.

03 모양 복제 및 변형하기

① [Ctrl]+[J]를 눌러 레이어를 복사한 후, [Ctrl]+[T]를 누르고 [Shift]를 누른 채 크기를 확대합니다.

② Custom Shape Tool(사용자 정의 모양 도구, ▨)을 클릭하고 Options Bar(옵션 바)에서 'Pick tool mode(선택 도구 모드) : Shape(모양), Fill(칠) : 임의 색상, Stroke(획) : No Color(색상 없음), Path Operation (패스 작업) : Combine Shapes(패스 결합, ▣), Shape(모양)은 Legacy Shapes and More(레거시 모양 및 기타) 〉 All Legacy Default Shapes(모든 레거시 기본 모양) 〉 Shapes(모양)에서 5 Point Star(5 포인트 별, ★)'로 설정한 후 나무 모양 상단에 겹치도록 그립니다.

③ 계속해서 나무 모양과 겹치도록 별 모양을 그리고 Options Bar(옵션 바)에서 'Path Opera-
tion(패스 작업) : Subtract Front Shape(전면 모양 빼기, ▣)'를 클릭합니다. 크기가 다른 2
개의 별 모양을 겹치도록 그려서 배치합니다.

④ Rectangle Tool(사각형 도구, ▢)을 클릭하고 Options Bar(옵션 바)에서 'Path Operation
(패스 작업) : Subtract Front Shape(전면 모양 빼기, ▣)'를 클릭한 후 나무 모양 하단에 겹
치도록 그립니다.

04 레이어 스타일 적용하기

① Layers(레이어) 패널 하단의 'Add a layer style(레이어 스타일 추가, fx.)'을 클릭하여 [In-
ner Glow(내부 광선)]를 선택, 'Opacity(불투명도) : 75%, Size(크기) : 15px'로 설정합니다.
계속해서 [Drop Shadow(드롭 섀도)]를 선택, 'Angle(각도) : 120°, Distance(거리) : 7px,
Size(크기) : 7px'로 설정하고 [OK(확인)]를 클릭합니다.

합격생의 비법

한글 버전의 경우 [Drop Shadow]는 'Add a layer style(레이어 스타일 추가, fx.)'을 클릭하여 [그림자]를 선택하면 Layer
Style(레이어 스타일) 대화상자에서는 [드롭 섀도]로 표시됩니다.

② Layers(레이어) 패널에서 'Triangle 1' 레이어를 선택합니다. 하단의 'Add a layer style(레이어 스타일 추가, fx.)'을 클릭하고 [Gradient Overlay(그레이디언트 오버레이)] 선택, 'Click to edit the gradient(클릭하여 그레이디언트 편집)'를 클릭한 후, 그레이디언트 슬라이더 왼쪽 하단의 'Color Stop(색상 정지점)'을 더블 클릭하여 #ff9933, 가운데 'Color Stop(색상 정지점)'을 더블 클릭하여 #ff0066, 오른쪽 'Color Stop(색상 정지점)'을 더블 클릭하여 #330066으로 설정한 후, 'Style(스타일) : Linear(선형), Angle(각도) : 90°'로 설정합니다.

③ 계속해서 [Outer Glow(외부 광선)] 선택, 'Opacity(불투명도) : 75%, Spread(스프레드) : 10%, Size(크기) : 30px'로 설정하고 [OK(확인)]를 클릭합니다.

05 패턴 채우고 불투명도 설정하기

① Layers(레이어) 패널에서 'Triangle 1 copy' 레이어를 클릭한 후, 하단의 'Create a new layer(새 레이어 만들기, ⊡)'를 클릭하여 새 레이어를 만들고 레이어 이름을 더블 클릭하여 pattern으로 설정합니다.

② [Edit(편집)]-[Fill(칠)]을 선택하고 'Contents(내용) : Pattern(패턴), Custom Pattern(사용자 정의 패턴) : 꽃과 나뭇잎, Mode(모드) : Normal(표준), Opacity(불투명도) : 100%, Preserve Transparency(투명도 유지) : 체크 해제'로 설정하여 채웁니다.

06 클리핑 마스크 적용하고 불투명도 설정하기

① Layers(레이어) 패널에서 'Triangle 1 copy' 레이어와 'pattern' 레이어 사이에 마우스 커서를 놓고 Alt 를 누르고 클릭하여 Clipping Mask(클리핑 마스크)를 적용합니다.

② Layers(레이어) 패널 상단의 'Opacity(불투명도) : 70%'로 설정합니다.

여러 개의 모양에 패턴 적용하기

01 패턴 정의

① [File(파일)]-[New(새로 만들기)]([Ctrl]+[N])를 선택하고 'Width(폭) : 60Pixels(픽셀),
Height(높이) : 60Pixels(픽셀), Resolution(해상도) : 72Pixels/Inch(픽셀/인치), Color
Mode(색상 모드) : RGB Color(RGB 색상), 8bit(비트), Background Contents(배경 내용) :
Transparent(투명)'로 설정하여 새 작업 이미지를 만듭니다.

② Custom Shape Tool(사용자 정의 모양 도구, ⚙)을 클릭하고 Options Bar(옵션 바)에서 'Pick tool mode(선택 도구 모드) : Shape(모양), Fill(칠) : #ff9933, Stroke(획) : No Color (색상 없음), Shape(모양)은 Legacy Shapes and More(레거시 모양 및 기타) 〉 All Legacy Default Shapes(모든 레거시 기본 모양) 〉 Nature(자연)에서 Leaf 2(나뭇잎 2, ✹)'로 설정한 후 Shift를 누른 채 모양을 그립니다.

③ Custom Shape Tool(사용자 정의 모양 도구, ⚙)을 클릭하고 Options Bar(옵션 바)에서 'Pick tool mode(선택 도구 모드) : Shape(모양), Fill(칠) : #cccccc, Stroke(획) : No Color (색상 없음), Shape(모양)은 Legacy Shapes and More(레거시 모양 및 기타) 〉 All Legacy Default Shapes(모든 레거시 기본 모양) 〉 Objects(물건)에서 Right Hand(오른손, ✋)'로 설정한 후 Shift를 누른 채 모양을 그립니다.

④ [Edit(편집)]−[Define Pattern(패턴 정의)]을 선택하고 'Pattern Name(패턴 이름) : 나뭇잎과 손'으로 설정하여 패턴을 등록합니다.

02 펜 도구로 모양 그리기

① [File(파일)]−[Open(열기)]([Ctrl]+[O])을 선택하여 배경2.jpg를 불러옵니다. Pen Tool(펜 도구, [🖊])을 클릭하고 Options Bar(옵션 바)에서 'Pick tool mode(선택 도구 모드) : Shape(모양), Fill(칠) : #330000, Stroke(획) : No Color(색상 없음)'으로 설정하고 닫힌 패스로 모양을 그립니다.

② Layers(레이어) 패널 하단의 'Add a layer style(레이어 스타일 추가, [fx.])'을 클릭하고 [Drop Shadow(그림자)] 선택, 'Opacity(불투명도) : 75%, Angle(각도) : 120°, Distance(거리) : 10px, Size(크기) : 15px'로 설정하고 [OK(확인)]를 클릭합니다.

③ [Ctrl]+[J]로 레이어를 복사합니다. [Ctrl]+[T]를 눌러 크기를 축소한 후, 마우스 오른쪽 버튼을 클릭하여 [Flip Horizontal(가로로 뒤집기)]로 뒤집고 회전하여 배치합니다.

④ Layers(레이어) 패널에서 'Shape 1 copy' 레이어의 'Layer thumbnail(레이어 축소판)'을 더블 클릭하여 'Color(색상) : #996666'으로 설정하고 [OK(확인)]를 클릭합니다.

⑤ Pen Tool(펜 도구,)을 클릭하고 Options Bar(옵션 바)에서 'Pick tool mode(선택 도구 모드) : Shape(모양), Fill(칠) : #cc6699, Stroke(획) : No Color(색상 없음)'으로 설정하고 닫힌 패스로 모양을 그립니다.

⑥ Layers(레이어) 패널 하단의 'Add a layer style(레이어 스타일 추가, fx.)'을 클릭하고 [Drop Shadow(그림자)] 선택, 'Opacity(불투명도) : 75%, Distance(거리) : 10px, Size(크기) : 15px'로 설정한 후 [OK(확인)]를 클릭합니다.

03 불투명도 설정하여 패턴 적용하기

① Layers(레이어) 패널에서 Ctrl + Shift 를 누른 채 'Shape 1', 'Shape 1 copy', 'Shape 2' 레이어의 'Layer thumbnail(레이어 축소판)'을 클릭하여 동시에 선택합니다.

② Layers(레이어) 패널에서 'Shape 2' 레이어를 클릭한 후, 하단의 'Create a new layer(새 레이어 만들기, ▣)'를 클릭하여 새 레이어를 만들고 레이어 이름을 더블 클릭하여 'pattern'으로 설정합니다.

③ [Edit(편집)]-[Fill(칠)]을 선택하고 'Contents(내용) : Pattern(패턴), Custom Pattern(사용자 정의 패턴) : 나뭇잎과 손, Mode(모드) : Normal(표준), Opacity(불투명도) : 100%, Preserve Transparency(투명도 유지) : 체크 해제'로 설정하여 채웁니다.

④ Layers(레이어) 패널 상단의 Opacity(불투명도) : 60%'로 설정합니다. Ctrl + D 를 눌러 선택을 해제합니다.

03
PART

최신 기출 유형
따라하기

동영상 무료

급수	버전	문제유형	시험시간	수험번호	성명
1급		A	90분		

수 험 자 유 의 사 항

- 수험자는 문제지를 받는 즉시 응시하고자 하는 **과목 및 급수가 맞는지 확인**한 후 수험번호와 성명을 작성합니다.
- 파일명은 본인의 "수험번호–성명–문제번호"로 공백 없이 정확히 입력하고 답안폴더(내 PC\문서\GTQ)에 jpg 파일과 psd 파일의 2가지 포맷으로 저장해야 하며, jpg 파일과 psd 파일의 내용이 상이할 경우 0점 처리됩니다. 답안문서 파일명이 "수험번호–성명–문제번호"와 일치하지 않거나, 답안 파일을 전송하지 않아 미제출로 처리될 경우 불합격 처리됩니다.
- 문제의 세부조건은 '영문(한글)' 형식으로 표기되어 있으니 유의하시기 바랍니다.
- 수험자 정보와 저장한 파일명, 저장 위치가 다를 경우 전송이 되지 않으므로, 주의하시기 바랍니다.
- 답안 작성 중에도 **주기적으로 '저장'과 '답안 전송'**을 이용하여 감독위원 PC로 답안을 전송하셔야 합니다.(※ 작업한 내용을 **저장하지 않고 전송할 경우** 이전의 저장내용이 전송되오니 이 점 반드시 유념하시기 바랍니다.)
- 답안문서는 지정된 경로 외의 다른 보조기억장치에 저장하는 행위, 지정된 시험 시간 외에 작성된 파일을 활용한 행위, 기타 통신수단(이메일, 메신저, 네트워크 등)을 이용하여 타인에게 전달 또는 외부 반출하는 행위는 부정으로 간주되어 자격기본법 제32조에 의거 본 시험 및 국가공인 자격시험을 2년간 응시할 수 없습니다.
- 시험 중 부주의 또는 고의로 시스템을 파손한 경우와 〈수험자 유의사항〉에 기재된 방법대로 이행하지 않아 생기는 불이익은 수험자의 책임임을 알려 드립니다.
- 시험을 완료한 수험자는 최종적으로 저장한 답안파일이 전송되었는지 확인한 후 감독위원의 지시에 따라 문제지를 제출하고 퇴실합니다.

답 안 작 성 요 령

- **온라인 답안 작성 절차**
  수험자 등록 ⇒ 시험 시작 ⇒ 답안파일 저장 ⇒ 답안 전송 ⇒ 시험 종료
- 내 PC\문서\GTQ\Image폴더에 있는 그림 원본파일을 사용하여 답안을 작성하시고 최종답안을 답안폴더(내 PC\문서\GTQ)에 저장하여 답안을 전송하시고, 이미지의 크기가 다른 경우 감점 처리됩니다.
- 배점은 총 100점으로 이루어지며, 점수는 각 문제별로 차등 배분됩니다.
- 각 문제는 주어진 〈조건〉에 따라 작성하고, 언급하지 않은 조건은 《출력형태》와 같이 작성합니다.
- 배치 등의 편의를 위해 주어진 눈금자의 단위는 '픽셀'입니다.
  그 외는 출력형태(효과, 이미지, 문자, 색상, 레이아웃, 규격 등)와 같이 작업하십시오.
- 문제 조건에 서체의 지정이 없을 경우 한글은 굴림이나 돋움, 영문은 Arial로 작업하십시오.
  (단, 그 외에 제시되지 않은 문자 속성을 기본값으로 작성하지 않은 경우는 감점 처리됩니다.)
- Image Mode(이미지 모드)는 별도의 처리조건이 없을 경우에는 RGB(8비트)로 작업하십시오.
- 모든 답안 파일은 해상도 72Pixels/Inch로 작업하십시오.
- Layer(레이어)는 각 기능별로 분할해야 하며, 임의로 합칠 경우나 각 기능에 대한 속성을 해지할 경우 해당 요소는 0점 처리됩니다.

한 국 생 산 성 본 부

다음의 《조건》에 따라 아래의 《출력형태》와 같이 작업하시오.

출력형태

조건

원본 이미지		Part03₩1급−1.jpg, 1급−2.jpg, 1급−3.jpg	
파일저장규칙	JPG	파일명	문서₩GTQ₩수험번호−성명−1.jpg
		크기	400×500 pixels
	PSD	파일명	문서₩GTQ₩수험번호−성명−1.psd
		크기	40×50 pixels

1. 그림 효과
① 1급−1.jpg : 필터 − Paint Daubs(페인트 덥스/페인트 바르기)
② Save Path(패스 저장) : 쥬서기 모양
③ Mask(마스크) : 쥬서기 모양, 1급−2.jpg를 이용하여 작성
　레이어 스타일 − Stroke(선/획)(5px, 그라디언트(#ff9900, #009900)),
　Inner Shadow(내부 그림자)
④ 1급−3.jpg : 레이어 스타일 − Drop Shadow(그림자 효과)
⑤ Shape Tool(모양 도구) :
　− 나뭇잎 모양(#009933, 레이어 스타일 − Bevel and Emboss(경사와 엠보스))
　− 물결 모양(#ffffff, #ff6633, 레이어 스타일 − Outer Glow(외부 광선))

2. 문자 효과
① 신선한 당근 주스~(돋움, 45pt, 레이어 스타일 − Stroke(선/획)(2px, #330033)), 그라디언트 오버레이(#ffff00, #ff3333)

다음의 《조건》에 따라 아래의 《출력형태》와 같이 작업하시오.

출력형태

조건

원본 이미지		Part03₩1급−4.jpg, 1급−5.jpg, 1급−6.jpg	
파일저장규칙	JPG	파일명	문서₩GTQ₩수험번호−성명−2.jpg
		크기	400×500 pixels
	PSD	파일명	문서₩GTQ₩수험번호−성명−2.psd
		크기	40×50 pixels

1. 그림 효과
① 1급−4.jpg : 필터 − Crosshatch(그물눈)
② 색상 보정 : 1급−5.jpg − 보라색, 연두색 계열로 보정
③ 1급−5.jpg : 레이어 스타일 − Drop Shadow(그림자 효과)
④ 1급−6.jpg : 레이어 스타일 − Inner Shadow(내부 그림자)
⑤ Shape Tool(모양 도구) :
　− 꽃 프레임 모양(#ff9900, 레이어 스타일 − Drop Shadow(그림자 효과))
　− 꽃 모양(#cccc99, #cc9999, 레이어 스타일 − Outer Glow(외부 광선))

2. 문자 효과
① ORGANIC FOOD(Arial, Regular, 40pt, 레이어 스타일 − Stroke(선/획)(2px, #333366)), 그라디언트 오버레이(#ff00ff, #99ccff, #99ff33)

다음의 《조건》에 따라 아래의 《출력형태》와 같이 작업하시오.

조건

원본 이미지			Part03₩1급-7.jpg, 1급-8.jpg, 1급-9.jpg, 1급-10.jpg, 1급-11.jpg
파일저장규칙	JPG	파일명	문서₩GTQ₩수험번호-성명-3.jpg
		크기	600×400 pixels
	PSD	파일명	문서₩GTQ₩수험번호-성명-3.psd
		크기	60×40 pixels

1. 그림 효과

① 배경 : #99cccc
② 1급-7.jpg : Blending Mode(혼합 모드) – Hard Light(하드 라이트), Opacity(불투명도)(80%)
③ 1급-8.jpg : 필터 – Rough Pastels(거친 파스텔 효과), 레이어 마스크 – 가로 방향으로 흐릿하게
④ 1급-9.jpg : 필터 – Dry Brush(드라이 브러시)
⑤ 1급-10.jpg : 색상 보정 – 녹색 계열로 보정, 레이어 스타일 – Stroke(선/획)(4px, 그라디언트(#99ccff, #ffff99)), Inner Shadow(내부 그림자)
⑥ 1급-11.jpg : 레이어 스타일 – Bevel and Emboss(경사와 엠보스), Outer Glow(외부 광선)
⑦ 그 외 《출력형태》 참조

2. 문자 효과

① 건강 식재료 세미나(돋움, 30pt, 레이어 스타일 – Stroke(선/획)(2px, #333333), 그라디언트 오버레이(#00ccff, #ffccff, #ffcc00), Drop Shadow(그림자 효과))
② #1 신선한 토마토 요리하기(바탕, 23pt, 30pt, 레이어 스타일 – Stroke(선/획)(2px, #ffffff), 그라디언트 오버레이(#003300, #ff0033))
③ HEALTHY EATING SEMINAR(Arial, Bold, 16pt, 22pt, #cc6600, #663399, 레이어 스타일 – Stroke(선/획)(2px, #99ff33))
④ 장소 : 교육문화회관강당 시간 : 매주 토요일 10시(돋움, 13pt, #663300, 레이어 스타일 – Stroke(선/획)(2px, #ffffff))

출력형태

Shape Tool(모양 도구) 사용
레이어 스타일 –
그라디언트
오버레이(#66ffcc, #ffffff),
Inner Shadow
(내부 그림자),
Opacity(불투명도)(70%)

Shape Tool(모양 도구) 사용
#ffff00, #ffffff,
레이어 스타일 –
Drop Shadow
(그림자 효과),
Opacity(불투명도)(70%)

Shape Tool(모양 도구) 사용
레이어 스타일 – 그라디언트 오버레이(#330000, #990099)

다음의 《조건》에 따라 아래의 《출력형태》와 같이 작업하시오.

조건

원본 이미지		Part03\1급-12.jpg, 1급-13.jpg, 1급-14.jpg, 1급-15.jpg, 1급-16.jpg, 1급-17.jpg	
파일저장규칙	JPG	파일명	문서\GTQ\수험번호-성명-4.jpg
		크기	600×400 pixels
	PSD	파일명	문서\GTQ\수험번호-성명-4.psd
		크기	60×40 pixels

1. 그림 효과
① 배경 : #ffcc66
② 패턴(나뭇잎 모양) : #99cc33, #009966, Opacity(불투명도)(70%)
③ 1급-12.jpg : Blending Mode(혼합 모드) – Darken(어둡게 하기), 레이어 마스크 – 세로 방향으로 흐릿하게
④ 1급-13.jpg : 필터 – Dry Brush(드라이 브러시), 레이어 마스크 – 가로 방향으로 흐릿하게
⑤ 1급-14.jpg : 레이어 스타일 – Outer Glow(외부 광선), Drop Shadow(그림자 효과)
⑥ 1급-15.jpg : 필터 – Texturizer(텍스처화), 레이어 스타일 – Bevel and Emboss(경사와 엠보스)
⑦ 1급-16.jpg : 색상 보정 – 노란색 계열로 보정, 레이어 스타일 – Inner Glow(내부 광선), Drop Shadow(그림자 효과)
⑧ 그 외 《출력형태》 참조

2. 문자 효과
① Experience Orchard(Times New Roman, Bold, 20pt, #ccff99, 레이어 스타일 – Stroke(선/획)(2px, #336633))
② 복숭아 따기 체험(궁서, 35pt, 레이어 스타일 – Stroke(선/획)(3px, #006633), 그라디언트 오버레이(#ff6699, #ffcc66, #ccffcc))
③ 우리지역 농산물 이용하기(돋움, 14pt, #000000, 레이어 스타일 – Stroke(선/획)(2px, 그라디언트(#ccffcc, #99cc99))
④ 농장소개 체험안내 교통안내(돋움, 17pt, #330000, 레이어 스타일 – Stroke(선/획)(2px, #ffff99))

출력형태

Pen Tool(펜 도구) 사용
#669966,
#99ff99,
#ccff99, #666633,
레이어 스타일 –
Drop Shadow
(그림자 효과)

Shape Tool(모양 도구)
사용
레이어 스타일 –
그라디언트
오버레이
(#ff9966, #ccff00),
Drop Shadow
(그림자 효과)

Shape Tool
(모양 도구) 사용
#cc9900, #cc6633,
레이어 스타일 –
Inner Shadow
(내부 그림자),
Opacity(불투명도)
(80%)

Shape Tool(모양 도구) 사용
#ffffff, 레이어 스타일 – Stroke(선/획)(2px,
그라디언트(#00ff33, #996666))

작업과정	새 작업 이미지 만들기 및 파일 저장하기 ▶ 필터 적용하기 ▶ 패스 생성하기 ▶ 패스 저장하기 ▶ 레이어 스타일과 클리핑 마스크 적용하기 ▶ 모양 생성 및 레이어 스타일 적용 ▶ 문자 입력 및 왜곡하고 레이어 스타일 적용 ▶ 정답 파일 저장
완성이미지	Part03\정답파일\수험번호-성명-1.jpg, 수험번호-성명-1.psd

01 새 작업 이미지 만들기 및 파일 저장하기

01 [File(파일)]-[New(새로 만들기)]([Ctrl]+[N])를 선택하고 'Width(폭) : 400Pixels(픽셀), Height(높이) : 500Pixels(픽셀), Resolution(해상도) : 72Pixels/Inch(픽셀/인치), Color Mode(색상 모드) : RGB Color(RGB 색상), 8bit(비트), Background Contents(배경 내용) : White(흰색)'로 설정하여 새 작업 이미지를 만듭니다.

02 [Edit(편집)]-[Preference(환경설정)]([Ctrl]+[K])를 클릭하고 [Guides, Grid & Slices(안내선, 격자와 슬라이스)]를 선택하여 Grid(격자)의 'Gridline every(격자 간격) : 100pixels(픽셀), Subdivisions(세분) : 1'로 설정한 후 'Grid Color(격자 색상)'를 클릭하여 밝은 색상으로 변경합니다.

합격생의 비법
'Grid Color(격자 색상)'는 이미지와 구별되는 임의의 밝은 색상으로 변경합니다.

03 [View(보기)]-[Show(표시)]-[Grid(격자)]([Ctrl]+[']')와 [View(보기)]-[Rulers(눈금자)] ([Ctrl]+[R])를 선택하여 격자와 눈금자를 표시합니다.

04 작업 도큐먼트를 저장하기 위해 [File(파일)]-[Save As(다른 이름으로 저장)]([Shift]+[Ctrl]+ [S])를 선택하고 임의 경로에 수험번호-성명-문제번호.psd로 파일을 저장합니다.

합격생의 비법

임의 경로에 저장한 파일은 작업을 완료한 후 수정사항 및 오류 발생에 대비하여 저장하는 파일로 감독관 컴퓨터로 전송하지는 않습니다. 최종 답안 파일 전송 후 퇴실 전에 삭제합니다.

---

02 필터 적용하기

01 [File(파일)]-[Open(열기)]([Ctrl]+[O])을 선택하여 1급-1.jpg를 불러옵니다. [Ctrl]+[A]로 전체 선택, [Ctrl]+[C]로 복사, 작업 이미지에 [Ctrl]+[V]로 붙여넣기를 합니다. [Ctrl]+[T]를 누른 후, 마우스 오른쪽 버튼을 클릭하여 [Flip Horizontal(가로로 뒤집기)]로 뒤집고 배치합니다.

02 [Filter(필터)]−[Filter Gallery(필터 갤러리)]−[Artistic(예술 효과)]−[Paint Daubs(페인트 덥스/페인트 바르기)]를 선택합니다.

03 문제지의 《출력형태》를 참조하여 왼쪽 눈금자에서 작업 이미지로 드래그하여 그림과 같이 안내선을 표시합니다.

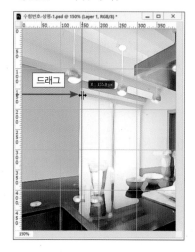

03 패스 생성하기

01 Ellipse Tool(타원 도구, ◯)을 클릭하고 Options Bar(옵션 바)에서 'Pick tool mode(선택 도구 모드) : Shape(모양), Fill(칠) : 임의 색상, Stroke(획) : No Color(색상 없음)'를 설정한 후 드래그하여 타원 모양을 그립니다. **Enter**를 눌러 작업 중인 모양을 완료합니다.

합격생의 비법

패스 작업 시, 명확한 화면을 보기 위해 Layers(레이어) 패널에서 'Layer 1' 레이어의 눈 아이콘(가시성)을 클릭하여 가리고, 작업이 완료되면 눈 아이콘(가시성)을 다시 클릭하여 보이도록 합니다.

02 Paths(패스) 패널의 작업 중인 패스를 클릭하여 패스를 활성화합니다.

합격생의 비법

- 작업 중인 모양이 선택된 상태에서 패스 작업의 옵션을 바꾸면 지시와 다른 결과가 나올 수 있습니다. Enter 를 눌러 작업 중인 모양을 완료한 후 Paths(패스) 패널의 작업 패스를 다시 클릭하여 옵션을 적용합니다.
- Paths(패스) 패널의 작업 패스를 다시 클릭해야 하나의 레이어에 다른 모양을 함께 그릴 수 있습니다.

03 Rectangle Tool(사각형 도구, ▭)을 클릭하고 Options Bar(옵션 바)에서 'Pick tool mode (선택 도구 모드) : Shape(모양), Fill(칠) : 임의 색상, Path operations(패스 작업) : Subtract Front Shape(전면 모양 빼기, ⬒)'로 설정합니다.

04 타원형의 하단과 겹치도록 드래그하여 사각형을 그리고 배치합니다.

05 Ellipse Tool(타원 도구, ◯)을 클릭한 후 작업 이미지에 드래그하여 타원 모양 상단과 겹치도록 타원형을 그리고, Options Bar(옵션 바)에서 'Path operations(패스 작업) : Combine Shapes(모양 결합, ⬒)'로 설정합니다.

06 Convert Point Tool(기준점 변환 도구, ⌐)로 타원 모양의 상단 기준점에 클릭하여 뾰족하게 변형합니다.

07 Rounded Rectangle Tool(모서리가 둥근 직사각형 도구, ▢)을 클릭하고 Options Bar(옵션 바)에서 'Pick tool mode(선택 도구 모드) : Shape(모양), Fill(칠) : 임의 색상, Path operations(패스 작업) : Combine Shapes(모양 결합, ▣), Radius(반경) : 15px'로 설정한 후 드래그하여 둥근 사각형을 그립니다.

08 [Edit(편집)]-[Transform Path(패스 변형)]-[Warp(뒤틀기)]를 클릭하여 하단 2개의 방향점을 대칭적으로 드래그하여 변형하고 Enter 를 눌러 패스의 변형을 완료합니다.

합격생의 **비법**

Ctrl + T 를 누른 후, 마우스 오른쪽 버튼을 클릭하여 [Warp(뒤틀기)]로 변형할 수도 있습니다.

09 Rounded Rectangle Tool(모서리가 둥근 직사각형 도구, ◎)을 클릭하고 Options Bar(옵션 바)에서 'Pick tool mode(선택 도구 모드) : Shape(모양), Path operations(패스 작업) : Combine Shapes(모양 결합, ◙)'로 설정한 후 드래그하여 2개의 둥근 사각형을 겹치도록 그립니다. Ctrl+T를 눌러 조절점 밖을 드래그하여 회전하고 Enter를 눌러 손잡이 부분을 완성합니다.

10 Rounded Rectangle Tool(모서리가 둥근 직사각형 도구, ◎)의 'Radius(반경) : 10px'로 설정한 후 하단에 드래그하여 둥근 사각형을 그립니다. Ellipse Tool(타원 도구, ◎)을 클릭하여 상단과 하단이 겹쳐지도록 타원형을 그리고 Options Bar(옵션 바)에서 'Path operations(패스 작업) : Combine Shapes(모양 결합, ◙)'로 설정합니다.

11 Ellipse Tool(타원 도구, ⬭)을 클릭한 후 큰 타원 모양의 오른쪽에 겹쳐지도록 작은 타원을 그리고, Options Bar(옵션 바)에서 'Path operations(패스 작업) : Subtract Front Shape (전면 모양 빼기, ⬚)'로 설정합니다.

12 Ctrl + T 를 눌러 조절점 밖을 드래그하여 회전하고 Enter 를 눌러 변형을 완성합니다.

13 Rectangle Tool(사각형 도구, ▭)을 클릭하여 하단에 겹치도록 그린 후, Options Bar(옵션 바)에서 'Path operations(패스 작업) : Subtract Front Shape(전면 모양 빼기, ⬚)'로 설정합니다.

14 Path Selection Tool(패스 선택 도구, ▶)로 드래그하여 중앙의 7개의 모양을 선택하고 Options Bar(옵션 바)에서 'Path alignment(패스 정렬) : Align horizontal centers(수평 중앙 정렬, ▣)'를 클릭하여 가로 중앙에 정렬합니다.

15 Enter 를 눌러 패스의 선택을 해제합니다. Paths(패스) 패널에서 작업 중인 패스를 클릭하여 활성화합니다.

16 Pen Tool(펜 도구, ✎)을 클릭하고 Options Bar(옵션 바)에서 'Pick tool mode(선택 도구 모드 : Shape(모양), Fill(칠) : 임의 색상, Path operations(패스 작업) : Combine Shapes (모양 결합, ▣)'로 설정한 후 삼각형 모양을 겹치도록 그려서 완성합니다.

17 Options Bar(옵션 바)에서 'Path operations(패스 작업) : Merge Shape Components(모양 병합 구성 요소,)'를 클릭하여 모양을 하나로 병합합니다.

04 패스 저장하기

01 Paths(패스) 패널의 작업 패스 'Ellipse 1 Shape Path'를 더블 클릭하여 [Save Path(패스 저장)] 대화상자에서 'Name(이름) : 쥬서기 모양'을 입력하고 [OK(확인)]를 클릭합니다.

합격생의 비법

• Paths(패스) 패널에 표시되는 이름은 최초에 그린 Shape(모양)의 이름대로 표기되며, 더블 클릭하여 [Save Path(패스 저장)]에서 문제지에 제시된 패스 이름으로 저장하면 됩니다.
• 아래와 같은 대화상자가 표시되면 [Yes(예)]를 누릅니다. 'Don't show again(다시 보지 않기)'을 클릭하면 이후 작업에서는 표시되지 않습니다.

02 Layers(레이어) 패널의 ' Layer 1' 레이어의 눈 아이콘(가시성)을 클릭하여 레이어의 이미지가 보이도록 합니다. 'Ellipse 1' 레이어의 이름을 더블 클릭하여 '패스'로 이름을 설정하고 마우스 오른쪽 버튼을 눌러 'Rasterize Layer(레이어 래스터화)'를 선택하여 일반 레이어로 속성을 변환합니다.

합격생의 비법

- 레이어의 이름은 구별을 위한 것으로 임의로 설정하면 됩니다.
- 'Rasterize Layer(레이어 래스터화)'는 Shape(모양) 속성의 레이어가 일반 이미지 레이어로 속성이 변환되어 Shape(모양) 고유 속성을 잃게 됩니다.
- 문제지에서 제시하는 그림 효과 중 'Custom Shape Tool(사용자 정의 모양 도구,)'과 '문자'는 절대로 'Rasterize Layer(레이어 래스터화)'를 적용하지 않도록 주의합니다.

05 레이어 스타일과 클리핑 마스크 적용하기

01 Layers(레이어) 패널 하단의 'Add a layer style(레이어 스타일 추가, fx)'을 클릭하여 [Stroke(획)]를 선택합니다.

02 'Size(크기) : 5px, Fill Type(칠 유형) : Gradient(그레이디언트)'로 설정하고 'Click to edit the gradient(클릭하여 그레이디언트 편집)'를 클릭합니다. 그레이디언트 슬라이더 왼쪽 하단의 'Color Stop(색상 정지점)'을 더블 클릭하여 #ff9900, 오른쪽 'Color Stop(색상 정지점)'을 더블 클릭하여 #009900으로 설정한 후, 'Style(스타일) : Linear(선형), Angle(각도) : 0°로 설정합니다.

03 계속해서 [Inner Shadow(내부 그림자)]를 선택, 'Opacity(불투명도) : 75%, Angle(각도) : 90°, Distance(거리) : 5px, Size(크기) : 5px'로 설정한 후 [OK(확인)]를 클릭합니다.

04 [File(파일)]-[Open(열기)]([Ctrl]+[O])을 선택하여 1급-2.jpg를 불러옵니다. [Ctrl]+[A]로 전체 선택, [Ctrl]+[C]로 복사, 작업 이미지에 [Ctrl]+[V]로 붙여넣기를 합니다. [Ctrl]+[T]를 누르고 [Shift]를 누른 채 크기를 조절한 후 배치합니다.

05 Layers(레이어) 패널에서 'Layer 2' 레이어와 '패스' 레이어 사이에 마우스 커서를 놓고 [Alt]를 누르고 클릭하여 Clipping Mask(클리핑 마스크)를 적용합니다.

합격생의 비법

Clipping Mask(클리핑 마스크)를 적용할 때는 반드시 '패스' 레이어 바로 위에 이미지 레이어를 서로 겹치도록 배치해야 합니다.

06 [File(파일)]-[Open(열기)]($\boxed{\text{Ctrl}}$+$\boxed{\text{O}}$)을 선택하여 1급-3.jpg를 불러옵니다. Quick Selection
Tool(빠른 선택 도구,)을 클릭하고 Options Bar(옵션 바)에서 Add to selection(선택 영
역에 추가,)를 설정한 후 브러시의 크기를 조절하며 드래그하여 선택합니다.

합격생의 비법

• Quick Selection Tool(빠른 선택 도구,)로 클릭 또는 드래그하여 선택하면 Options Bar(옵션 바)의 'Add to selection(선택 영역에 추가,)'으로 자동으로 설정됩니다.
• Quick Selection Tool(빠른 선택 도구,)의 브러시 크기는 $\boxed{\text{]}}$를 눌러 크기를 확대하고 $\boxed{\text{[}}$를 눌러 축소할 수 있습니다. Caps Lock이 켜져 있으면 '$\boxed{+}$'로 표시되어 브러시의 크기를 파악할 수 없으므로 Caps Lock을 눌러 꺼줍니다.

07 $\boxed{\text{Ctrl}}$+$\boxed{\text{C}}$로 복사, 작업 이미지에 $\boxed{\text{Ctrl}}$+$\boxed{\text{V}}$로 붙여넣기를 합니다. $\boxed{\text{Ctrl}}$+$\boxed{\text{T}}$를 누르고 $\boxed{\text{Shift}}$를
누른 채 크기를 조절한 후 배치합니다.

08 Layers(레이어) 패널 하단의 'Add a layer style(레이어 스타일 추가, $\boxed{\textit{fx.}}$)'을 클릭하여 [Drop
Shadow(그림자)]를 선택하고 [OK(확인)]를 클릭합니다.

06 모양 생성 및 레이어 스타일 적용

01 Custom Shape Tool(사용자 정의 모양 도구, [아이콘])을 클릭하고 Options Bar(옵션 바)에서 'Pick tool mode(선택 도구 모드) : Shape(모양), Fill(칠) : #009933, Stroke(획) : No Color(색상 없음), Shape(모양)은 Legacy Shapes and More(레거시 모양 및 기타) 〉 All Legacy Default Shapes(모든 레거시 기본 모양) 〉 Nature(자연)에서 Leaf 7(나뭇잎 7, [아이콘])' 로 설정한 후 **Shift**를 누르고 모양을 그립니다.

합격생의 비법

Custom Shape Tool(사용자 정의 모양 도구, [아이콘])로 모양을 그릴 때는 **Shift**를 누른 채 드래그 하면 원래 등록된 비율대로 모양을 그릴 수 있습니다.

02 [Edit(편집)]-[Free Transform Path(패스 자유 변형)]([**Ctrl**]+[**T**])을 클릭하고 조절점 밖을 드래그하여 회전하여 배치합니다.

03 Layers(레이어) 패널 하단의 'Add a layer style(레이어 스타일 추가, [fx.])'을 클릭하여 [Bevel & Emboss(경사와 엠보스)] 선택, 'Style(스타일) : Inner Bevel(내부 경사), Direction(방향) : Up(위로), Size(크기) : 5px'로 설정하고 [OK(확인)]를 클릭합니다.

04 Custom Shape Tool(사용자 정의 모양 도구, 🎨)을 클릭하고 Options Bar(옵션 바)에서 'Pick tool mode(선택 도구 모드) : Shape(모양), Fill(칠) : #ffffff, Stroke(획) : No Color (색상 없음), Shape(모양)은 Legacy Shapes and More(레거시 모양 및 기타) 〉 All Legacy Default Shapes(모든 레거시 기본 모양) 〉 Nature(자연)에서 Waves(파형, 〰️)'로 설정한 후 Shift 를 누른 채 드래그하여 모양을 그립니다.

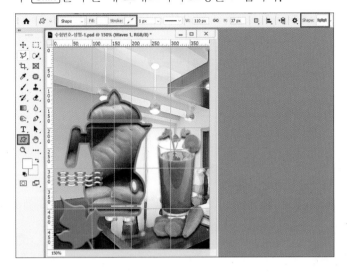

합격생의 비법

연속해서 사용자 정의 모양 도구로 그릴 때 Fill(칠) 설정하기

Options Bar(옵션 바)에서 목록 단추를 눌러 제시된 Shape(모양)을 선택하여 그린 후에 'Layer thumbnail(레이어 축소판)'을 더블 클릭하여 Fill(칠)를 변경합니다.

05 Layers(레이어) 패널 하단의 'Add a layer style(레이어 스타일 추가, fx.)'을 클릭하고 [Outer Glow(외부 광선)] 선택, 'Opacity(불투명도) : 75%, Size(크기) : 5px'로 설정한 후 [OK(확인)]를 클릭합니다.

06 [Layer(레이어)]-[New(새로 만들기)]-[Shape Layer Via Copy(복사한 모양 레이어)](Ctrl + J)를 클릭합니다.

07 Layer(레이어) 패널에서 복사된 'Waves 1 copy' 레이어의 'Layer thumbnail(레이어 축소 판)를 더블 클릭하여 Color Picker(색상 픽커)에서 'Color(색상) : #ff6633'으로 설정한 후 [OK(확인)]를 클릭합니다.

08 [Edit(편집)]−[Free Transform Path(패스 자유 변형)]([Ctrl]+[T])을 클릭하고 [Shift]를 누른 채 조절점을 드래그하여 축소하여 배치합니다.

07 문자 입력 및 왜곡하고 레이어 스타일 적용

01 Horizontal Type Tool(수평 문자 도구, [T])로 작업 이미지를 클릭하고 Options Bar(옵션 바)에서 'Font(글꼴) : 돋움, Set font size(글꼴 크기) : 45pt, Set anti−aliasing method (앤티 앨리어싱 방법 설정) : Strong(강하게), Color(색상) : 임의 색상'으로 설정한 후 신선한 당근 주스~를 입력합니다.

합격생의 비법

한글 글꼴을 적용할 때 Options Bar (옵션 바)에서 'Set anti−aliasing method(앤티 앨리어싱 방법 설정)'을 'Strong(강하게)'으로 설정하면 문자를 진하게 표현할 수 있습니다.

02 Options Bar(옵션 바)에서 Create warped text(뒤틀어진 텍스트 만들기, [工])를 클릭하여 [Warp Text(텍스트 뒤틀기)] 대화상자에서 'Style(스타일) : Rise(상승), Horizontal(가로) : 체크, Bend(구부리기) : −50%'를 설정하여 문자의 모양을 왜곡합니다.

03 Layers(레이어) 패널 하단에 'Add a layer style(레이어 스타일 추가, [fx])'을 클릭하고 [Stroke(획)]를 선택, 'Size(크기) : 2px, Color(색상) : #330033'으로 설정합니다.

04 계속해서 [Gradient Overlay(그레이디언트 오버레이)]를 선택, 'Click to edit the gradient(클릭하여 그레이디언트 편집)'를 클릭한 후, 그레이디언트 슬라이더 왼쪽 하단의 'Color Stop(색상 정지점)'을 더블 클릭하여 #ffff00, 오른쪽 'Color Stop(색상 정지점)'을 더블 클릭하여 #ff3333으로 설정한 후, 'Style(스타일) : Linear(선형), Angle(각도) : 90°'로 설정하고 [OK(확인)]를 클릭합니다.

05 [File(파일)]-[Save(저장)]([Ctrl]+[S])를 선택하고 파일을 저장합니다.

08 정답 파일 저장

01 [View(보기)]-[Show(표시)]-[Grid(격자)]([Ctrl]+['])를 선택하여 격자를 가립니다.

02 [File(파일)]-[Save As(다른 이름으로 저장)]([Shift]+[Ctrl]+[S])를 선택하고 '저장 위치 : 내 PC\문서\GTQ, 파일 형식 : JPEG, 파일 이름 : 수험번호-성명-문제번호.jpg'를 입력하고 [저장]을 클릭한 후 [JPEG Options(JPEG 옵션)] 대화상자에서 'Quality(품질) : 8'로 설정하고 [OK(확인)]를 클릭합니다.

03 [Image(이미지)]-[Image Size(이미지 크기)]([Alt]+[Ctrl]+[I])를 선택하고 'Constrain aspect ratio(종횡비 제한) : 클릭, Width(폭) : 40Pixels(픽셀), Height(높이) : 50Pixels(픽셀)'로 입력하여 이미지 크기를 1/10로 축소한 후 [OK(확인)]를 클릭합니다.

04 [File(파일)]-[Save As(다른 이름으로 저장)]([Shift]+[Ctrl]+[S])를 선택하고 '저장 위치 : 내 PC₩문서₩GTQ, 파일 형식 : Photoshop(*.PSD, *.PDD), 파일 이름 : 수험번호-성명-문제번호.psd'를 입력하고 [저장]을 클릭합니다.

05 답안 저장이 완료되면 [File(파일)]-[Close(닫기)]([Ctrl]+[W])를 선택하여 파일을 닫고 수험 프로그램에서 [답안 전송]을 클릭하여 psd와 jpg 파일을 감독관 컴퓨터로 전송합니다.

작업과정	새 작업 이미지 만들기 및 파일 저장하기 ▶ 필터 적용 및 이미지 합성, 레이어 스타일 적용 ▶ 색상 보정 및 레이어 스타일 적용 ▶ 모양 생성 및 레이어 스타일 적용 ▶ 문자 입력 및 레이어 스타일 적용 ▶ 정답 파일 저장
완성이미지	Part03₩정답파일₩수험번호-성명-2.jpg, 수험번호-성명-2.psd

01 새 작업 이미지 만들기 및 파일 저장하기

01 [File(파일)]-[New(새로 만들기)]([Ctrl]+[N])를 선택하고 'Width(폭) : 400Pixels(픽셀), Height(높이) : 500Pixels(픽셀), Resolution(해상도) : 72Pixels/Inch(픽셀/인치), Color Mode(색상 모드) : RGB Color(RGB 색상), 8bit(비트), Background Contents(배경 내용) : White(흰색)'로 설정하여 새 작업 이미지를 만듭니다.

02 [Edit(편집)]-[Preference(환경설정)]([Ctrl]+[K])를 클릭하고 [Guides, Grid & Slices(안내선, 격자와 슬라이스)]를 선택하여 Grid(격자)의 'Gridline Every(격자 간격) : 100Pixels(픽셀), Subdivisions(세분) : 1'로 설정한 후 'Grid Color(격자 색상)'를 클릭하여 밝은 색상으로 변경합니다.

03 [View(보기)]-[Show(표시)]-[Grid(격자)]([Ctrl]+[']) 와 [View(보기)]-[Rulers(눈금자)] ([Ctrl]+[R])를 선택하여 격자와 눈금자를 표시합니다.

04 작업 도큐먼트를 저장하기 위해 [File(파일)]-[Save As(다른 이름으로 저장)]([Shift]+[Ctrl]+[S])를 선택하고 임의 경로에 수험번호-성명-문제번호.psd로 파일을 저장합니다.

02 필터 적용 및 이미지 합성, 레이어 스타일 적용

01 [File(파일)]-[Open(열기)]([Ctrl]+[O])을 선택하여 1급-4.jpg를 불러옵니다. [Ctrl]+[A]로 전체 선택, [Ctrl]+[C]로 복사, 작업 이미지에 [Ctrl]+[V]로 붙여넣기를 합니다. [Ctrl]+[T]를 눌러 [Shift]를 누른 채 크기를 축소하고, 마우스 오른쪽 버튼을 클릭하여 [Flip Horizontal(가로로 뒤집기)]로 뒤집고 배치합니다.

02 [Filter(필터)]–[Filter Gallery(필터 갤러리)]–[Brush Strokes(브러시 선)]–[Crosshatch (그물눈)]를 선택합니다.

03 색상 보정 및 레이어 스타일 적용

01 [File(파일)]–[Open(열기)]([Ctrl]+[O])을 선택하여 1급-5.jpg를 불러옵니다. Quick Selection Tool(빠른 선택 도구, [🖌])을 클릭하고 Options Bar(옵션 바)에서 'Add to selection(선택 영역에 추가, [🖌])'를 설정한 후 브러시의 크기를 조절하며 드래그하여 상단의 컵 이미지를 선 택합니다.

02 [Ctrl]+[C]로 복사, 작업 이미지에 [Ctrl]+[V]로 붙여넣기를 합니다. [Ctrl]+[T]를 누르고 [Shift]를 누른 채 크기를 축소하고 회전하여 배치합니다.

합격생의 비법

[Ctrl]+[T]를 눌러 크기를 비율에 맞춰서 조절할 때는 [Shift]를 누르고 드래 그하거나 Options Bar(옵션 바)에서 Maintain aspect ratio(종횡비 유지, [∞]) 를 클릭한 후 값을 입력합니다.

03 Layers(레이어) 패널 하단의 'Add a layer style(레이어 스타일 추가, fx.)'을 클릭하고 [Drop Shadow(그림자)] 선택, 'Opacity(불투명도) : 75%, Angle(각도) : 90°, Distance(거리) : 5px, Size(크기) : 5px'로 설정한 후 [OK(확인)]를 클릭합니다.

04 Quick Selection Tool(빠른 선택 도구, ✐)을 클릭하고 Options Bar(옵션 바)에서 'Add to selection(선택 영역에 추가, ✐)'를 설정한 후 드래그하여 컵 안쪽 이미지를 선택합니다.

05 Layers(레이어) 패널 하단의 'Create new fill or adjustment layer(새 칠 또는 조정 레이어 생성, ◑)'를 클릭하고 [Hue/Saturation(색조/채도)]을 선택합니다.

06 Properties(속성) 패널에서 'Colorize(색상화) : 체크, Hue(색조) : 320, Saturation(채도) : 70'으로 설정하여 보라색 계열로 색상을 보정합니다.

07 1급-5.jpg를 선택합니다. Quick Selection Tool(빠른 선택 도구, ☑)을 클릭하고 Options Bar(옵션 바)에서 'Add to selection(선택 영역에 추가, ☑)'을 설정한 후 브러시의 크기를 조절하며 드래그하여 하단의 컵 이미지를 선택합니다.

08 Ctrl+C로 복사, 작업 이미지에 Ctrl+V로 붙여넣기한 후, Ctrl+T를 눌러 크기를 축소하고 배치합니다.

09 Layers(레이어) 패널 하단의 'Add a layer style(레이어 스타일 추가, fx.)'을 클릭하여 [Drop Shadow(그림자)]를 선택하고 [OK(확인)]를 클릭합니다.

10 Elliptical Marquee Tool(원형 선택 윤곽 도구, ◯)을 클릭하고 Options Bar(옵션 바)에서 'New selection(새 선택, ▣), Feather(페더) : 0px, Style(스타일) : Normal(표준)'을 설정한 후 컵 안쪽 이미지에 드래그하여 원형으로 선택합니다.

합격생의 비법

선택 영역 이동하기

• 선택 도구로 이미지를 선택한 후 키보드의 방향키를 눌러 선택 위치를 조절할 수 있습니다.
• 선택된 이미지 내부에 선택 도구를 위치하고 드래그하여 이동할 수 있습니다.

11 Layers(레이어) 패널 하단의 'Create new fill or adjustment layer(새 칠 또는 조정 레이어 생성,)'를 클릭하고 [Hue/Saturation(색조/채도)]을 선택합니다. Properties(속성) 패널에서 'Colorize(색상화) : 체크, Hue(색조) : 75, Saturation(채도) : 60, Lightness(명도) : 10'으로 설정하여 연두색 계열로 색상을 보정합니다.

12 [File(파일)]–[Open(열기)]([Ctrl]+[O])을 선택하여 1급-6.jpg를 불러옵니다. Elliptical Marquee Tool(원형 선택 윤곽 도구, ◯)을 클릭하고 Options Bar(옵션 바)에서 'New selection(새 선택, ◼), Feather(페더) : 0px, Style(스타일) : Normal(표준)'로 설정한 후 접시 안쪽 이미지에 드래그하여 원형으로 선택합니다.

13 [Ctrl]+[C]로 복사, 작업 이미지에 [Ctrl]+[V]로 붙여넣기한 후, [Ctrl]+[T]를 눌러 크기를 축소하고 배치합니다.

14 Layers(레이어) 패널 하단의 'Add a layer style(레이어 스타일 추가, fx.)'을 클릭하고 [Inner Shadow(내부 그림자)] 선택, 'Opacity(불투명도) : 75%, Angle(각도) : 90°, Distance(거리) : 5px, Size(크기) : 5px'을 설정한 후 [OK(확인)]를 클릭합니다.

04 모양 생성 및 레이어 스타일 적용

01 Custom Shape Tool(사용자 정의 모양 도구, ✿)을 클릭하고 Options Bar(옵션 바)에서 'Pick tool mode(선택 도구 모드) : Shape(모양), Fill(칠) : #ff9900, Stroke(획) : No Color (색상 없음), Shape(모양)은 Legacy Shapes and More(레거시 모양 및 기타) 〉 All Legacy Default Shapes(모든 레거시 기본 모양) 〉 Shapes(모양)에서 Flower 1 Frame(꽃 1 프레임, ⬭)'으로 설정한 후 Shift 를 누르고 모양을 그립니다.

02 Layers(레이어) 패널 하단의 'Add a layer style(레이어 스타일 추가, *fx.*)'을 클릭하고 [Drop Shadow(그림자)] 선택, 'Opacity(불투명도) : 75%, Angle(각도) : 90°, Distance (거리) : 5px, Size(크기) : 5px'를 설정한 후 [OK(확인)]를 클릭합니다.

03 Custom Shape Tool(사용자 정의 모양 도구, ✿)을 클릭하고 Options Bar(옵션 바)에서 'Pick tool mode(선택 도구 모드) : Shape(모양), Fill(칠) : #cccc99, Stroke(획) : No Color(색상 없음), Shape(모양)은 Legacy Shapes and More(레거시 모양 및 기타) 〉 All Legacy Default Shapes(모든 레거시 기본 모양) 〉 Nature(자연)에서 Flower 4(꽃 4, ✻)'로 설정한 후 Shift 를 누르고 모양을 그립니다. Ctrl + [를 여러 번 눌러 접시와 컵 모양 아래 쪽으로 배치합니다.

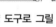
합격생 비법

Layers(레이어) 패널에서 'Layer 1' 레이어를 선택한 후 Custom Shape Tool (사용자 정의 모양 도구, ✿)로 드래그해서 레이어 순서를 미리 정돈해도 됩니다.

합격생 비법

연속해서 사용자 정의 모양 도구로 그릴 때 Fill(칠) 설정하기

Options Bar(옵션 바)에서 목록 단추를 눌러 제시된 Shape(모양)을 선택하여 그린 후에 'Layer thumbnail(레이어 축소판)'을 더블 클릭하여 Fill(칠)를 변경합니다.

04 Layers(레이어) 패널 하단의 'Add a layer style(레이어 스타일 추가, fx.)'을 클릭하고 [Outer Glow(외부 광선)] 선택, 'Opacity(불투명도) : 75%, Size(크기) : 5px'로 설정한 후 [OK(확인)]를 클릭합니다.

05 [Layer(레이어)]-[New(새로 만들기)]-[Shape Layer Via Copy(복사한 모양 레이어)](Ctrl +J)를 클릭합니다. 레이어 패널에서 복사된 'Flower 4 1 copy' 레이어의 'Layer thumbnail (레이어 축소판)'를 더블 클릭하여 Color Picker(색상 픽커)에서 'Color(색상) : #cc9999'로 설정한 후 [OK(확인)]를 클릭합니다.

06 [Edit(편집)]-[Free Transform Path(패스 자유 변형)](Ctrl +T)을 클릭하고 Shift 를 누른 채 크기를 축소하고 조절점 밖을 드래그하여 회전한 후 배치합니다.

05 문자 입력 및 레이어 스타일 적용

01 Horizontal Type Tool(수평 문자 도구, [T])로 작업 이미지를 클릭하고 Options Bar(옵션 바)에서 'Font(글꼴) : Arial, Set font style(글꼴 스타일 설정) : Regular, Set font size (글꼴 크기) : 40pt, Color(색상) : 임의 색상'으로 설정한 후 ORGANIC FOOD를 입력합니다.

02 Options Bar(옵션 바)에서 Create warped text(뒤틀어진 텍스트 만들기, [工])를 클릭하여 [Warp Text(텍스트 뒤틀기)] 대화상자에서 'Style(스타일) : Arc(부채꼴), Horizontal(가로) : 체크, Bend(구부리기) : −20%'를 설정하여 문자의 모양을 왜곡합니다.

03 Layers(레이어) 패널 하단에 'Add a layer style(레이어 스타일 추가, [fx.])'을 클릭하고 [Stroke(획)] 선택, 'Size(크기) : 2px, Color(색상) : #333366'으로 설정합니다.

04 계속해서 [Gradient Overlay(그레이디언트 오버레이)] 선택, 'Click to edit the gradient (클릭하여 그레이디언트 편집)'를 클릭한 후, 그레이디언트 슬라이더 왼쪽 하단의 'Color Stop(색상 정지점)'을 더블 클릭하여 #ff00ff, 가운데 'Color Stop(색상 정지점)'을 더블 클릭하여 #99ccff, 오른쪽 'Color Stop(색상 정지점)'을 더블 클릭하여 #99ff33으로 설정한 후, 'Style(스타일) : Linear(선형), Angle(각도) : 90°로 설정하고 [OK(확인)]를 클릭합니다.

합격생의 비법

Color Midpoint(색상 중간점, ◇)의 위치 조절하기

2개의 Color Stop(색상 정지점) 사이의 중간점을 표시하는 Color Midpoint(색상 중간점, ◇)를 드래그하여 위치를 조절하면 그레이디언트 색상의 중간 단계를 조절할 수 있습니다.

---

05 [File(파일)]-[Save(저장)]([Ctrl]+[S])를 선택하고 임시 파일을 저장합니다.

06 정답 파일 저장

01 [View(보기)]-[Show(표시)]-[Grid(격자)]([Ctrl]+[']])를 선택하여 격자를 가립니다.

02 [File(파일)]-[Save As(다른 이름으로 저장)]([Shift]+[Ctrl]+[S])를 선택하고 '저장 위치 : 내 PC₩문서₩GTQ, 파일 형식 : JPEG, 파일 이름 : 수험번호-성명-문제번호.jpg'를 입력하고 [저장]을 클릭한 후 [JPEG Options(JPEG 옵션)] 대화상자에서 'Quality(품질) : 8'로 설정하고 [OK(확인)]를 클릭합니다.

03 [Image(이미지)]-[Image Size(이미지 크기)]([Alt]+[Ctrl]+[I])를 선택하고 'Constrain as-pect ratio(종횡비 제한) : 클릭, Width(폭) : 40Pixels(픽셀), Height(높이) : 50Pixels(픽셀)'로 입력하여 이미지 크기를 1/10로 축소한 후 [OK(확인)]를 클릭합니다.

04 [File(파일)]-[Save As(다른 이름으로 저장)]([Shift]+[Ctrl]+[S])를 선택하고 '저장 위치 : 내 PC₩문서₩GTQ, 파일 형식 : Photoshop(*.PSD, *.PDD), 파일 이름 : 수험번호-성명-문제번호.psd'를 입력하고 [저장]을 클릭합니다.

05 답안 저장이 완료되면 [File(파일)]-[Close(닫기)]([Ctrl]+[W])를 선택하여 파일을 닫고 수험 프로그램에서 [답안 전송]을 클릭하여 psd와 jpg 파일을 감독관 컴퓨터로 전송합니다.

문제 03 [실무응용] 포스터 제작

작업과정	새 작업 이미지 만들기 및 파일 저장하기 ▶ 혼합 모드 및 필터와 레이어 마스크 적용 ▶ 필터와 클리핑 마스크 적용 ▶ 이미지 보정 ▶ 모양 생성 후 레이어 스타일 적용 ▶ 문자 입력 및 레이어 스타일 적용 ▶ 정답 파일 저장
완성이미지	Part03₩정답파일₩수험번호-성명-3.jpg, 수험번호-성명-3.psd

01 새 작업 이미지 만들기 및 파일 저장하기

01 [File(파일)]-[New(새로 만들기)]([Ctrl]+[N])를 선택하고 'Width(폭) : 600Pixels(픽셀), Height(높이) : 400Pixels(픽셀), Resolution(해상도) : 72Pixels/Inch(픽셀/인치), Color Mode(색상 모드) : RGB Color(RGB 색상), 8bit(비트), Background Contents(배경 내용) : White(흰색)'로 설정하여 새 작업 이미지를 만듭니다.

02 [Edit(편집)]-[Preference(환경설정)]([Ctrl]+[K])를 클릭하고 [Guides, Grid & Slices(안내선, 격자와 슬라이스)]를 선택하여 Grid(격자)의 'Gridline Every(격자 간격) : 100Pixels(픽셀), Subdivisions(세분) : 1'로 설정한 후 'Grid Color(격자 색상)'를 클릭하여 밝은 색상으로 변경합니다.

03 [View(보기)]-[Show(표시)]-[Grid(격자)]([Ctrl]+[']])와 [View(보기)]-[Rulers(눈금자)]([Ctrl]+[R])를 선택하여 격자와 눈금자를 표시합니다.

04 작업 도큐먼트를 저장하기 위해 [File(파일)]-[Save As(다른 이름으로 저장)]([Shift]+[Ctrl]+[S])를 선택하고 임의 경로에 수험번호-성명-문제번호.psd로 파일을 저장합니다.

02 혼합 모드 및 필터와 레이어 마스크 적용

01 Tool Panel(도구 패널) 하단의 'Set foreground color(전경색 설정)'을 클릭하여 # 오른쪽 입력란에 99cccc로 입력하고 [OK(확인)]를 클릭합니다. [Alt]+[Delete]를 눌러 제시된 Foreground Color(전경색)를 작업 이미지의 배경에 채웁니다.

02 [File(파일)]-[Open(열기)]([Ctrl]+[O])을 선택하여 1급-7.jpg를 불러옵니다. [Ctrl]+[A]로 전체 선택, [Ctrl]+[C]로 복사, 작업 이미지에 [Ctrl]+[V]로 붙여넣기를 합니다. [Ctrl]+[T]를 누르고 [Shift]를 누른 채 조절점을 드래그하여 크기를 축소하여 배치합니다.

03 Layers(레이어) 패널에서 'Blending Mode(혼합 모드) : Hard Light(하드 라이트), Opacity(불투명도) : 80%'로 적용하여 배경과 합성합니다.

04 [File(파일)]–[Open(열기)]([Ctrl]+[O])을 선택하여 1급-8.jpg를 불러옵니다. [Ctrl]+[A]로 전체 선택, [Ctrl]+[C]로 복사, 작업 이미지에 [Ctrl]+[V]로 붙여넣기를 합니다. [Ctrl]+[T]를 눌러 크기를 조절하고 배치합니다.

05 [Filter(필터)]–[Filter Gallery(필터 갤러리)]–[Artistic(예술 효과)]–[Rough Pastels(거친 파스텔)]를 선택합니다.

06 Layers(레이어) 패널 하단의 'Add layer mask(레이어 마스크 추가, [▣])'를 클릭하여 레이어 마스크를 추가합니다.

07 Tool Panel(도구 패널) 하단의 Set foreground color(전경색 설정)를 #000000, Set background color(배경색 설정)를 #ffffff로 설정합니다. Gradient Tool(그레이디언트 도구, ▣)을 클릭하고 Options Bar(옵션 바)에서 'Type(유형) : Linear Gradient(선형 그레이디언트), Mode(모드) : Normal(표준), Opacity(불투명도) : 100%'로 설정한 후 Shift를 누르고 오른쪽에서 왼쪽으로 가로 방향으로 드래그하여 이미지 일부를 자연스럽게 지워 합성합니다.

03 필터와 클리핑 마스크 적용

01 [File(파일)]-[Open(열기)](Ctrl + O)을 선택하여 1급-10.jpg를 불러옵니다. Pen Tool(펜 도구, ⏺)을 클릭하고 Options Bar(옵션 바)에서 'Pick tool mode(선택 도구 모드) : Path(패스), Exclude Overlapping Shapes(모양 오버랩 제외, ⧉)'로 설정한 후 그릇 모양을 따라 닫힌 패스로 완료합니다.

02 패스가 완료되면 `Ctrl`+`Enter`를 눌러 선택 상태로 전환합니다.

> **합격생의 비법**
>
> 배경 이미지와 차이가 뚜렷하게 나지 않으므로 Pen Tool(펜 도구, 🖊)로 닫힌 패스를 만들어 선택 상태로 전환합니다.

03 Quick Selection Tool(빠른 선택 도구, 🖌)을 클릭하고 Options Bar(옵션 바)에서 'Add to selection(선택 영역에 추가, 🖌)'를 설정한 후 드래그하여 채소 이미지를 선택합니다.

드래그

> **합격생의 비법**
>
> • Quick Selection Tool(빠른 선택 도구, 🖌)로 클릭 또는 드래그하여 선택하면 Options Bar(옵션 바)의 'Add to selection(선택 영역에 추가, 🖌)'으로 자동으로 설정됩니다.
> • `Alt`를 누른 채 드래그하면 'Subtract from selection(선택 영역에서 빼기, 🖌)'를 설정되며 선택 영역을 드래그하여 선택을 제외할 수 있습니다.

04 `Ctrl`+`C`로 복사, 작업 이미지에 `Ctrl`+`V`로 붙여넣기를 합니다. `Ctrl`+`T`를 누른 후, 마우스 오른쪽 버튼을 클릭하여 [Flip Horizontal(가로로 뒤집기)]로 뒤집고 크기를 조절하여 배치합니다.

05 Layers(레이어) 패널 하단에 'Add a layer style(레이어 스타일 추가, *fx.*)'을 클릭하고 [Stroke(획)] 선택, 'Size(크기) : 4px, Fill Type(칠 유형) : Gradient(그레이디언트)'로 설정하고 'Click to edit the gradient(클릭하여 그레이디언트 편집)'를 클릭합니다. 그레이디언트 슬라이더 왼쪽 하단의 'Color Stop(색상 정지점)'을 더블 클릭하여 #99ccff, 오른쪽 'Color Stop(색상 정지점)'을 더블 클릭하여 #ffff99로 설정한 후, 'Style(스타일) : Linear(선형), Angle(각도) : 90°'로 설정합니다.

06 계속해서 [Inner Shadow(내부 그림자)] 선택, 'Angle(각도) : 90°, Distance(거리) : 5px, Size(크기) : 5px'로 설정하고 [OK(확인)]를 클릭합니다.

07 Quick Selection Tool(빠른 선택 도구, *ⓙ*)을 클릭하고 Options Bar(옵션 바)에서 'Add to selection(선택 영역에 추가, *ⓙ*)'를 설정한 후 드래그하여 그릇 하단 이미지를 선택하고 Ctrl +C로 복사합니다.

08 [Edit(편집)]-[Paste Special(특수 붙여넣기)]-[Paste In Place(제자리에 붙여넣기)](Shift +Ctrl+V)를 클릭하여 복사한 위치에 붙여넣기를 합니다.

09 [File(파일)]–[Open(열기)]([Ctrl]+[O])을 선택하여 1급-9.jpg를 불러옵니다. [Ctrl]+[A]로 전체 선택, [Ctrl]+[C]로 복사, 작업 이미지에 [Ctrl]+[V]로 붙여넣기를 합니다.

10 Layers(레이어) 패널에서 'Layer 4' 레이어와 'Layer 5' 레이어 사이에 마우스 커서를 놓고 [Alt]를 누르고 클릭하여 Clipping Mask(클리핑 마스크)를 적용합니다.

합격생의 비법

Clipping Mask(클리핑 마스크)를 적용할 때는 반드시 'Layer 4' 레이어 바로 위에 이미지 레이어를 서로 겹치도록 배치해야 합니다.

11 [Ctrl]+[T]를 눌러 [Shift]를 누른 채 이미지의 크기를 축소하고 배치합니다.

12 [Filter(필터)]–[Filter Gallery(필터 갤러리)]–[Artistic(예술 효과)]–[Dry Brush(드라이 브러시)]를 선택합니다.

04 이미지 보정

01 Layers(레이어) 패널에서 'Layer 3' 레이어를 선택합니다. Quick Selection Tool(빠른 선택 도구, [●])을 클릭하고 Options Bar(옵션 바)에서 'Add to selection(선택 영역에 추가, [●])' 을 설정한 후 드래그하여 앞쪽 토마토 이미지를 선택합니다.

02 Layers(레이어) 패널 하단의 'Create new fill or adjustment layer(새 칠 또는 조정 레이어 생성, [●])'를 클릭하여 [Hue/Saturation(색조/채도)]을 선택합니다.

03 Properties(속성) 패널에서 'Colorize(색상화) : 체크, Hue(색조) : 90, Saturation(채도) : 70'으로 설정하여 녹색 계열로 색상을 보정합니다.

04 [File(파일)]–[Open(열기)]([Ctrl]+[O])을 선택하여 1급–11.jpg를 불러옵니다. Rectangular Marquee Tool(사각형 선택 윤곽 도구, [::])을 클릭하고 Options Bar(옵션 바)에서 'New selection(새 선택, [▣]), Feather(페더) : 0px, Style(스타일) : Normal(표준)'로 설정한 후 드래그하여 선택합니다.

05 [Ctrl]+[C]로 복사한 후, 작업 이미지의 'Layer 2' 레이어를 선택하고 [Ctrl]+[V]로 붙여넣기를 합니다. [Ctrl]+[T]로 크기를 조절하여 하단에 배치합니다.

06 Layers(레이어) 패널 하단의 'Add a layer style(레이어 스타일 추가, [fx.])'을 클릭하고 [Bevel & Emboss(경사와 엠보스)] 선택, 'Style(스타일) : Inner Bevel(내부 경사), Direction(방향) : Up(위로), Size(크기) : 10px, Angle(각도) : 120°, Use Global Light(전체 조명 사용) : 체크 해제'를 설정합니다.

합격생의 비법

작업 이미지의 레이어 스타일에서 Shading(음영)의 Angle(각도)를 레이어별로 따로 적용하려면 'Use Global Light(전체 조명 사용)'의 체크를 해제해야 합니다.

07 계속해서 [Outer Glow(외부 광선)] 선택, 'Opacity(불투명도) : 75%, Spread(스프레드) : 0%, Size(크기) : 5px'로 설정하고 [OK(확인)]를 클릭합니다.

05 모양 생성 후 레이어 스타일 적용

01 Custom Shape Tool(사용자 정의 모양 도구, 🖵)을 클릭하고 Options Bar(옵션 바)에서 'Pick tool mode(선택 도구 모드) : Shape(모양), Fill(칠) : 임의 색상, Stroke(획) : No Color(색상 없음), Shape(모양)는 Legacy Shapes and More(레거시 모양 및 기타) 〉 All Legacy Default Shapes(모든 레거시 기본 모양) 〉 Talk Bubbles(말 풍선)에서 Talk 10(대화 10, 🖵)'으로 설정한 후 드래그하여 모양을 그립니다.

02 Layers(레이어) 패널 하단의 'Add a layer style(레이어 스타일 추가, ⨍)'을 클릭하고 [Inner Shadow(내부 그림자)] 선택, 'Angle(각도) : 120°, Distance(거리) : 5px, Size(크기) : 5px'로 설정합니다.

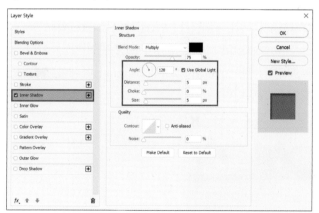

03 계속해서 [Gradient Overlay(그레이디언트 오버레이)] 선택, 'Click to edit the gradient (클릭하여 그레이디언트 편집)'를 클릭합니다. 그레이디언트 슬라이더 왼쪽 하단의 'Color Stop(색상 정지점)'을 더블 클릭하여 #66ffcc, 오른쪽 'Color Stop(색상 정지점)'을 더블 클릭하여 #ffffff로 설정한 후, 'Style(스타일) : Linear(선형), Angle(각도) : 180°'로 설정하고 [OK(확인)]를 클릭합니다.

04 Layers(레이어) 패널 상단의 'Opacity(불투명도) : 70%'로 설정하여 불투명도를 적용합니다.

05 Custom Shape Tool(사용자 정의 모양 도구, 📷)을 클릭하고 Options Bar(옵션 바)에서 'Pick tool mode(선택 도구 모드) : Shape(모양), Fill(칠) : #ffff00, Stroke(획) : No Color (색상 없음), Shape(모양)은 Legacy Shapes and More(레거시 모양 및 기타) 〉 All Legacy Default Shapes(모든 레거시 기본 모양) 〉 Nature(자연)에서 Butterfly(나비, 🦋)'로 설정한 후 Shift 를 누른 채 드래그하여 모양을 그립니다.

06 Layers(레이어) 패널 하단의 'Add a layer style(레이어 스타일 추가, [fx])'을 클릭하여 [Drop Shadow(그림자)]를 선택, 'Opacity(불투명도) : 75%, Angle(각도) : 120°, Distance(거리) : 5px, Size(크기) : 5px'로 설정하고 [OK(확인)]를 클릭합니다.

07 Layers(레이어) 패널 상단의 'Opacity(불투명도) : 70%'로 설정하여 불투명도를 적용합니다. [Ctrl]+[T]를 눌러 회전하여 배치합니다.

08 [Layer(레이어)]-[New(새로 만들기)]-[Shape Layer Via Copy(복사한 모양 레이어)]([Ctrl] +[J])를 클릭합니다. 레이어 패널에서 복사된 'Butterfly 1 copy' 레이어의 'Layer thumbnail(레이어 축소판)'를 더블 클릭하여 Color Picker(색상 피커)에서 'Color(색상) : #ffffff'로 설정한 후 [OK(확인)]를 클릭합니다.

09 [Ctrl]+[T]를 눌러 [Shift]를 누른 채 조절점을 드래그하여 크기를 축소하고 회전하여 배치합니다.

10 Custom Shape Tool(사용자 정의 모양 도구, ⚙)을 클릭하고 Options Bar(옵션 바)에서
'Pick tool mode(선택 도구 모드) : Shape(모양), Fill(칠) : 임의 색상, Stroke(획) : No
Color(색상 없음), Shape(모양)은 Legacy Shapes and More(레거시 모양 및 기타) 〉 All
Legacy Default Shapes(모든 레거시 기본 모양) 〉 Web(웹)에서 Volume(볼륨, 🔊)'으로 설
정한 후 Shift 를 누른 채 드래그하여 모양을 그립니다.

11 Layers(레이어) 패널 하단의 'Add a layer style(레이어 스타일 추가, fx.)'을 클릭하여
[Gradient Overlay(그레이디언트 오버레이)] 선택, 'Click to edit the gradient(클릭하여
그레이디언트 편집)'를 클릭합니다. 그레이디언트 슬라이더 왼쪽 하단의 'Color Stop(색상 정
지점)'을 더블 클릭하여 #330000, 가운데 빈 곳을 클릭하여 'Color Stop(색상 정지점)'을 추
가한 후 더블 클릭하여 #990099, 오른쪽 'Color Stop(색상 정지점)'을 더블 클릭하여
#330000으로 설정한 후, 'Style(스타일) : Linear(선형), Angle(각도) : 90°'로 설정하고
[OK(확인)]를 클릭합니다.

06 문자 입력 및 레이어 스타일 적용

01 Horizontal Type Tool(수평 문자 도구, T)로 작업 이미지를 클릭하고 Options Bar(옵션 바)에서 'Font(글꼴) : 돋움, Set font size(글꼴 크기) : 30pt, Set anti-aliasing method (앤티 앨리어싱 방법 설정) : Strong(강하게), Color(색상) : 임의 색상'으로 설정한 후 건강 식재료 세미나를 입력합니다.

02 Layers(레이어) 패널 하단의 'Add a layer style(레이어 스타일 추가, fx.)'을 클릭하고 [Stroke(획)] 선택, 'Size(크기) : 2px, Color(색상) : #333333'으로 설정합니다.

03 계속해서 [Gradient Overlay(그레이디언트 오버레이)] 선택, 'Click to edit the gradient (클릭하여 그레이디언트 편집)'를 클릭한 후, 그레이디언트 슬라이더 왼쪽 하단의 'Color Stop(색상 정지점)'을 더블 클릭하여 #00ccff, 가운데 'Color Stop(색상 정지점)'을 더블 클릭하여 #ffccff, 오른쪽 'Color Stop(색상 정지점)'을 더블 클릭하여 #ffcc00으로 설정한 후, 'Style(스타일) : Linear(선형), Angle(각도) : 0°'로 설정합니다.

04 계속해서 [Drop Shadow(드롭 섀도)]를 선택하고 [OK(확인)]를 클릭합니다.

05 Horizontal Type Tool(수평 문자 도구, ⊤)로 작업 이미지를 클릭하고 Options Bar(옵션 바)에서 'Font(글꼴) : 바탕, Set font size(글꼴 크기) : 23pt, Set anti-aliasing method (앤티 앨리어싱 방법 설정) : Strong(강하게), Center text(텍스트 중앙 정렬, 클), Color(색상) : 임의 색상'으로 설정한 후 #1 신선한 토마토 요리하기를 입력합니다. '요리하기' 문자를 드래그하여 선택하고 'Set font size(글꼴 크기) : 30pt'로 설정합니다.

06 Options Bar(옵션 바)에서 Create warped text(뒤틀어진 텍스트 만들기, ㅜ)를 클릭하여 [Warp Text(텍스트 뒤틀기)] 대화상자에서 'Style(스타일) : Rise(상승), Horizontal(가로) : 체크, Bend(구부리기) : 25%'를 설정하여 문자의 모양을 왜곡합니다.

07 Layers(레이어) 패널 하단의 'Add a layer style(레이어 스타일 추가, fx.)'을 클릭하고 [Stroke(획)] 선택, 'Size(크기) : 2px, Color(색상) : #ffffff'로 설정합니다.

08 계속해서 [Gradient Overlay(그레이디언트 오버레이)] 선택, 'Click to edit the gradient(클릭하여 그레이디언트 편집)'를 클릭한 후, 그레이디언트 슬라이더 왼쪽 하단의 'Color Stop(색상 정지점)'을 더블 클릭하여 #003300, 오른쪽 'Color Stop(색상 정지점)'을 더블 클릭하여 #ff0033으로 설정한 후, 'Style(스타일) : Linear(선형), Angle(각도) : 0°'로 설정한 후 [OK(확인)]를 클릭합니다.

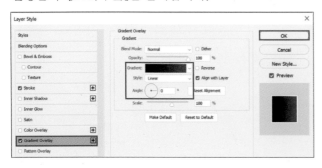

09 Horizontal Type Tool(수평 문자 도구, T)로 작업 이미지를 클릭하고 Options Bar(옵션 바)에서 'Font(글꼴) : 돋움, Set font size(글꼴 크기) : 13pt, Set anti-aliasing method (앤티 앨리어싱 방법 설정) : Strong(강하게), Color(색상) : #663300'으로 설정한 후 장소 : 교육문화회관강당 시간 : 매주 토요일 10시를 입력합니다.

10 Layers(레이어) 패널 하단의 'Add a layer style(레이어 스타일 추가, fx.)'을 클릭하고 [Stroke(획)] 선택, 'Size(크기) : 2px, Color(색상) : #ffffff'로 설정합니다.

11 Horizontal Type Tool(수평 문자 도구, T)로 작업 이미지를 클릭하고 Options Bar(옵션 바)에서 'Font(글꼴) : Arial, Set font style(글꼴 스타일 설정) : Bold, Set font size(글꼴 크기) : 16pt, Center text(텍스트 중앙 정렬, 톫), Color(색상) : #cc6600'으로 설정한 후 HEALTHY EATING SEMINAR를 입력합니다. 'SEMINAR' 문자를 드래그하여 선택하고 'Set font size(글꼴 크기) : 22pt, Color(색상) : #663399'로 설정합니다.

12 Options Bar(옵션 바)에서 Create warped text(뒤틀어진 텍스트 만들기, ⊥)를 클릭하여 [Warp Text(텍스트 뒤틀기)] 대화상자에서 'Style(스타일) : Arc(부채꼴), Horizontal(가로) : 체크, Bend(구부리기) : 50%'를 설정하여 문자의 모양을 왜곡합니다.

 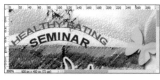

13 Layers(레이어) 패널 하단의 'Add a layer style(레이어 스타일 추가, fx.)'을 클릭하고 [Stroke(획)] 선택, 'Size(크기) : 2px, Color(색상) : #99ff33'으로 설정합니다.

14 Ctrl + T 를 누르고, Options Bar(옵션 바)에서 'Rotate(회전, ⊿) : −24°'를 입력한 후 Enter 를 눌러 회전을 적용하고 배치합니다.

15 [File(파일)]−[Save(저장)](Ctrl + S)를 선택하고 파일을 저장합니다.

🔟 정답 파일 저장

01 [View(보기)]−[Show(표시)]−[Grid(격자)](Ctrl + ')를 선택하여 격자를 가립니다.

02 [File(파일)]−[Save As(다른 이름으로 저장)](Shift + Ctrl + S)를 선택하고 '저장 위치 : 내 PC₩문서₩GTQ, 파일 형식 : JPEG, 파일 이름 : 수험번호−성명−문제번호.jpg'를 입력하고 [저장]을 클릭한 후 [JPEG Options(JPEG 옵션)] 대화상자에서 'Quality(품질) : 8'로 설정하고 [OK(확인)]를 클릭합니다.

03 [Image(이미지)]-[Image Size(이미지 크기)](Alt+Ctrl+I)를 선택하고 'Constrain aspect ratio(종횡비 제한) : 클릭, Width(폭) : 60Pixels(픽셀), Height(높이) : 40Pixels(픽셀)'로 입력하여 이미지 크기를 1/10로 축소한 후 [OK(확인)]를 클릭합니다.

04 [File(파일)]-[Save As(다른 이름으로 저장)](Shift+Ctrl+S)를 선택하고 '저장 위치 : 내 PC₩문서₩GTQ, 파일 형식 : Photoshop(*.PSD, *.PDD), 파일 이름 : 수험번호-성명-문제번호.psd'를 입력하고 [저장]을 클릭합니다.

05 답안 저장이 완료되면 [File(파일)]-[Close(닫기)](Ctrl+W)를 선택하여 파일을 닫고 수험 프로그램에서 [답안 전송]을 클릭하여 psd와 jpg 파일을 감독관 컴퓨터로 전송합니다.

문제 04 [실무응용] 웹 페이지 제작

작업과정	새 작업 이미지 만들기 및 파일 저장하기 ▶ 혼합 모드 합성 및 필터. 레이어 마스크 적용 ▶ 이미지 보정 및 레이어 스타일 적용 ▶ 모양 생성 및 변형. 레이어 스타일 적용 ▶ 레이어 복제로 메뉴 버튼 만들기 ▶ 펜 도구로 모양 그리기 및 레이어 스타일 적용 ▶ 패턴 정의 ▶ 패턴 적용 ▶ 문자 입력과 왜곡 및 레이어 스타일 적용 ▶ 정답 파일 저장
완성이미지	Part03₩정답파일₩수험번호-성명-4.jpg, 수험번호-성명-4.psd

① 새 작업 이미지 만들기 및 파일 저장하기

01 [File(파일)]-[New(새로 만들기)](Ctrl+N)를 선택하고 'Width(폭) : 600Pixels(픽셀), Height(높이) : 400Pixels(픽셀), Resolution(해상도) : 72Pixels/Inch(픽셀/인치), Color Mode(색상 모드) : RGB Color(RGB 색상), 8bit(비트), Background Contents(배경 내용) : White(흰색)'로 설정하여 새 작업 이미지를 만듭니다.

02 [Edit(편집)]-[Preference(환경설정)](Ctrl+K)를 클릭하고 [Guides, Grid & Slices(안내선, 격자와 슬라이스)]를 선택하여 Grid(격자)의 'Gridline Every(격자 간격) : 100Pixels(픽셀), Subdivisions(세분) : 1'로 설정한 후 'Grid Color(격자 색상)'를 클릭하여 밝은 색상으로 변경합니다.

03 [View(보기)]-[Show(표시)]-[Grid(격자)](Ctrl+')와 [View(보기)]-[Rulers(눈금자)](Ctrl+R)를 선택하여 격자와 눈금자를 표시합니다.

04 작업 도큐먼트를 저장하기 위해 [File(파일)]-[Save As(다른 이름으로 저장)](Shift+Ctrl+S)를 선택하고 임의 경로에 수험번호-성명-문제번호.psd로 파일을 저장합니다.

02 혼합 모드 합성 및 필터, 레이어 마스크 적용

01 Tool Panel(도구 패널) 하단의 'Set foreground color(전경색 설정)'을 클릭하여 # 오른쪽 입력란에 ffcc66으로 입력한 후, Alt + Delete 를 눌러 제시된 Foreground Color(전경색)를 작업 이미지의 배경에 채웁니다.

합격생의 비법

색상값 빠르게 입력하기

제시된 6자리의 색상 코드는 입력 순서대로 2자리씩 동일합니다. '#ffcc66'이면 'fc6'을 입력해도 됩니다.

02 [File(파일)]-[Open(열기)](Ctrl + O)을 선택하여 1급-12.jpg를 불러옵니다. Ctrl + A 로 전체 선택, Ctrl + C 로 복사, 작업 이미지에 Ctrl + V 로 붙여넣기를 합니다. Ctrl + T 를 누르고 Shift 를 누른 채 크기를 조절하여 배치합니다.

03 Layers(레이어) 패널에서 'Blending Mode(혼합 모드) : Darken(어둡게 하기)'로 설정하여 배경 이미지와 합성을 한 후, 'Add layer mask(레이어 마스크 추가, ▣)'를 클릭하여 레이어 마스크를 추가합니다.

04 Tool Panel(도구 패널) 하단의 Set foreground color(전경색 설정)를 #000000, Set background color(배경색 설정)를 #ffffff로 설정합니다. Gradient Tool(그레이디언트 도구,)을 클릭하고 Options Bar(옵션 바)에서 'Type(유형) : Linear Gradient(선형 그레이디언트), Mode(모드) : Normal(표준), Opacity(불투명도) : 100%'로 설정한 후 아래에서 위쪽으로 Shift 를 누른 채 드래그하여 이미지 일부를 자연스럽게 지워 합성합니다.

05 [File(파일)]–[Open(열기)](Ctrl + O)을 선택하여 1급-13.jpg를 불러옵니다. Ctrl + A 로 전체 선택, Ctrl + C 로 복사, 작업 이미지에 Ctrl + V 로 붙여넣기를 합니다. Ctrl + T 를 누르고 Shift 를 누른 채 크기를 조절하여 배치합니다.

06 [Filter(필터)]–[Filter Gallery(필터 갤러리)]–[Artistic(예술 효과)]–[Dry Brush(드라이 브러시)]를 선택합니다.

07 Layers(레이어) 패널에서 하단의 'Add layer mask(레이어 마스크 추가,)'를 클릭하여 레이어 마스크를 추가합니다.

08 Tool Panel(도구 패널) 하단의 Set foreground color(전경색 설정)를 #000000, Set background color(배경색 설정)를 #ffffff로 설정합니다. Gradient Tool(그레이디언트 도구, ▨)을 클릭하고 Options Bar(옵션 바)에서 'Type(유형) : Linear Gradient(선형 그레이디언트), Mode(모드) : Normal(표준), Opacity(불투명도) : 100%'로 설정한 후 오른쪽에서 왼쪽으로 Shift 를 누른 채 드래그하여 이미지 일부를 자연스럽게 지워 합성합니다.

09 [File(파일)]-[Open(열기)](Ctrl + O)을 선택하여 1급-14.jpg를 불러옵니다. Quick Selection Tool(빠른 선택 도구, ◪)을 클릭하고 Options Bar(옵션 바)에서 'Add to selection(선택 영역에 추가, ◪)'를 설정한 후 브러시의 크기를 조절하며 복숭아 바구니 이미지에 드래그하여 선택합니다.

10 Ctrl + C 로 복사, 작업 이미지에 Ctrl + V 로 붙여넣기를 합니다. Ctrl + T 를 누르고 Shift 를 누른 채 크기를 조절하여 배치합니다.

11 Layers(레이어) 패널 하단에 'Add a layer style(레이어 스타일 추가, fx.)'을 클릭하고 [Outer Glow(외부 광선)] 선택, 'Opacity(불투명도) : 75%, Size(크기) : 7px'로 설정합니다. 계속해서 [Drop Shadow(드롭 섀도)] 선택, 'Opacity(불투명도) : 75%, Angle(각도) : 90°, Distance(거리) : 5px, Size(크기) : 5px'로 설정하고 [OK(확인)]를 클릭합니다.

12 [File(파일)]-[Open(열기)]([Ctrl]+[O])을 선택하여 1급-15.jpg를 불러온 후 Magic Wand Tool(자동 선택 도구, ✻)을 클릭하고 Options Bar(옵션 바)에서 'Contiguous(인접) : 체크 해제'를 설정하고 흰 배경 부분을 클릭하여 흰색 영역을 모두 선택합니다.

합격생의 비법

Magic Wand Tool(자동 선택 도구, ✻)로 'Contiguous (인접) : 체크 해제'를 설정하고 이미지에 클릭하면, 클릭 지점의 색상과 동일한 색상이 경계선으로 구분되어 있어도 선택이 가능합니다. 즉 흰색 부분의 이미지를 모두 한 번에 선택하는 방법입니다.

13 [Shift]+[Ctrl]+[I]로 선택 영역을 반전하고, [Ctrl]+[C]로 복사, 작업 이미지에 [Ctrl]+[V]로 붙여넣기를 합니다. [Ctrl]+[T]를 눌러 크기를 축소한 후, 마우스 오른쪽 버튼을 클릭하여 [Flip Horizontal(가로로 뒤집기)]로 뒤집고 배치합니다.

14 [Filter(필터)]-[Filter Gallery(필터 갤러리)]-[Texture(텍스처)]-[Texturizer(텍스처화)]를 선택합니다.

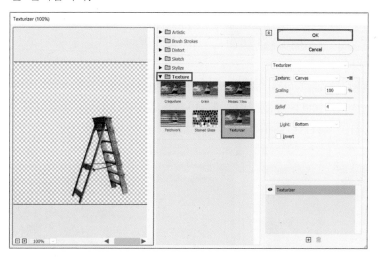

15 Layers(레이어) 패널 하단에 'Add a layer style(레이어 스타일 추가, fx.)'을 클릭하고 [Bevel & Emboss(경사와 엠보스)] 선택, 'Style(스타일) : Inner Bevel(내부 경사), Direction(방향) : Up(위로), Size(크기) : 5px'를 설정하고 [OK(확인)]를 클릭합니다.

03 이미지 보정 및 레이어 스타일 적용

01 [File(파일)]-[Open(열기)](Ctrl+O)을 선택하여 1급-16.jpg를 불러옵니다. Pen Tool(펜 도구, ⌀)을 클릭하고 Options Bar(옵션 바)에서 'Pick tool mode(선택 도구 모드) : Path (패스), Exclude Overlapping Shapes(모양 오버랩 제외, ⌀)'로 설정한 후 제시된 복숭아 모양을 따라 닫힌 패스를 생성합니다.

합격생의 비법

닫힌 패스 만들기

패스 작업 중 패스의 시작점과 끝 기준점을 연결하면 ⌀.로 표시되며 클릭하여 닫힌 패스를 완료할 수 있습니다.

02 패스가 완료되면 Ctrl+Enter를 눌러 선택 상태로 전환하고 Ctrl+C로 복사, 작업 이미지에 Ctrl+V로 붙여넣기를 합니다. Ctrl+T를 누른 후, 마우스 오른쪽 버튼을 클릭하여 [Flip Horizontal(가로로 뒤집기)]로 뒤집고 Shift를 누른 채 크기를 조절하여 배치합니다.

03 Layers(레이어) 패널 하단에 'Add a layer style(레이어 스타일 추가, *fx*.)을 클릭하고 [Inner Glow(내부 광선)] 선택, 'Opacity(불투명도) : 75%, Size(크기) : 7px'로 설정합니다. 계속해서 [Drop Shadow(드롭 섀도)]를 선택하고 [OK(확인)]를 클릭합니다.

04 Quick Selection Tool(빠른 선택 도구, *◑*.)을 클릭하고 위쪽 복숭아를 드래그하여 선택합니다.

05 Layers(레이어) 패널 하단의 'Create new fill or adjustment layer(새 칠 또는 조정 레이어 생성, *◑*.)'를 클릭하고 [Hue/Saturation(색조/채도)]을 선택합니다. Properties(속성) 패널에서 'Colorize(색상화) : 체크, Hue(색조) : 50, Saturation(채도) : 80'으로 설정하여 노란색 계열로 색상을 보정합니다.

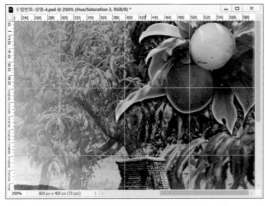

06 [File(파일)]-[Open(열기)]([Ctrl]+[O])를 선택하여 1급-17.jpg를 불러옵니다. Magic Wand Tool(자동 선택 도구, *✦*.)을 클릭하고 Options Bar(옵션 바)에서 'Contiguous(인접) : 체크 해제'를 설정하고 검정색 부분을 클릭하여 나무 실루엣을 모두 선택합니다.

07 Ctrl+C로 복사, 작업 이미지에 Ctrl+V로 붙여넣기를 합니다. Ctrl+T를 누르고 Shift를 누른 채 크기를 조절합니다.

08 Layers(레이어) 패널에서 'Layer 6'을 'Layer 3' 레이어 아래쪽으로 드래그하여 배치합니다.

합격생의 비법

레이어 순서 바꾸기

[Layer(레이어)]–[Arrange(정돈)]–[Send Backward(뒤로 보내기)](Ctrl+[)를 여러 번 클릭하여 'Layer 3' 레이어 아래쪽으로 배치할 수도 있습니다.

04 모양 생성 및 변형, 레이어 스타일 적용

01 Rounded Rectangle Tool(모서리가 둥근 직사각형 도구, ◻)을 클릭하고 Options Bar(옵션 바)에서 'Pick tool mode(선택 도구 모드) : Shape(모양), Fill(칠) : #ffffff, Stroke(획) : No Color(색상 없음), Radius(반경) : 5px'로 설정한 후 드래그하여 모양을 그립니다. Shift+Ctrl+]을 눌러 레이어의 맨 앞으로 가져오기를 합니다.

02 Layers(레이어) 패널 하단의 'Add a layer style(레이어 스타일 추가, *fx.*)'을 클릭하고 [Stroke(획)] 선택, 'Size(크기) : 2px, Fill Type(칠 유형) : Gradient(그레이디언트)'로 설정하고 'Click to edit the gradient(클릭하여 그레이디언트 편집)'를 클릭합니다.

03 그레이디언트 슬라이더 왼쪽 하단의 'Color Stop(색상 정지점)'을 더블 클릭하여 #00ff33, 오른쪽 'Color Stop(색상 정지점)'을 더블 클릭하여 #996666으로 설정한 후, 'Style(스타일) : Linear(선형), Angle(각도) : 0°로 설정하고 [OK(확인)]를 클릭합니다.

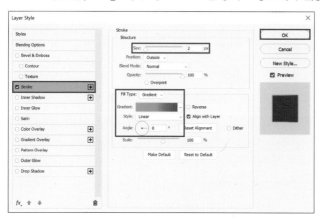

04 Custom Shape Tool(사용자 정의 모양 도구, ⚙)을 클릭하고 Options Bar(옵션 바)에서 'Pick tool mode(선택 도구 모드) : Shape(모양), Fill(칠) : 임의 색상, Stroke(획) : No Color(색상 없음), Shape(모양)는 Legacy Shapes and More(레거시 모양 및 기타) 〉 All Legacy Default Shapes(모든 레거시 기본 모양) 〉 Web(웹)에서 Search(검색, 🔍)'로 설정한 후 Shift 를 누르고 모양을 그립니다.

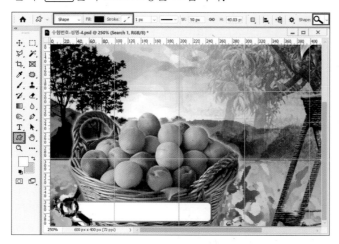

05 Layers(레이어) 패널 하단에 'Add a layer style(레이어 스타일 추가, fx.)' 클릭, [Gradient Overlay(그레이디언트 오버레이)] 선택, 'Click to edit the gradient(클릭하여 그레이디언트 편집)'를 클릭한 후, 그레이디언트 슬라이더 왼쪽 하단의 'Color Stop(색상 정지점)'을 더블 클릭하여 #ff9966, 오른쪽 'Color Stop(색상 정지점)'을 더블 클릭하여 #ccff00으로 설정한 후, 'Style(스타일) : Linear(선형), Angle(각도) : 0°'로 설정합니다.

06 계속해서 [Drop Shadow(드롭 섀도)]를 선택하고 [OK(확인)]를 클릭합니다.

05 레이어 복제로 메뉴 버튼 만들기

01 Custom Shape Tool(사용자 정의 모양 도구, ⬠)을 클릭하고 Options Bar(옵션 바)에서 'Pick tool mode(선택 도구 모드) : Shape(모양), Fill(칠) : #cc9900, Stroke(획) : No Color(색상 없음), Shape(모양)는 Legacy Shapes and More(레거시 모양 및 기타) 〉 All Legacy Default Shapes(모든 레거시 기본 모양) 〉 Banners and Awards(배너 및 상장)에서 Banner 3(배너 3, ▬)'으로 설정한 후 드래그하여 모양을 그립니다.

02 Layers(레이어) 패널 하단에 'Add a layer style(레이어 스타일 추가, [fx])'을 클릭하고 [Inner Shadow(내부 그림자)] 선택, 'Opacity(불투명도) : 75%, Angle(각도) : 90°, Distance(거리) : 5px, Size(크기) : 5px'을 설정한 후 [OK(확인)]를 클릭합니다.

03 Layers(레이어) 패널 상단의 'Opacity(불투명도) : 80%'로 설정하여 불투명도를 적용합니다.

04 Horizontal Type Tool(수평 문자 도구, [T])로 작업 이미지를 클릭하고 Options Bar(옵션 바)에서 'Font(글꼴) : 돋움, Set font size(글꼴 크기) : 17pt, Set anti-aliasing method (앤티 앨리어싱 방법 설정) : Strong (강하게), Color(색상) : #330000'으로 설정한 후 농장 소개를 입력합니다.

05 Layers(레이어) 패널 하단에 'Add a layer style(레이어 스타일 추가, [fx])'을 클릭하고 Stroke(획)] 선택, 'Size(크기) : 2px, Color(색상) : #ffff99'로 설정한 후 [OK(확인)]를 클릭 합니다.

06 Layers(레이어) 패널에서 [Shift]를 누른 채 '농장소개' 레이어와 'Banner 3 1' 레이어를 클릭하여 함께 선택하고 [Ctrl]+[J]를 눌러 복사한 레이어를 만듭니다. Move Tool(이동 도구, [✛])로 작업 이미지에서 아래쪽으로 이동하여 배치합니다.

합격생의 비법

Move Tool(이동 도구, [✛])로 이동 도중에 [Shift]를 누르면 이동하는 방향으로 반듯하게 이동할 수 있습니다.

07 [Ctrl]+[J]를 다시 한번 눌러 복사한 레이어를 만듭니다. Move Tool(이동 도구, [✛])로 작업 이미지에서 아래쪽으로 이동하여 배치합니다.

08 Horizontal Type Tool(수평 문자 도구, [T])로 두 번째와 세 번째 '농장소개' 문자를 각각 드래그하여 선택하고 순서대로 체험안내, 교통안내를 입력합니다.

09 Layers(레이어) 패널에서 'Banner 3 1 copy' 레이어의 'Layer thumbnail(레이어 축소판)' 을 더블 클릭하여 'Color(색상) : #cc6633'으로 설정하고 [OK(확인)]를 클릭합니다.

06 펜 도구로 모양 그리기 및 레이어 스타일 적용

01 Layers(레이어) 패널에서 'Layer 6' 레이어를 선택합니다. Ellipse Tool(타원 도구, ◯)을 클릭하고 Options Bar(옵션 바)에서 'Pick tool mode(선택 도구 모드) : Shape(모양), Fill (칠) : #669966, Stroke(획) : No Color(색상 없음), Path operations(패스 작업) : Combine Shapes(모양 결합, ▣)'로 설정한 후 크기가 다른 여러 개의 타원 모양을 겹치도록 그려서 완성합니다.

02 Options Bar(옵션 바)에서 'Path operations(패스 작업) : Merge Shape Components(모양 병합 구성 요소, ▣)'을 클릭하여 모양을 하나로 병합합니다. Enter 를 눌러 패스 작업을 완료합니다.

03 Layers(레이어) 패널 하단의 'Add a layer style(레이어 스타일 추가, fx.)'을 클릭하고 [Drop Shadow(그림자)]를 선택하고 [OK(확인)]를 클릭합니다.

04 Ellipse Tool(타원 도구, ○)로 작업 이미지에 드래그하여 타원 모양을 그립니다. Options Bar(옵션 바)에서 'Path operations(패스 작업) : Combine Shapes(모양 결합, ◱)'로 설정한 후 크기가 다른 여러 개의 타원 모양을 겹치도록 그립니다. Layers(레이어) 패널에서 'Ellipse 2' 레이어의 'Layer thumbnail(레이어 축소판)'을 더블 클릭하여 'Color(색상) : #99ff99'로 설정하고 [OK(확인)]를 클릭합니다.

05 Options Bar(옵션 바)에서 'Path operations(패스 작업) : Merge Shape Components(모양 병합 구성 요소, ◱)'을 클릭하여 모양을 하나로 병합합니다. Enter 를 눌러 패스 작업을 완료합니다.

06 Layers(레이어) 패널 하단의 'Add a layer style(레이어 스타일 추가, fx.)'을 클릭하고 [Drop Shadow(그림자)]를 선택한 후 [OK(확인)]를 클릭합니다.

07 Layers(레이어) 패널에서 'Layer 6' 레이어를 선택합니다. Ellipse Tool(타원 도구, ○)을 클릭하고 Options Bar(옵션 바)에서 'Pick tool mode(선택 도구 모드) : Shape(모양), Fill (칠) : #ccff99, Stroke(획) : No Color(색상 없음), Path operations(패스 작업) : Combine Shapes(모양 결합, ◱)'로 설정한 후 크기가 다른 여러 개의 타원형 모양을 겹치도록 그려서 완성합니다.

08 Options Bar(옵션 바)에서 'Path operations(패스 작업) : Merge Shape Components(모양 병합 구성 요소, 🗗)'을 클릭하여 모양을 하나로 병합합니다.

09 Layers(레이어) 패널 하단의 'Add a layer style(레이어 스타일 추가, *fx.*)'을 클릭하고 [Drop Shadow(그림자)]를 선택한 후 [OK(확인)]를 클릭합니다.

10 Pen Tool(펜 도구, ⌀)을 클릭하고 Options Bar(옵션 바)에서 'Pick tool mode(선택 도구 모드) : Shape(모양), Fill(칠) : #666633, Stroke(획) : No Color(색상 없음)으로 설정한 후 나무 모양을 그립니다. Layers(레이어) 패널에서 'Ellipse 2' 레이어보다 위쪽으로 순서를 이동합니다.

11 Layers(레이어) 패널 하단의 'Add a layer style(레이어 스타일 추가, *fx.*)'을 클릭하고 [Drop Shadow(그림자)]를 선택한 후 [OK(확인)]를 클릭합니다.

07 패턴 정의

01 [File(파일)]-[New(새로 만들기)]([Ctrl]+[N])를 선택하고 'Width(폭) : 50Pixels(픽셀), Height(높이) : 50Pixels(픽셀), Resolution(해상도) : 72Pixels/Inch(픽셀/인치), Color Mode(색상 모드) : RGB Color(RGB 색상), 8bit(비트), Background Contents(배경 내용) : Transparent(투명)'로 설정하여 새 작업 이미지를 만듭니다.

합격생 비법

Background Contents(배경 내용)를 'Transparent(투명)'로 설정해야 클리핑 마스크 적용시 펜으로 작업한 Shape(모양)의 설정 색상이 보입니다.

02 [View(보기)]−[Rulers(눈금자)]([Ctrl]+[R])를 클릭하여 눈금자를 표시합니다.

03 Custom Shape Tool(사용자 정의 모양 도구, [✿])을 클릭하고 Options Bar(옵션 바)에서 'Pick tool mode(선택 도구 모드) : Shape(모양), Fill(칠) : #99cc33, Stroke(획) : No Color (색상 없음), Shape(모양)은 Legacy Shapes and More(레거시 모양 및 기타) 〉 All Legacy Default Shapes(모든 레거시 기본 모양) 〉 Nature(자연)에서 Leaf 4(나뭇잎 4, [♣])'로 설정한 후 [Shift]를 누른 채 드래그하여 모양을 그립니다.

04 [Ctrl]+[T]를 눌러, Options Bar(옵션 바)에서 'Rotate(회전, [◿]) : −75˚'로 입력하고 [Enter]를 눌러 회전을 적용합니다.

05 Custom Shape Tool(사용자 정의 모양 도구, [✿])을 클릭하고 Options Bar(옵션 바)에서 'Pick tool mode(선택 도구 모드) : Shape(모양), Fill(칠) : #009966, Stroke(획) : No Color(색상 없음), Shape(모양)은 Legacy Shapes and More(레거시 모양 및 기타) 〉 All Legacy Default Shapes(모든 레거시 기본 모양) 〉 Nature(자연)에서 Leaf 3(나뭇잎 3, [◖])' 으로 설정한 후 [Shift]를 누른 채 드래그하여 모양을 그립니다.

06 Ctrl+T를 눌러, Options Bar(옵션 바)에서 'Rotate(회전, ⊿) : 115°'로 입력하고 Enter를 눌러 회전을 적용합니다.

07 [Edit(편집)]–[Define Pattern(패턴 정의)]을 선택하고 'Pattern Name(패턴 이름) : 나뭇잎' 으로 설정하고 패턴을 등록합니다.

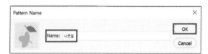

08 **패턴 적용**

01 Layers(레이어) 패널에서 Ctrl+Shift를 누른 채 'Ellipse 1, 2, 3' 레이어 각각의 'Layer thumbnail(레이어 축소판)'을 클릭하여 선택 영역으로 만듭니다.

02 Layers(레이어) 패널에서 'Ellipse 2' 레이어를 클릭한 후 패널 하단의 'Create a new layer(새 레이어 만들기, ⊞)'를 클릭하여 새 레이어를 만든 후 레이어 이름을 더블 클릭하여 pattern으로 수정합니다.

03 [Edit(편집)]-[Fill(칠)]을 선택하고 'Contents(내용) : Pattern(패턴), Custom Pattern(사용자 정의 패턴) : 나뭇잎, Mode(모드) : Normal(표준), Opacity(불투명도) : 100%, Preserve Transparency(투명도 유지) : 체크 해제'로 설정하여 채웁니다.

04 Layers(레이어) 패널에서 'pattern' 레이어의 'Opacity(불투명도) : 70%'로 설정합니다.

09 문자 입력과 왜곡 및 레이어 스타일 적용

01 Horizontal Type Tool(수평 문자 도구, T)로 작업 이미지를 클릭하고 Options Bar(옵션 바)에서 'Font(글꼴) : 궁서, Set font size(글꼴 크기) : 35pt, Color(색상) : 임의 색상'으로 설정한 후 복숭아 따기 체험을 입력합니다.

02 Options Bar(옵션 바)에서 Create warped text(뒤틀어진 텍스트 만들기, ⊥)를 클릭하여 [Warp Text(텍스트 뒤틀기)] 대화상자에서 'Style(스타일) : Arc(부채꼴), Horizontal(가로) : 체크, Bend(구부리기) : −20%'를 설정하여 문자의 모양을 왜곡합니다.

03 Layers(레이어) 패널 하단의 'Add a layer style(레이어 스타일 추가, fx.)'을 클릭하고 [Stroke(획)]를 선택, 'Size(크기) : 3px, Color(색상) : #006633'으로 설정합니다.

04 계속해서 [Gradient Overlay(그레이디언트 오버레이)] 선택, 'Click to edit the gradient (클릭하여 그레이디언트 편집)'를 클릭한 후, 그레이디언트 슬라이더 왼쪽 하단의 'Color Stop(색상 정지점)'을 더블 클릭하여 #ff6699, 가운데 'Color Stop(색상 정지점)'을 더블 클릭하여 #ffcc66, 오른쪽 'Color Stop(색상 정지점)'을 더블 클릭하여 #ccffcc로 설정한 후, 'Style(스타일) : Linear(선형), Angle(각도) : 0˚'로 설정하고 [OK(확인)]를 클릭합니다.

05 Horizontal Type Tool(수평 문자 도구, T)로 작업 이미지를 클릭하고 Options Bar(옵션 바)에서 'Font(글꼴) : Times New Roman, Set font style(글꼴 스타일 설정) : Bold, Set font size(글꼴 크기) : 20pt, Color(색상) : #ccff99'로 설정한 후 Experience Orchard를 입력합니다.

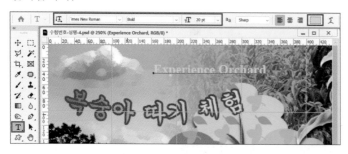

06 Options Bar(옵션 바)에서 Create warped text(뒤틀어진 텍스트 만들기, ⊥)를 클릭하여 [Warp Text(텍스트 뒤틀기)] 대화상자에서 'Style(스타일) : Arc Upper(위 부채꼴), Horizontal (가로) : 체크, Bend(구부리기) : 60%'를 설정하여 문자의 모양을 왜곡합니다.

07 Layers(레이어) 패널 하단의 'Add a layer style(레이어 스타일 추가, fx.)'을 클릭하고 [Stroke(획)] 선택, 'Size(크기) : 2px, Color(색상) : #336633'으로 설정한 후 [OK(확인)]를 클릭합니다.

08 Ctrl + T를 눌러 조절점 밖을 드래그하여 회전하여 배치합니다.

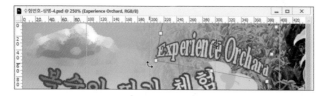

09 Horizontal Type Tool(수평 문자 도구, T)로 작업 이미지를 클릭하고 Options Bar(옵션 바)에서 'Font(글꼴) : 돋움, Set font size(글꼴 크기) : 14pt, Set anti-aliasing method (앤티 앨리어싱 방법 설정) : Strong(강하게), Color(색상) : 임의 색상'으로 설정한 후 우리지역 농산물 이용하기를 입력합니다.

10 Layers(레이어) 패널 하단에 'Add a layer style(레이어 스타일 추가, [fx.])'을 클릭하고 [Stroke(획)] 선택, 'Size(크기) : 2px, Fill Type(칠 유형) : Gradient(그레이디언트), Click to edit the gradient(클릭하여 그레이디언트 편집)'를 클릭합니다. 그레이디언트 슬라이더 왼쪽 하단의 'Color Stop(색상 정지점)'을 더블 클릭하여 #ccffcc, 오른쪽 'Color Stop(색상 정지점)'을 더블 클릭하여 #99cc99로 설정한 후, 'Style(스타일) : Linear(선형), Angle(각도) : 0°'로 설정합니다.

11 [File(파일)]−[Save(저장)]([Ctrl]+[S])를 선택하고 파일을 저장합니다.

⑩ 정답 파일 저장

01 [View(보기)]−[Show(보기)]−[Grid(격자)]([Ctrl]+[']`)를 선택하여 격자를 가립니다.

02 [File(파일)]−[Save As(다른 이름으로 저장)]([Shift]+[Ctrl]+[S])를 선택하고 '저장 위치 : 내 PC₩문서₩GTQ, 파일 형식 : JPEG, 파일 이름 : 수험번호−성명−문제번호.jpg'를 입력하고 [저장]을 클릭한 후 [JPEG Options(JPEG 옵션)] 대화상자에서 'Quality(품질) : 8'로 설정하고 [OK(확인)]를 클릭합니다.

03 [Image(이미지)]−[Image Size(이미지 크기)]([Alt]+[Ctrl]+[I])를 선택하고 'Constrain aspect ratio(종횡비 제한) : 클릭, Width(폭) : 60pixels, Height(높이) : 40pixels'로 입력하여 이미지 크기를 1/10로 축소한 후 [OK(확인)]를 클릭합니다.

04 [File(파일)]−[Save As(다른 이름으로 저장)]([Shift]+[Ctrl]+[S])를 선택하고 '저장 위치 : 내 PC₩문서₩GTQ, 파일 형식 : Photoshop(*.PSD, *.PDD), 파일 이름 : 수험번호−성명−문제번호.psd'를 입력하고 [저장]을 클릭합니다.

05 답안 저장이 완료되면 [File(파일)]−[Exit(종료)]([Ctrl]+[Q])를 선택하여 프로그램을 종료하고 수험 프로그램에서 [답안 전송]을 클릭하여 psd와 jpg 파일을 감독관 컴퓨터로 전송합니다.

04
PART

기출 유형 문제

CHAPTER 01 기출 유형 문제 01회

동영상 무료

급수	버전	문제유형	시험시간	수험번호	성명
1급		A	90분	G120210001	

수 험 자 유 의 사 항

- 수험자는 문제지를 받는 즉시 응시하고자 하는 **과목 및 급수가 맞는지 확인**한 후 수험번호와 성명을 작성합니다.
- 파일명은 본인의 "수험번호-성명-문제번호"로 공백 없이 정확히 입력하고 답안폴더(내 PC\문서\GTQ)에 jpg 파일과 psd 파일의 2가지 포맷으로 저장해야 하며, jpg 파일과 psd 파일의 내용이 상이할 경우 0점 처리됩니다. 답안문서 파일명 이 "수험번호-성명-문제번호"와 일치하지 않거나, 답안 파일을 전송하지 않아 미제출로 처리될 경우 불합격 처리됩니다.
- 문제의 세부조건은 '영문(한글)' 형식으로 표기되어 있으니 유의하시기 바랍니다.
- 수험자 정보와 저장한 파일명, 저장 위치가 다를 경우 전송이 되지 않으므로, 주의하시기 바랍니다.
- 답안 작성 중에도 <u>주기적으로 '저장'과 '답안 전송'</u>을 이용하여 감독위원 PC로 답안을 전송하셔야 합니다.(※ 작업한 내용 을 <u>저장하지 않고 전송할 경우</u> 이전의 저장내용이 전송되오니 이 점 반드시 유념하시기 바랍니다.)
- 답안문서는 지정된 경로 외의 다른 보조기억장치에 저장하는 행위, 지정된 시험 시간 외에 작성된 파일을 활용한 행위, 기 타 통신수단(이메일, 메신저, 네트워크 등)을 이용하여 타인에게 전달 또는 외부 반출하는 행위는 부정으로 간주되어 자격 기본법 제32조에 의거 본 시험 및 국가공인 자격시험을 2년간 응시할 수 없습니다.
- 시험 중 부주의 또는 고의로 시스템을 파손한 경우와 〈수험자 유의사항〉에 기재된 방법대로 이행하지 않아 생기는 불이익 은 수험자의 책임임을 알려 드립니다.
- 시험을 완료한 수험자는 최종적으로 저장한 답안파일이 전송되었는지 확인한 후 감독위원의 지시에 따라 문제지를 제출하 고 퇴실합니다.

답 안 작 성 요 령

- **온라인 답안 작성 절차**
  수험자 등록 ⇒ 시험 시작 ⇒ 답안파일 저장 ⇒ 답안 전송 ⇒ 시험 종료
- 내 PC\문서\GTQ\Image폴더에 있는 그림 원본파일을 사용하여 답안을 작성하시고 최종답안을 답안폴더(내 PC\문 서\GTQ)에 저장하여 답안을 전송하시고, 이미지의 크기가 다른 경우 감점 처리됩니다.
- 배점은 총 100점으로 이루어지며, 점수는 각 문제별로 차등 배분됩니다.
- 각 문제는 주어진 〈조건〉에 따라 작성하고, 언급하지 않은 조건은 《출력형태》와 같이 작성합니다.
- 배치 등의 편의를 위해 주어진 눈금자의 단위는 '픽셀'입니다.
  그 외는 출력형태(효과, 이미지, 문자, 색상, 레이아웃, 규격 등)와 같게 작업하십시오.
- 문제 조건에 서체의 지정이 없을 경우 한글은 굴림이나 돋움, 영문은 Arial로 작업하십시오.
  (단, 그 외에 제시되지 않은 문자 속성을 기본값으로 작성하지 않은 경우는 감점 처리됩니다.)
- Image Mode(이미지 모드)는 별도의 처리조건이 없을 경우에는 RGB(8비트)로 작업하십시오.
- 모든 답안 파일은 해상도 72Pixels/Inch로 작업하십시오.
- Layer(레이어)는 각 기능별로 분할해야 하며, 임의로 합칠 경우나 각 기능에 대한 속성을 해지할 경우 해당 요소는 0점 처리 됩니다.

한 국 생 산 성 본 부

문제 1 : 고급 Tool(도구) 활용   20점

다음의 《조건》에 따라 아래의 《출력형태》와 같이 작업하시오.

출력형태

조건

원본 이미지		Part04₩기출유형문제01회₩1급-1.jpg, 1급-2.jpg, 1급-3.jpg
파일저장규칙	JPG	파일명	문서₩GTQ₩수험번호-성명-1.jpg
		크기	400×500 pixels
	PSD	파일명	문서₩GTQ₩수험번호-성명-1.psd
		크기	40×50 pixels

1. 그림 효과
① 1급-1.jpg : 필터 – Crosshatch(그물눈)
② Save Path(패스 저장) : 눈사람 모양
③ Mask(마스크) : 눈사람 모양, 1급-2.jpg를 이용하여 작성
   레이어 스타일 – Stroke(선/획)(4px, 그라디언트(#000000, #cc0000)),
   Inner Shadow(내부 그림자)
④ 1급-3.jpg : 레이어 스타일 – Drop Shadow(그림자 효과)
⑤ Shape Tool(모양 도구) :
   – 눈 모양(#ffffff, #333366, Opacity(불투명도)(60%))
   – 나무 모양(#ffffff, 레이어 스타일 – Bevel and Emboss(경사와 엠보스))

2. 문자 효과
① SNOWY DAY(Times New Roman, Bold, 45pt, #ffffff, 레이어 스타일 – Stroke(선/획)(3px, 그라디언트(#663366, #99ccff)), Drop Shadow(그림자 효과))

문제 2 : 사진편집 응용   20점

다음의 《조건》에 따라 아래의 《출력형태》와 같이 작업하시오.

출력형태

조건

원본 이미지		Part04₩기출유형문제01회₩1급-4.jpg, 1급-5.jpg, 1급-6.jpg
파일저장규칙	JPG	파일명	문서₩GTQ₩수험번호-성명-2.jpg
		크기	400×500 pixels
	PSD	파일명	문서₩GTQ₩수험번호-성명-2.psd
		크기	40×50 pixels

1. 그림 효과
① 1급-4.jpg : 필터 – Dry Brush(드라이 브러시)
② 색상 보정 : 1급-5.jpg – 보라색, 빨간색 계열로 보정
③ 1급-5.jpg : 레이어 스타일 – Drop Shadow(그림자 효과)
④ 1급-6.jpg : 레이어 스타일 – Outer Glow(외부 광선)
⑤ Shape Tool(모양 도구) :
   – 장식 모양(#cc6666, #666699, 레이어 스타일 – Outer Glow(외부 광선))
   – 태양 모양(#ffff33, 레이어 스타일 – Inner Shadow(내부 그림자))

2. 문자 효과
① HOT SUMMER(Arial, Bold, 50pt, 레이어 스타일 – 그라디언트 오버레이(#ff3333, #006633, #ffff00), Drop Shadow (그림자 효과))

다음의 《조건》에 따라 아래의 《출력형태》와 같이 작업하시오.

조건

원본 이미지	Part04₩기출유형문제01회₩1급-7.jpg, 1급-8.jpg, 1급-9.jpg, 1급-10.jpg, 1급-11.jpg		
파일저장규칙	JPG	파일명	문서₩GTQ₩수험번호-성명-3.jpg
		크기	600×400 pixels
	PSD	파일명	문서₩GTQ₩수험번호-성명-3.psd
		크기	60×40 pixels

1. 그림 효과

① 배경 : #ff9999

② 1급-7.jpg : Blending Mode(혼합 모드) – Pin Light(핀 라이트), Opacity(불투명도)(70%)

③ 1급-8.jpg : 필터 – Crosshatch(그물눈), 레이어 마스크 – 대각선 방향으로 흐릿하게

④ 1급-9.jpg : 필터 – Texturizer(텍스처화), 레이어 스타일 – Inner Shadow(내부 그림자), Outer Glow(외부 광선)

⑤ 1급-10.jpg : 레이어 스타일 – Inner Shadow(내부 그림자), Outer Glow(외부 광선)

⑥ 1급-11.jpg : 색상 보정 – 보라색 계열로 보정, 레이어 스타일 – Stroke(선/획)(5px, 그라디언트(#660066, #ccff00))

⑦ 그 외 《출력형태》 참조

2. 문자 효과

① Island Travel(Arial, Bold, 50pt, 레이어 스타일 – Stroke(선/획)(3px, #330000), 그라디언트 오버레이(#ff6600, #cccccc, #9966ff), Drop Shadow(그림자 효과))

② # Jeju Island(Arial, Bold, 30pt, #006633, 레이어 스타일 – Stroke(선/획)(2px, #ffffff))

③ 제주의 풍경을 다양하게 즐겨요!(바탕, 23pt, 30pt, 레이어 스타일 – Stroke(선/획)(2px, #330000), 그라디언트 오버레이(#ffffff, #33ffcc))

④ 장소 : 제주 디지털영상센터(굴림, 15pt, #000000, 레이어 스타일 – Stroke(선/획)(2px, #ffcccc))

출력형태

Shape Tool(모양 도구)
사용
#996699, #ffffff,
레이어 스타일 – Inner
Shadow(내부 그림자),
Opacity(불투명도)(60%)

Shape Tool(모양 도구) 사용
레이어 스타일 –
그라디언트 오버레이
(#009900, #ffccff),
Drop Shadow(그림자 효과),
Opacity(불투명도)(80%)

Shape Tool(모양 도구) 사용
#ffcccc,
레이어 스타일 –Stroke(선/획)
(1px, #000000)

다음의 《조건》에 따라 아래의 《출력형태》와 같이 작업하시오.

원본 이미지	Part04₩기출유형문제01회₩1급-12.jpg, 1급-13.jpg, 1급-14.jpg, 1급-15.jpg, 1급-16.jpg, 1급-17.jpg		
파일저장규칙	JPG	파일명	문서₩GTQ₩수험번호-성명-4.jpg
		크기	600×400 pixels
	PSD	파일명	문서₩GTQ₩수험번호-성명-4.psd
		크기	60×40 pixels

1. 그림 효과

① 배경 : #99ccff

② 패턴(우산, 물방울 모양) : #ff6666, #ccffff, Opacity(불투명도)(70%)

③ 1급-12.jpg : Blending Mode(혼합 모드) – Hard Light(하드 라이트), 레이어 마스크 – 세로 방향으로 흐릿하게

④ 1급-13.jpg : 필터 – Film Grain(필름 그레인), 레이어 마스크 – 세로 방향으로 흐릿하게

⑤ 1급-14.jpg : 레이어 스타일 – Bevel and Emboss(경사와 엠보스), Outer Glow(외부 광선)

⑥ 1급-15.jpg : 색상 보정 – 파란색 계열로 보정, 레이어 스타일 – Drop Shadow(그림자 효과)

⑦ 1급-16.jpg : 필터 – Poster Edges(포스터 가장자리), 레이어 스타일 – Drop Shadow(그림자 효과)

⑧ 그 외 《출력형태》 참조

2. 문자 효과

① 기상 정보 센터(궁서, 45pt, 레이어 스타일 – Stroke(선/획)(3px, #ccffff), 그라디언트 오버레이(#993399, #006633, #cc3300))

② Weather Information(Times New Roman, Bold, 25pt, 레이어 스타일 – Stroke(선/획)(2px, #ffffff), 그라디언트 오버레이(#cccc00, #006666))

③ 특보현황 육상예보 해상예보(돋움, 18pt, #ff9933, #ccff00, 레이어 스타일 – Stroke(선/획)(2px, #000000))

④ 25도 90% 남동 7km/h 1~5mm(바탕, 13pt, #000000, 레이어 스타일 – Stroke(선/획)(2px, #ccffff))

Pen Tool(펜 도구) 사용
#cccccc,
레이어 스타일
– 그라디언트 오버레이
(#ff3300, #ffff99),
Drop Shadow(그림자 효과)

Shape Tool(모양 도구) 사용
#ffcc00,
레이어 스타일 –
Stroke(선/획)(2px, #ffffff),
Opacity(불투명도)(50%)

Shape Tool(모양 도구)
사용
#ffff00, #99cccc,
레이어 스타일 – Drop
Shadow(그림자 효과)

Shape Tool(모양 도구) 사용
#ff9933, #ccff00, 레이어 스타일
– Stroke(선/획)(2px, #000000)

작업과정	새 작업 이미지 만들기 및 파일 저장하기 ▶ 필터 적용 ▶ 눈사람 모양 패스 생성 ▶ 레이어 스타일 및 클리핑 마스크 적용 ▶ 모양 생성 및 레이어 스타일 적용 ▶ 문자 입력 및 레이어 스타일 적용 ▶ 정답 파일 저장
완성이미지	Part04₩기출유형문제01회₩정답파일₩G120210001-성명-1.jpg, G120210001-성명-1.psd

01 새 작업 이미지 만들기 및 파일 저장하기

01 [File(파일)]-[New(새로 만들기)]([Ctrl]+[N])를 선택하고 'Width(폭) : 400Pixels(픽셀), Height(높이) : 500Pixels(픽셀), Resolution(해상도) : 72Pixels/Inch(픽셀/인치), Color Mode(색상 모드) : RGB Color(RGB 색상), 8bit(비트), Background Contents(배경 내용) : White(흰색)'로 설정하여 새 작업 이미지를 만듭니다.

02 [Edit(편집)]-[Preference(환경설정)]([Ctrl]+[K])를 클릭하고 [Guides, Grid & Slices(안내선, 격자와 슬라이스)]를 선택하여 Grid(격자)의 'Gridline Every(격자 간격) : 100Pixels(픽셀), Subdivisions(세분) : 1'로 설정한 후 'Grid Color(격자 색상)'를 클릭하여 밝은 색상으로 변경합니다.

03 [View(보기)]-[Show(표시)]-[Grid(격자)]([Ctrl]+[']))와 [View(보기)]-[Rulers(눈금자)] ([Ctrl]+[R])를 선택하여 격자와 눈금자를 표시합니다.

04 작업 도큐먼트를 저장하기 위해 [File(파일)]-[Save As(다른 이름으로 저장)]([Shift]+[Ctrl]+[S])를 선택하고 임의 경로에 수험번호-성명-문제번호.psd로 파일을 저장합니다.

02 필터 적용

01 [File(파일)]-[Open(열기)]([Ctrl]+[O])을 선택하여 1급-1.jpg를 불러옵니다. [Ctrl]+[A]로 전체 선택, [Ctrl]+[C]로 복사, 작업 이미지에 [Ctrl]+[V]로 붙여넣기를 합니다. [Ctrl]+[T]를 누르고 [Shift]를 누른 채 크기를 조절하여 배치합니다.

02 [Filter(필터)]-[Filter Gallery(필터 갤러리)]-[Brush Strokes(브러시 선)]-[Crosshatch (그물눈)]를 선택합니다.

03 눈사람 모양 패스 생성

01 Ellipse Tool(타원 도구, ◯)을 클릭하고 Options Bar(옵션 바)에서 'Shape(모양), Fill(칠) : 임의 색상, Stroke(획) : No Color(색상 없음), Path operations(패스 작업) : Subtract Front Shape(전면 모양 빼기, ▣)'로 설정한 후 드래그하여 크기가 다른 2개의 원형 모양을 겹치도록 그립니다.

합격생의 비법

- 명확하게 패스 작업이 보이도록 Layers(레이어) 패널에서 'Layer 1' 레이어의 눈 아이콘(가시성)을 클릭하여 이미지를 보이지 않도록 한 후 진행하겠습니다.
- 'Path operations(패스 작업) : Subtract Front Shape(전면 모양 빼기, ▣)'을 설정하고 하단의 원형을 먼저 그린 후 상단 원형을 겹치도록 그려서 겹친 부분의 모양을 뺍니다.

02 Pen Tool(펜 도구, ✏)을 클릭하고 Options Bar(옵션 바)에서 'Shape(모양), Fill(칠) : 임의 색상, Stroke(획) : No Color(색상 없음), Path operations(패스 작업) : Subtract Front Shape(전면 모양 빼기, ▣)'로 설정한 후 닫힌 패스를 겹치도록 그립니다.

03 Pen Tool(펜 도구,)을 클릭하고 Options Bar(옵션 바)에서 'Shape(모양), Fill(칠) : 임의 색상, Stroke(획) : No Color(색상 없음), Path operations(패스 작업) : Combine Shapes(모양 결합, ⬚)'로 설정한 후 닫힌 패스를 그립니다.

> **합격생의 비법**
>
> - 'Path operations(패스 작업) : Combine Shapes (모양 결합, ⬚)'을 설정하면 동일한 레이어에 칠 색상으로 여러 모양이 그려집니다.
> - 작업 중인 모양의 조절점이 활성화되어 있을 때는 Options Bar(옵션 바)의 'Path operations (패스 작업)'의 설정이 반영되지 않을 수도 있습니다. Enter 를 1번 눌러 패스의 조절점을 비활성 상태로 만든 후 다시 한 번 Enter 를 눌러 패스를 선택합니다.

04 Ellipse Tool(타원 도구, ◯)을 클릭하고 Options Bar(옵션 바)에서 'Shape(모양), Fill(칠) : 임의 색상, Stroke(획) : No Color(색상 없음), Path operations(패스 작업) : Combine Shapes(모양 결합, ⬚)'로 설정한 후 드래그하여 상단에 원형 모양을 그립니다.

05 Direct Selection Tool(직접 선택 도구, ▷)로 원형 하단의 기준점을 선택하고 위쪽으로 이동하여 모양을 수정합니다.

06 Ellipse Tool(타원 도구, ⬭)을 클릭하고 Options Bar(옵션 바)에서 'Shape(모양), Fill(칠) : 임의 색상, Stroke(획) : No Color(색상 없음), Path operations(패스 작업) : Subtract Front Shape(전면 모양 빼기, ⬜)'로 설정한 후 드래그하여 상단 원형 모양과 겹치도록 그립니다.

07 Path Selection Tool(패스 선택 도구, ▶)로 선택하고 Alt 를 누른 채 오른쪽으로 드래그하여 복사합니다. 같은 방법으로 하단에 원형 모양을 그리고 아래쪽으로 복사하여 2개의 원형 모양을 배치합니다.

합격생의 비법

Selection Tool(패스 선택 도구, ▶)로 Alt 를 누른 채 드래그할 때 Shift 를 동시에 누르면 반듯하게 복사됩니다. 선택된 원형 모양의 속성을 유지한 채 복사가 되므로 겹친 부분을 뺍니다.

08 Ellipse Tool(타원 도구, ⬭)을 클릭하고 Options Bar(옵션 바)에서 'Shape(모양), Fill(칠) : 임의 색상, Stroke(획) : No Color(색상 없음), Path operations(패스 작업) : Combine Shapes(모양 결합, ⬜)'을 설정한 후 드래그하여 상단에 원형 모양을 그립니다.

09 Rounded Rectangle Tool(모서리가 둥근 직사각형 도구, ▢)을 클릭하고 'Shape(모양), Fill(칠) : 임의 색상, Stroke(획) : No Color(색상 없음), Path operations(패스 작업) : Combine Shapes(모양 결합, ▣), Radius(반경) : 20px'로 설정한 후 드래그하여 눈사람 얼굴 모양과 겹치도록 둥근 사각형 모양을 그립니다.

10 Pen Tool(펜 도구, ✏)을 클릭하고 Options Bar(옵션 바)에서 'Shape(모양), Fill(칠) : 임의 색상, Stroke(획) : No Color(색상 없음), Path operations(패스 작업) : Combine Shapes(모양 결합, ▣)'를 설정한 후 모자 모양을 겹치도록 그립니다.

11 Rounded Rectangle Tool(모서리가 둥근 직사각형 도구, ▢)과 Ellipse Tool(타원 도구, ◯)로 Options Bar(옵션 바)에서 'Shape(모양), Fill(칠) : 임의 색상, Stroke(획) : No Color(색상 없음), Path operations(패스 작업) : Combine Shapes(모양 결합, ▣)'을 각각 설정한 후 서로 겹치도록 그려 장갑 모양을 만듭니다.

12 Path Selection Tool(패스 선택 도구, ▶)로 4개의 모양을 드래그하여 선택하고 Ctrl + T 를 눌러 반시계 방향으로 드래그하여 회전하고 Enter 를 눌러 변형을 완료합니다.

13 Ctrl + C 로 복사, Ctrl + V 로 붙여넣기를 합니다. Ctrl + T 를 누르고 마우스 오른쪽 버튼을 클릭하여 [Flip Horizontal(가로로 뒤집기)]로 뒤집기를 한 후 Enter 를 눌러 배치합니다.

 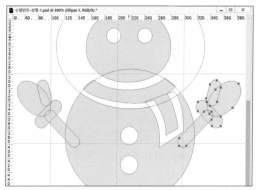

14 Options Bar(옵션 바)에서 'Path operations(패스 작업) : Merge Shape Components(모양 병합 구성 요소, ▣)'을 클릭하여 모양을 하나로 병합합니다.

15 Paths(패스) 패널에서 작업 패스 'Elipes 1 Shape Path'를 더블 클릭한 후 [Save Path(패스 저장)] 대화상자에서 'Name(이름) : 눈사람'으로 입력하여 패스를 저장합니다.

합격생의 비법

Paths(패스) 패널에 표시되는 이름은 최초에 그린 Shape(모양)의 이름대로 표기되며, 더블 클릭하여 [Save Path(패스 저장)]에서 문제지에 제시된 패스 이름으로 저장하면 됩니다.

04 레이어 스타일 및 클리핑 마스크 적용

01 Layers(레이어) 패널에서 'Layer 1' 레이어의 눈 아이콘(가시성)을 클릭합니다. 'Ellipse 1' 레이어의 이름을 더블 클릭하여 path로 이름을 설정하고, 마우스 오른쪽 버튼을 클릭한 후 [Rasterize Layer(레이어 래스터화)]를 선택하여 일반 레이어로 속성을 변환합니다.

02 Layers(레이어) 패널 하단의 'Add a layer style(레이어 스타일 추가, *fx.*)'을 클릭하여 [Stroke(획)]를 선택, 'Size(크기) : 4px, Fill Type(칠 유형) : Gradient(그레이디언트), Click to edit the gradient(클릭하여 그레이디언트 편집)'를 클릭합니다. 그레이디언트 슬라이더 왼쪽 하단의 'Color Stop(색상 정지점)'을 더블 클릭하여 #000000, 오른쪽 'Color Stop(색상 정지점)'을 더블 클릭하여 #cc0000으로 설정한 후, 'Style(스타일) : Linear(선형), Angle(각도) : 0°로 설정합니다.

03 계속해서 [Inner Shadow(내부 그림자)]를 선택, 'Opacity(불투명도) : 75%, Angle(각도) : 120°, Distance(거리) : 0px, Choke(경계 감소) : 7%, Size(크기) : 10px'로 설정하고 [OK (확인)]를 클릭합니다.

04 [File(파일)]-[Open(열기)]([Ctrl]+[O])을 선택하여 1급-2.jpg를 불러옵니다. [Ctrl]+[A]로 전체 선택, [Ctrl]+[C]로 복사, 작업 이미지에 [Ctrl]+[V]로 붙여넣기를 한 후 눈사람 모양 위쪽에 겹치도록 배치하고 위치를 조절합니다.

05 Layers(레이어) 패널에서 'path' 레이어와 'Layer 2' 레이어 사이에 마우스 커서를 놓고 [Alt]를 누르고 클릭하여 Clipping Mask(클리핑 마스크)를 적용합니다.

06 [File(파일)]-[Open(열기)]([Ctrl]+[O])을 선택하여 1급-3.jpg를 불러옵니다. Rectangular Marquee Tool(사각형 선택 윤곽 도구, ▭)로 당근 이미지를 드래그하여 사각형 영역으로 선택한 후 다시 Magic Wand Tool(자동 선택 도구, ✦)을 클릭하고 Options Bar(옵션 바)에서 Subtract from selection(선택 영역 빼기, ▣)을 설정한 후 사각형 선택 영역 내부의 흰 배경을 클릭하여 선택에서 뺍니다.

합격생의 비법

당근 뿌리의 끝부분까지 선택하기 위해 Rectangular Marquee Tool(사각형 선택 윤곽 도구, ▭)과 Magic Wand Tool(자동 선택 도구, ✦)의 선택 연산을 활용합니다.

07 Ctrl+C로 복사, 작업 이미지에 Ctrl+V로 붙여넣기를 한 후, Ctrl+T를 눌러 크기를 축소하고 회전하여 배치합니다.

08 Layers(레이어) 패널 하단의 'Add a layer style(레이어 스타일 추가, fx.)'을 클릭하여 [Drop Shadow(그림자)]를 선택하고 'Opacity(불투명도) : 75%, Angle(각도) : 120°, Distance(거리) : 5px, Size(크기) : 5px'로 설정하고 [OK(확인)]를 클릭합니다.

05 모양 생성 및 레이어 스타일 적용

01 Custom Shape Tool(사용자 정의 모양 도구, ✿)을 클릭하고 Options Bar(옵션 바)에서 'Shape(모양), Fill(칠) : #ffffff, Stroke(획) : No Color(색상 없음), Shape(모양) : Tree(나무, ♠)'로 설정한 후 Shift를 누른 채 드래그하여 모양을 그립니다.

> **Shape 경로**
>
> [Legacy Shapes and More(레거시 모양 및 기타)]-[All Legacy Default Shapes(모든 레거시 기본 모양)]-[Nature(자연)]

02 Layers(레이어) 패널 하단의 'Add a layer style(레이어 스타일 추가, fx.)'을 클릭하여 [Bevel & Emboss(경사와 엠보스)]를 선택, 'Style(스타일) : Inner Bevel(내부 경사), Direction(방향) : Up(위로), Size(크기) : 5px'로 설정하고 [OK(확인)]를 클릭합니다.

03 Custom Shape Tool(사용자 정의 모양 도구,)을 클릭하고 Options Bar(옵션 바)에서 'Shape(모양), Fill(칠) : #ffffff, Stroke(획) : No Color(색상 없음), Shape(모양) : Snow-flake 2(눈송이 2, ✳)'로 설정한 후 **Shift**를 누른 채 드래그하여 모양을 그립니다.

Shape 경로

[Legacy Shapes and More(레거시 모양 및 기타)]–[All Legacy Default Shapes(모든 레거시 기본 모양)]–[Nature(자연)]

04 Layers(레이어) 패널 상단의 'Opacity(불투명도) : 60%'로 설정합니다.

05 **Ctrl**+**J**를 눌러 복사한 'Snowflake 2 1 copy' 레이어를 선택하고, **Ctrl**+**T**를 눌러 크기를 축소하고 이동하여 배치합니다.

06 계속해서 **Ctrl**+**J**를 눌러 복사한 후, **Ctrl**+**T**를 눌러 《출력형태》를 참고하여 크기를 확대하고 이동하여 배치합니다. Layers(레이어) 패널에서 'Snowflake 2 1 copy 2' 레이어의 'Layer thumbnail(레이어 축소판)'을 더블 클릭하여 'Color(색상) : #333366'으로 변경합니다.

06 문자 입력 및 레이어 스타일 적용

01 Horizontal Type Tool(수평 문자 도구, T)로 작업 이미지를 클릭하고 Options Bar(옵션 바)에서 'Font(글꼴) : Times New Roman, Set font style(글꼴 스타일 설정) : Bold, Set font size(글꼴 크기) : 45pt, Color(색상) : #ffffff'로 설정한 후 SNOWY DAY를 입력합니다.

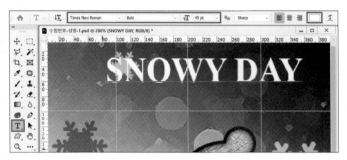

02 Options Bar(옵션 바)에서 Create warped text(뒤틀어진 텍스트 만들기, ⊥)를 클릭한 후 [Warp Text(텍스트 뒤틀기)] 대화상자에서 'Style(스타일) : Rise(상승), Horizontal(가로) : 체크, Bend(구부리기) : 50%'로 설정하여 문자의 모양을 왜곡합니다.

03 Layers(레이어) 패널 하단의 'Add a layer style(레이어 스타일 추가, fx)'을 클릭하여 [Stroke(획)]를 선택, 'Size(크기) : 3px, Fill Type(칠 유형) : Gradient(그레이디언트), Click to edit the gradient(클릭하여 그레이디언트 편집)'를 클릭한 후, 그레이디언트 슬라이더 왼쪽 하단의 'Color Stop(색상 정지점)'을 더블 클릭하여 #663366, 오른쪽 'Color Stop(색상 정지점)'을 더블 클릭하여 #99ccff로 설정한 후, 'Style(스타일) : Linear(선형), Angle(각도) : 90°'로 설정합니다.

04 계속해서 [Drop Shadow(드롭 섀도)]를 선택, 'Opacity(불투명도) : 75%, Angle(각도) : 120°, Distance(거리) : 7px, Size(크기) : 7px'로 설정하고 [OK(확인)]를 클릭합니다. Ctrl + S 를 눌러 저장합니다.

07 정답 파일 저장

01 [View(보기)]-[Show(표시)]-[Grid(격자)](Ctrl + ')를 선택하여 격자를 가립니다.

02 [File(파일)]-[Save As(다른 이름으로 저장)](Shift + Ctrl + S)를 선택하고 '저장 위치 : 내 PC₩문서₩GTQ, 파일 형식 : JPEG, 파일 이름 : 수험번호-성명-문제번호.jpg'를 입력하고 [저장]을 클릭한 후 [JPEG Options(JPEG 옵션)] 대화상자에서 'Quality(품질) : 8'로 설정하고 [OK(확인)]를 클릭합니다.

03 [Image(이미지)]−[Image Size(이미지 크기)]($\boxed{\text{Alt}}$+$\boxed{\text{Ctrl}}$+$\boxed{\text{I}}$)를 선택하고 'Constrain aspect ratio(종횡비 제한) : 클릭, Width(폭) : 40Pixels(픽셀), Height(높이) : 50Pixels(픽셀)'로 입력하여 이미지 크기를 1/10로 축소한 후 [OK(확인)]를 클릭합니다.

04 [File(파일)]−[Save As(다른 이름으로 저장)]($\boxed{\text{Shift}}$+$\boxed{\text{Ctrl}}$+$\boxed{\text{S}}$)를 선택하고 '저장 위치 : 내 PCW문서WGTQ, 파일 형식 : Photoshop(*.PSD, *.PDD), 파일 이름 : 수험번호−성명−문제번호.psd'를 입력하고 [저장]을 클릭합니다.

05 답안 저장이 완료되면 [File(파일)]−[Close(닫기)]($\boxed{\text{Ctrl}}$+$\boxed{\text{W}}$)를 선택하여 파일을 닫고 수험 프로그램에서 [답안 전송]을 클릭하여 psd와 jpg 파일을 감독관 컴퓨터로 전송합니다.

문제 02 CHAPTER 01
[기능평가] 사진편집 응용

작업과정	새 작업 이미지 만들기 및 파일 저장하기 ▶ 필터 적용 및 이미지 합성, 레이어 스타일 적용 ▶ 색상 보정 및 레이어 스타일 적용 ▶ 모양 생성 및 레이어 스타일 적용 ▶ 문자 입력 및 변형, 레이어 스타일 적용 ▶ 정답 파일 저장
완성이미지	Part04W기출유형문제01회W정답파일WG120210001−성명−2.jpg, G120210001−성명−2.psd

01 새 작업 이미지 만들기 및 파일 저장하기

01 [File(파일)]−[New(새로 만들기)]($\boxed{\text{Ctrl}}$+$\boxed{\text{N}}$)를 선택하고 'Width(폭) : 400Pixels(픽셀), Height(높이) : 500Pixels(픽셀), Resolution(해상도) : 72Pixels/Inch(픽셀/인치), Color Mode(색상 모드) : RGB Color(RGB 색상), 8bit(비트), Background Contents(배경 내용) : White(흰색)'로 설정하여 새 작업 이미지를 만듭니다.

02 [Edit(편집)]−[Preference(환경설정)]($\boxed{\text{Ctrl}}$+$\boxed{\text{K}}$)를 클릭하고 [Guides, Grid & Slices(안내선, 격자와 슬라이스)]를 선택하여 Grid(격자)의 'Gridline Every(격자 간격) : 100pixels(픽셀), Subdivisions(세분) : 1'로 설정한 후 'Grid Color(격자 색상)'를 클릭하여 밝은 색상으로 변경합니다.

03 [View(보기)]−[Show(표시)]−[Grid(격자)]($\boxed{\text{Ctrl}}$+$\boxed{\text{'}}$)와 [View(보기)]−[Rulers(눈금자)]($\boxed{\text{Ctrl}}$+$\boxed{\text{R}}$)를 선택하여 격자와 눈금자를 표시합니다.

04 작업 도큐먼트를 저장하기 위해 [File(파일)]−[Save As(다른 이름으로 저장)]($\boxed{\text{Shift}}$+$\boxed{\text{Ctrl}}$+$\boxed{\text{S}}$)를 선택하고 임의 경로에 수험번호−성명−문제번호.psd로 파일을 저장합니다.

02 필터 적용 및 이미지 합성, 레이어 스타일 적용

01 [File(파일)]−[Open(열기)]([Ctrl]+[O])을 선택하여 1급−4.jpg를 불러옵니다. [Ctrl]+[A]로 전체 선택, [Ctrl]+[C]로 복사, 작업 이미지에 [Ctrl]+[V]로 붙여넣기를 합니다. [Ctrl]+[T]를 눌러 크기를 축소하고 이동하여 배치합니다.

02 [Filter(필터)]−[Filter Gallery(필터 갤러리)]−[Artistic(예술 효과)]−[Dry Brush(드라이 브러시)]를 선택합니다.

03 [File(파일)]−[Open(열기)]([Ctrl]+[O])을 선택하여 1급−5.jpg를 불러옵니다. Quick Selection Tool(빠른 선택 도구, [아이콘])을 클릭하고 Options Bar(옵션 바)에서 Add to selection(선택 영역에 추가, [아이콘])을 설정한 후 브러시의 크기를 조절하며 드래그하여 선택합니다.

04 Polygonal Lasso Tool(다각형 올가미 도구, [아이콘])을 클릭하고 Options Bar(옵션 바)에서 'Add to selection(선택 영역에 추가, [아이콘])'을 설정한 후 파라솔의 기둥 부분을 클릭하여 추가로 선택합니다. [Ctrl]+[C]로 복사, 작업 이미지에 [Ctrl]+[V]로 붙여넣기, [Ctrl]+[T]로 회전하여 배치합니다.

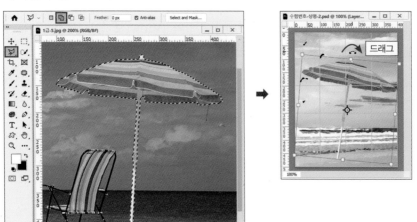

05 Layers(레이어) 패널 하단에 'Add a layer style(레이어 스타일 추가, [fx.])'을 클릭하여 [Drop Shadow(그림자)]를 선택, 'Opacity(불투명도) : 75%, Angle(각도) : 120˚, Distance (거리) : 7px, Size(크기) : 7px'로 설정하고 [OK(확인)]를 클릭합니다.

03 색상 보정 및 레이어 스타일 적용

01 Magic Wand Tool(자동 선택 도구, [🪄])을 클릭하고 Options Bar(옵션 바)에서 'Add to selection(선택 영역에 추가, [🔲]), Tolerance(허용치) : 50'으로 설정한 후 파라솔 끝 부분을 여러 차례 클릭하여 선택합니다.

02 Layers(레이어) 패널 하단의 'Create new fill or adjustment layer(새 칠 또는 조정 레이어 생성, [◐])'를 클릭하고 [Hue/Saturation(색조/채도)]을 선택합니다. Properties(속성) 패널에서 'Colorize(색상화) : 체크, Hue(색조) : 270, Saturation(채도) : 60, Lightness(명도) : −10'으로 설정하여 보라색 계열로 보정합니다.

03 Magic Wand Tool(자동 선택 도구, [🪄])을 클릭하고 파라솔의 연두색 영역을 클릭하여 선택합니다. Layers(레이어) 패널 하단의 'Create new fill or adjustment layer(새 칠 또는 조정 레이어 생성, [◐])'를 클릭하고 [Hue/Saturation(색조/채도)]을 선택합니다. Properties (속성) 패널에서 'Colorize(색상화) : 체크, Hue(색조) : 0, Saturation(채도) : 100, Lightness(명도) : −40'으로 설정하여 빨간색 계열로 보정합니다.

04 [File(파일)]−[Open(열기)]([Ctrl]+[O])을 선택하여 1급−6.jpg를 불러옵니다. Pen Tool(펜 도구, [🖊])을 클릭하고 Options Bar(옵션 바)에서 'Paths(패스), Path operations(패스 작업) : Exclude Overlapping Shapes(모양 오버랩 제외, [🔲])'를 클릭하고 2개의 의자 모양을 따라 닫힌 패스로 완료합니다.

합격생의 비법

Options Bar(옵션 바)에서 Paths (패스의 'Path operations(패스 작업) : Exclude Overlapping Shapes(모양 오버랩 제외, [🔲])' 를 클릭하고 겹치도록 닫힌 패스 를 완료하면 겹친 부분을 선택에 서 제외할 수 있습니다.

05 패스가 완료되면 [Ctrl]+[Enter]를 눌러 선택 상태로 전환하고 [Ctrl]+[C]로 복사합니다. 작업 이미지에 [Ctrl]+[V]로 붙여넣기한 후, [Ctrl]+[T]를 누르고 [Shift]를 누른 채 크기를 조절합니다.

06 Layers(레이어) 패널 하단의 'Add a layer style(레이어 스타일 추가, [fx.])'을 클릭하여 [Outer Glow(외부 광선)]를 선택, 'Opacity(불투명도) : 75%, Size(크기) : 7px'로 설정하고 [OK(확인)]를 클릭합니다.

04 모양 생성 및 레이어 스타일 적용

01 Custom Shape Tool(사용자 정의 모양 도구, 🔊)을 클릭하고 Options Bar(옵션 바)에서 'Shape(모양), Fill(칠) : #ffff33, Stroke(획) : No Color(색상 없음), Shape(모양) : Sun 1(해 1, ❋)'를 설정한 후 Shift 를 누른 채 드래그하여 모양을 그립니다.

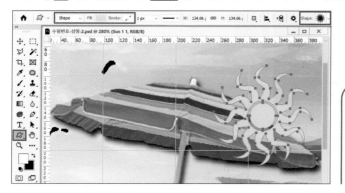

> **Shape 경로**
> [Legacy Shapes and More(레거시 모양 및 기타)]-[All Legacy Default Shapes(모든 레거시 기본 모양)]-[Nature(자연)]

02 Layers(레이어) 패널 하단의 'Add a layer style(레이어 스타일 추가, *fx.*)'을 클릭하여 [Inner Shadow(내부 그림자)]를 선택, 'Opacity(불투명도) : 75%, Angle(각도) : 120°, Distance (거리) : 3px, Size(크기) : 3px'로 설정하고 [OK(확인)]를 클릭합니다.

03 Custom Shape Tool(사용자 정의 모양 도구, 🔊)을 클릭하고 Options Bar(옵션 바)에서 'Shape(모양), Fill(칠) : #cc6666, Stroke(획) : No Color(색상 없음), Shape(모양) : Ornament 4(장식 4, ✛)'로 설정한 후 Shift 를 누른 채 드래그하여 모양을 그립니다.

> **Shape 경로**
> [Legacy Shapes and More(레거시 모양 및 기타)]-[All Legacy Default Shapes(모든 레거시 기본 모양)]-[Ornaments(장식)]

04 Layers(레이어) 패널 하단의 'Add a layer style(레이어 스타일 추가, *fx.*)'을 클릭하여 [Outer Glow(외부 광선)]를 선택, 'Opacity(불투명도) : 75%, Size(크기) : 5px'로 설정한 후 [OK(확인)]를 클릭합니다.

05 Ctrl+J를 눌러 복사한 레이어를 만들고 이동하여 배치합니다. Layers(레이어) 패널에서 'Ornament 4 1 copy' 레이어의 'Layer thumbnail(레이어 축소판)'을 더블 클릭하여 'Color (색상) : #666699'로 설정하고 [OK(확인)]를 클릭합니다.

05 문자 입력 및 변형, 레이어 스타일 적용

01 Horizontal Type Tool(수평 문자 도구, T)로 작업 이미지를 클릭하고 Options Bar(옵션 바)에서 'Font(글꼴) : Arial, Set font style(글꼴 스타일 설정) : Bold, Set font size(글꼴 크기) : 50pt, Color(색상) : 임의 색상'으로 설정한 후 HOT SUMMER를 입력합니다.

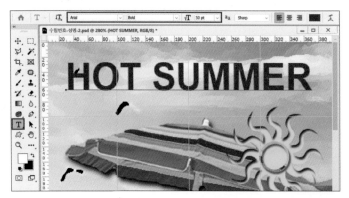

02 Options Bar(옵션 바)에서 Create warped text(뒤틀어진 텍스트 만들기, ⤸)를 클릭하여 [Warp Text(텍스트 뒤틀기)] 대화상자에서 'Style(스타일) : Rise(상승), Horizontal(가로) : 체크, Bend(구부리기) : 35%'로 설정하여 문자의 모양을 왜곡합니다.

03 Layers(레이어) 패널 하단의 'Add a layer style(레이어 스타일 추가, fx.)'을 클릭하여 [Gradient Overlay(그레이디언트 오버레이)]를 선택하고 'Click to edit the gradient(클릭하여 그레이디언트 편집)'를 클릭합니다.

04 그레이디언트 슬라이더 왼쪽 하단의 'Color Stop(색상 정지점)'을 더블 클릭하여 #ff3333, 가운데 빈 곳을 클릭하여 'Color Stop(색상 정지점)'을 추가하고 더블 클릭하여 #006633, 오른쪽 'Color Stop(색상 정지점)'을 더블 클릭하여 #ffff00으로 설정한 후, 'Style(스타일) : Linear(선형), Angle(각도) : 90°로 설정합니다.

05 계속해서 [Drop Shadow(드롭 섀도)]를 선택, 'Opacity(불투명도) : 75%, Angle(각도) : 120°, Distance(거리) : 5px, Size(크기) : 5px'로 설정하고 [OK(확인)]를 클릭합니다. Ctrl + S 를 눌러 저장합니다.

06 정답 파일 저장

01 [View(보기)]-[Show(표시)]-[Grid(격자)](Ctrl + ')를 선택하여 격자를 가립니다.

02 [File(파일)]-[Save As(다른 이름으로 저장)](Shift + Ctrl + S)를 선택하고 '저장 위치 : 내 PC₩문서₩GTQ, 파일 형식 : JPEG, 파일 이름 : 수험번호-성명-문제번호.jpg'를 입력하고 [저장]을 클릭한 후 [JPEG Options(JPEG 옵션)] 대화상자에서 'Quality(품질) : 8'로 설정하고 [OK(확인)]를 클릭합니다.

03 [Image(이미지)]-[Image Size(이미지 크기)](Alt + Ctrl + I)를 선택하고 'Constrain aspect ratio(종횡비 제한) : 클릭, Width(폭) : 40Pixels, Height(높이) : 50Pixels'로 입력하여 이미지 크기를 1/10로 축소한 후 [OK(확인)]를 클릭합니다.

04 [File(파일)]-[Save As(다른 이름으로 저장)](Shift + Ctrl + S)를 선택하고 '저장 위치 : 내 PC₩문서₩GTQ, 파일 형식 : Photoshop(*.PSD, *.PDD), 파일 이름 : 수험번호-성명-문제번호.psd'를 입력하고 [저장]을 클릭합니다.

05 답안 저장이 완료되면 [File(파일)]-[Close(닫기)](Ctrl + W)를 선택하여 파일을 닫고 수험 프로그램에서 [답안 전송]을 클릭하여 psd와 jpg 파일을 감독관 컴퓨터로 전송합니다.

작업과정	새 작업 이미지 만들기 및 파일 저장하기 ▶ 혼합 모드 합성 및 필터 적용과 레이어 마스크 ▶ 클리핑 마스크 및 레이어 스타일, 필터 적용 ▶ 이미지 보정 및 레이어 스타일 적용 ▶ 모양 생성 및 레이어 스타일 적용 ▶ 문자 입력 및 레이어 스타일 적용 ▶ 정답 파일 저장
완성이미지	Part04₩기출유형문제01회₩정답파일₩G120210001-성명-3.jpg, G120210001-성명-3.psd

01 새 작업 이미지 만들기 및 파일 저장하기

01 [File(파일)]-[New(새로 만들기)]([Ctrl]+[N])를 선택하고 'Width(폭) : 600Pixels(픽셀), Height(높이) : 400Pixels(픽셀), Resolution(해상도) : 72Pixels/Inch(픽셀/인치), Color Mode(색상 모드) : RGB Color(RGB 색상), 8bit(비트), Background Contents(배경 내용) : White(흰색)'로 설정하여 새 작업 이미지를 만듭니다.

02 [Edit(편집)]-[Preference(환경설정)]([Ctrl]+[K])를 클릭하고 [Guides, Grid & Slices(안내선, 격자와 슬라이스)]를 선택하여 Grid(격자)의 'Gridline Every(격자 간격) : 100Pixels(픽셀), Subdivisions(세분) : 1'로 설정한 후 'Grid Color(격자 색상)'를 클릭하여 밝은 색상으로 변경합니다.

03 [View(보기)]-[Show(표시)]-[Grid(격자)]([Ctrl]+['])와 [View(보기)]-[Rulers(눈금자)]([Ctrl]+[R])를 선택하여 격자와 눈금자를 표시합니다.

04 작업 도큐먼트를 저장하기 위해 [File(파일)]-[Save As(다른 이름으로 저장)]([Shift]+[Ctrl]+[S])를 선택하고 임의 경로에 수험번호-성명-문제번호.psd로 파일을 저장합니다.

02 혼합 모드 합성 및 필터 적용과 레이어 마스크

01 Tool Panel(도구 패널) 하단의 'Set foreground color(전경색 설정)'을 클릭하여 # 입력란에 ff9999로 입력한 후, [Alt]+[Delete]를 눌러 제시된 Foreground Color(전경색)를 작업 이미지의 배경에 채웁니다.

02 [File(파일)]−[Open(열기)]($\boxed{\text{Ctrl}}$+$\boxed{\text{O}}$)을 선택하여 1급-7.jpg를 불러옵니다. $\boxed{\text{Ctrl}}$+$\boxed{\text{A}}$로 전체 선택, $\boxed{\text{Ctrl}}$+$\boxed{\text{C}}$로 복사, 작업 이미지에 $\boxed{\text{Ctrl}}$+$\boxed{\text{V}}$로 붙여넣고 위치를 조절하여 배치합니다.

03 Layers(레이어) 패널에서 'Blending Mode(혼합 모드) : Pin Light(핀 라이트), Opacity(불투명도) : 70%'로 설정하여 배경과 합성합니다.

04 [File(파일)]−[Open(열기)]($\boxed{\text{Ctrl}}$+$\boxed{\text{O}}$)을 선택하여 1급-8.jpg를 불러옵니다. $\boxed{\text{Ctrl}}$+$\boxed{\text{A}}$로 전체 선택, $\boxed{\text{Ctrl}}$+$\boxed{\text{C}}$로 복사, 작업 이미지에 $\boxed{\text{Ctrl}}$+$\boxed{\text{V}}$로 붙여넣기를 하고 $\boxed{\text{Ctrl}}$+$\boxed{\text{T}}$를 눌러 크기를 조절합니다.

05 [Filter(필터)]−[Filter Gallery(필터 갤러리)]−[Brush Strokes(브러시 선)]−[Crosshatch(그물눈)]를 선택합니다.

06 Layers(레이어) 패널 하단의 'Add layer mask(레이어 마스크 추가, $\boxed{\blacksquare}$)'를 클릭하여 레이어 마스크를 추가합니다.

07 Tool Panel(도구 패널) 하단의 Set foreground color(전경색 설정)를 #000000, Set background color(배경색 설정)를 #ffffff로 설정합니다. Gradient Tool(그레이디언트 도구, $\boxed{\blacksquare}$)을 클릭하고 Options Bar(옵션 바)에서 'Type(유형) : Linear Gradient(선형 그레이디언트), Mode(모드) : Normal(표준), Opacity(불투명도) : 100%'로 설정한 후 $\boxed{\text{Shift}}$를 누르고 오른쪽 상단에서 왼쪽 하단으로 대각선 방향으로 드래그하여 이미지의 일부를 자연스럽게 지워 합성합니다.

03 클리핑 마스크 및 레이어 스타일, 필터 적용

01 Custom Shape Tool(사용자 정의 모양 도구, ⚙)을 클릭하고 Options Bar(옵션 바)에서
'Shape(모양), Fill(칠) : 임의 색상, Stroke(획) : No Color(색상 없음), Shape(모양) :
Puzzle 4(퍼즐 4, ♣)'로 설정한 후 Shift 를 누른 채 드래그하여 모양을 그립니다.

Shape 경로

[Legacy Shapes and More(레거시 모양 및 기타)]-[All Legacy Default Shapes(모든 레거시 기본 모양)]-[Objects(물건)]

02 Ctrl + T 를 눌러 Shift 를 누른 채 조절점 밖을 시계 방향으로 드래그하여 15°로 회전하고 배치
합니다.

합격생의 비법

Shift 를 누른 채 회전하면 15° 단위로 회전이 가능합니다.

03 Layers(레이어) 패널 하단의 'Add a layer style(레이어 스타일 추가, _fx._)'을 클릭하여 [Inner
Shadow(내부 그림자)]를 선택, 'Opacity(불투명도) : 75%, Angle(각도) : 120°, Distance
(거리) : 5px, Size(크기) : 5px'로 설정합니다. 계속해서 [Outer Glow(외부 광선)]를 선택,
'Opacity(불투명도) : 75%, Size(크기) : 10px'로 설정하고 [OK(확인)]를 클릭합니다.

04 [File(파일)]-[Open(열기)]([Ctrl + O])을 선택하여 1급-9.
jpg를 불러옵니다. Ctrl + A 로 전체 선택, Ctrl + C 로 복
사, 작업 이미지에 Ctrl + V 로 붙여넣기를 합니다. Ctrl
+ T 를 눌러 크기를 축소하고 'Puzzle 4 1' 레이어와 겹치
도록 배치합니다.

05 [Filter(필터)]-[Filter Gallery(필터 갤러리)]-[Texture(텍스처)]-[Texturizer(텍스처화)]
를 선택합니다.

06 Layers(레이어) 패널에서 'Puzzle 4 1'과 'Layer 3' 레이어 사이에 마우스 커서를 놓고 Alt 를
누르고 클릭하여 Clipping Mask(클리핑 마스크)를 적용합니다.

합격생의 비법

Clipping Mask(클리핑 마스크)를 적용할 때는
반드시 'Puzzle 4 1' 레이어 바로 위에 이미지
레이어를 배치해야 합니다.

04 이미지 보정 및 레이어 스타일 적용

01 [File(파일)]–[Open(열기)]([Ctrl]+[O])을 선택하여 1급–10.jpg를 불러옵니다. Quick Selec-
tion Tool(빠른 선택 도구, ✐)을 클릭하고 Options Bar(옵션 바)에서 Add to selection(선
택 영역에 추가, ✐)로 설정한 후 브러시의 크기를 조절하며 드래그하여 선택합니다.

02 [Ctrl]+[C]를 눌러 복사, 작업 이미지에 [Ctrl]+[V]로 붙여넣기를 합니다.

03 Layers(레이어) 패널 하단의 'Add a layer style(레이어 스타일 추가, *fx.*)'을 클릭하여 [Inner
Shadow(내부 그림자)]를 선택, 'Opacity(불투명도) : 75%, Angle(각도) : 120°, Distance
(거리) : 5px, Size(크기) : 5px'로 설정합니다. 계속해서 [Outer Glow(외부 광선)]를 선택,
'Opacity(불투명도) : 75%, Size(크기) : 5px'로 설정하고 [OK(확인)]를 클릭합니다.

04 [File(파일)]–[Open(열기)]([Ctrl]+[O])을 선택하여 1급–11.jpg를 불러옵니다. Pen Tool(펜
도구, ✐)을 클릭하고 Options Bar(옵션 바)에서 'Path(패스), Exclude Overlapping
Shapes(모양 오버랩 제외, ▣)'로 설정한 후 제시된 자동차 모양을 따라 닫힌 패스로 완료합
니다.

05 패스가 완료되면 [Ctrl]+[Enter]를 눌러 선택 상태로 전환하고, [Ctrl]+[C]를 눌러 복사합니다. 작
업 이미지에 [Ctrl]+[V]로 붙여넣기를 하고 [Ctrl]+[T]를 눌러 크기를 조절한 후, 오른쪽 마우스
버튼을 클릭하여 [Flip Horizontal(가로로 뒤집기)]로 뒤집어서 배치합니다.

06 Layers(레이어) 패널 하단의 'Add a layer style(레이어 스타일 추가, *fx.*)'을 클릭하여 [Stroke(획)]를 선택, 'Size(크기) : 5px, Fill Type(칠 유형) : Gradient(그레이디언트), Click to edit the gradient(클릭하여 그레이디언트 편집)'를 클릭합니다. 그레이디언트 슬라이더 왼쪽 하단의 'Color Stop(색상 정지점)'을 더블 클릭하여 #660066, 오른쪽 'Color Stop(색상 정지점)'을 더블 클릭하여 #ccff00으로 설정한 후, 'Style(스타일) : Linear(선형), Angle(각도) : 54°'로 설정하고 [OK(확인)]를 클릭합니다.

07 Quick Selection Tool(빠른 선택 도구, *)을 클릭하고 Options Bar(옵션 바)에서 Add to selection(선택 영역에 추가, *)로 설정한 후 브러시의 크기를 조절하며 드래그하여 자동차 하단 이미지를 선택합니다.

08 Layers(레이어) 패널 하단의 'Create new fill or adjustment layer(새 칠 또는 조정 레이어 생성, *)'를 클릭하고 [Hue/Saturation(색조/채도)]을 선택합니다. Properties(속성) 패널에서 'Colorize(색상화) : 체크, Hue(색조) : 290, Saturation(채도) : 77, Lightness(명도) : 0'으로 설정하여 보라색 계열로 보정합니다.

05 모양 생성 및 레이어 스타일 적용

01 Custom Shape Tool(사용자 정의 모양 도구, 🎨)을 클릭하고 Options Bar(옵션 바)에서 'Shape(모양), Fill(칠): 임의 색상, Stroke(획) : No Color(색상 없음), Shape(모양) : School(학교, 🚶)'로 설정한 후 Shift 를 누른 채 드래그하여 모양을 그립니다.

Shape 경로

[Legacy Shapes and More(레거시 모양 및 기타)]-[All Legacy Default Shapes(모든 레거시 기본 모양)]-[Symbols(기호)]

02 Ctrl + T 를 누르고 마우스 오른쪽 버튼을 클릭하여 [Flip Horizontal(가로로 뒤집기)]로 뒤집어 배치합니다.

03 Layers(레이어) 패널 상단의 'Opacity(불투명도) : 80%'로 설정합니다.

04 Layers(레이어) 패널 하단의 'Add a layer style(레이어 스타일 추가, 🎨)'을 클릭하여 [Gradient Overlay(그레이디언트 오버레이)]를 선택하고 'Click to edit the gradient(클릭하여 그레이디언트 편집)'를 클릭합니다. 그레이디언트 슬라이더 왼쪽 하단의 'Color Stop(색상 정지점)'을 더블 클릭하여 #009900, 오른쪽 'Color Stop(색상 정지점)'을 더블 클릭하여 #ffccff로 설정한 후, 'Style(스타일) : Linear(선형), Angle(각도) : 90°로 설정합니다.

05 계속해서 [Drop Shadow(드롭 섀도)]를 선택, 'Opacity(불투명도) : 75%, Angle(각도) : 120°, Distance(거리) : 5px, Size(크기) : 5px'로 설정하고 [OK(확인)]를 클릭합니다.

06 Custom Shape Tool(사용자 정의 모양 도구, 🎨)을 클릭하고 Options Bar(옵션 바)에서 'Shape(모양), Fill(칠) : #ffcccc, Stroke(획) : No Color(색상 없음), Shape(모양) : Movie(동영상, 🎬)'로 설정한 후 Shift 를 누르고 모양을 그립니다.

Shape 경로

[Legacy Shapes and More(레거시 모양 및 기타)]-[All Legacy Default Shapes(모든 레거시 기본 모양)]-[Web(웹)]

07 Layers(레이어) 패널 하단의 'Add a layer style(레이어 스타일 추가, 🆔)'을 클릭하여 [Stroke(획)]를 선택, 'Size(크기) : 1px, Color(색상) : #000000'으로 설정하고 [OK(확인)]를 클릭합니다.

08 Custom Shape Tool(사용자 정의 모양 도구, 🔲)을 클릭하고 Options Bar(옵션 바)에서 'Shape(모양), Fill(칠) : #ffffff, Stroke(획) : No Color(색상 없음), Shape(모양) : Airplane(비행기, ✈)'을 설정한 후 Shift 를 누르고 모양을 그립니다.

Shape 경로

[Legacy Shapes and More (레거시 모양 및 기타)]–[All Legacy Default Shapes(모든 레거시 기본 모양)]–[Symbols (기호)]

09 Layers(레이어) 패널 하단의 'Add a layer style(레이어 스타일 추가, 🆔)'을 클릭하여 [Inner Shadow(내부 그림자)]를 선택, 'Opacity(불투명도) : 75%, Angle(각도) : 60°, Use Global Light(전체 조명 사용) : 체크 해제, Distance(거리) : 5px, Size(크기) : 5px'로 설정하고 [OK(확인)]를 클릭합니다.

합격생의 비법

Use Global Light(전체 조명 사용)의 체크를 해제하면 이미 레이어 스타일을 적용한 레이어의 Angle(각도)에는 영향을 미치지 않고 별도로 설정이 가능합니다.

10 Ctrl + T 를 눌러 반시계 방향으로 회전한 후, Layers(레이어) 패널 상단의 'Opacity(불투명도) : 60%'로 설정하여 합성합니다.

11 Ctrl + J 를 눌러 'Airplane 1' 레이어를 복사한 후, Ctrl + T 를 눌러 크기와 회전을 조절하고 이동하여 배치합니다.

12 Layers(레이어) 패널에서 'Airplane 1 copy' 레이어의 'Layer thumbnail(레이어 축소판)'을 더블 클릭하여 'Color(색상) : #996699'로 설정하고 [OK(확인)]를 클릭합니다.

06 문자 입력 및 레이어 스타일 적용

01 Horizontal Type Tool(수평 문자 도구, T)로 작업 이미지를 클릭하고 Options Bar(옵션 바)에서 'Font(글꼴) : Arial, Set font style(글꼴 스타일 설정) : Bold, Set font size(글꼴 크기) : 50pt, Color(색상) : 임의 색상'으로 설정한 후 Island Travel을 입력합니다.

02 Options Bar(옵션 바)에서 Create warped text(뒤틀어진 텍스트 만들기, ⊥)를 클릭하여 [Warp Text(텍스트 뒤틀기)] 대화상자에서 'Style(스타일) : Arc(부채꼴), Horizontal(가로) : 체크, Bend(구부리기) : 30%'로 설정하여 문자의 모양을 왜곡합니다.

03 Layers(레이어) 패널 하단의 'Add a layer style(레이어 스타일 추가, fx.)'을 클릭하여 [Stroke(획)]를 선택, 'Size(크기) : 3px, Color(색상) : #330000'으로 설정합니다. 계속해서 [Gradient Overlay(그레이디언트 오버레이)]를 선택하고 'Click to edit the gradient(클릭 하여 그레이디언트 편집)'를 클릭합니다.

04 그레이디언트 슬라이더 왼쪽 하단의 'Color Stop(색상 정지점)'을 더블 클릭하여 #ff6600, 가운데 빈 곳을 클릭하여 'Color Stop(색상 정지점)'을 추가하고 더블 클릭하여 #cccccc, 오른쪽 'Color Stop(색상 정지점)'을 더블 클릭하여 #9966ff로 설정한 후, 'Style(스타일) : Linear(선형), Angle(각도) : 90°'로 설정합니다. 계속해서 [Drop Shadow(드롭 섀도)]를 선택하고 [OK(확인)]를 클릭합니다.

05 Horizontal Type Tool(수평 문자 도구, T)로 작업 이미지를 클릭하고 Options Bar(옵션 바)에서 'Font(글꼴) : Arial, Set font style(글꼴 스타일 설정) : Bold, Set font size(글꼴 크기) : 30pt, Color(색상) : #006633'으로 설정한 후 # Jeju Island를 입력합니다.

06 Options Bar(옵션 바)에서 Create warped text(뒤틀어진 텍스트 만들기, ⌶)를 클릭하여 [Warp Text(텍스트 뒤틀기)] 대화상자에서 'Style(스타일) : Arc(부채꼴), Horizontal(가로) : 체크, Bend(구부리기) : -40%'로 설정하여 문자의 모양을 왜곡합니다.

07 Layers(레이어) 패널 하단의 'Add a layer style(레이어 스타일 추가, fx.)'을 클릭하여 [Stroke(획)]를 선택, 'Size(크기) : 2px, Color(색상) : #ffffff'로 설정합니다.

08 Horizontal Type Tool(수평 문자 도구, T)로 작업 이미지를 클릭하고 Options Bar(옵션 바)에서 'Font(글꼴) : 바탕, Set font size(글꼴 크기) : 23pt, Set anti-aliasing method (앤티 앨리어싱 방법 설정) : Strong(강하게), Center text(텍스트 중앙 정렬, 틀), Color(색상) : 임의 색상'으로 설정한 후 제주의 풍경을 다양하게 즐겨요!를 입력합니다.

09 Horizontal Type Tool(수평 문자 도구, T)로 '다양하게 즐겨요!' 문자를 드래그하여 선택하고 'Set font size(글꼴 크기) : 30pt'로 설정합니다.

10 Layers(레이어) 패널 하단의 'Add a layer style(레이어 스타일 추가, fx.)'을 클릭하여 [Stroke(획)]를 선택, 'Size(크기) : 2px, Color(색상) : #330000'으로 설정합니다.

11 계속해서 [Gradient Overlay(그레이디언트 오버레이)]를 선택하고 'Click to edit the gradient(클릭하여 그레이디언트 편집)'를 클릭합니다. 그레이디언트 슬라이더 왼쪽 하단의 'Color Stop(색상 정지점)'을 더블 클릭하여 #ffffff, 오른쪽 'Color Stop(색상 정지점)'을 더블 클릭하여 #33ffcc로 설정한 후, 'Style(스타일) : Linear(선형), Angle(각도) : 0°'로 설정하고 [OK(확인)]를 클릭합니다.

12 Horizontal Type Tool(수평 문자 도구, $\boxed{\text{T}}$)로 작업 이미지를 클릭하고 Options Bar(옵션 바)에서 'Font(글꼴) : 굴림, Set font size(글꼴 크기) : 15pt, Set anti-aliasing method (앤티 앨리어싱 방법 설정) : Strong(강하게), Color(색상) : #000000'으로 설정한 후 장소 : 제주 디지털영상센터를 입력합니다.

13 Layers(레이어) 패널 하단에 'Add a layer style(레이어 스타일 추가, $\boxed{fx.}$)'을 클릭하여 [Stroke(획)]를 선택, 'Size(크기) : 2px, Color(색상) : #ffcccc'로 설정하고 [OK(확인)]를 클릭합니다. $\boxed{\text{Ctrl}}$+$\boxed{\text{S}}$를 눌러 저장합니다.

🔟 정답 파일 저장

01 [View(보기)]-[Show(표시)]-[Grid(격자)]($\boxed{\text{Ctrl}}$+$\boxed{\text{'}}$)를 선택하여 격자를 가립니다.

02 [File(파일)]-[Save As(다른 이름으로 저장)]($\boxed{\text{Shift}}$+$\boxed{\text{Ctrl}}$+$\boxed{\text{S}}$)를 선택하고 '저장 위치 : 내 PC\문서\GTQ, 파일 형식 : JPEG, 파일 이름 : 수험번호-성명-문제번호.jpg'를 입력하고 [저장]을 클릭한 후 [JPEG Options(JPEG 옵션)] 대화상자에서 'Quality(품질) : 8'로 설정 하고 [OK(확인)]를 클릭합니다.

03 [Image(이미지)]-[Image Size(이미지 크기)]($\boxed{\text{Alt}}$+$\boxed{\text{Ctrl}}$+$\boxed{\text{I}}$)를 선택하고 'Constrain as-pect ratio(종횡비 제한) : 클릭, Width(폭) : 60Pixels(픽셀), Height(높이) : 40Pixels(픽 셀)'로 입력하여 이미지 크기를 1/10로 축소한 후 [OK(확인)]를 클릭합니다.

04 [File(파일)]-[Save As(다른 이름으로 저장)]($\boxed{\text{Shift}}$+$\boxed{\text{Ctrl}}$+$\boxed{\text{S}}$)를 선택하고 '저장 위치 : 내 PC\문서\GTQ, 파일 형식 : Photoshop(*.PSD, *.PDD), 파일 이름 : 수험번호-성명-문 제번호.psd'를 입력하고 [저장]을 클릭합니다.

05 답안 저장이 완료되면 [File(파일)]-[Close(닫기)]($\boxed{\text{Ctrl}}$+$\boxed{\text{W}}$)를 선택하여 파일을 닫고 수험 프 로그램에서 [답안 전송]을 클릭하여 psd와 jpg 파일을 감독관 컴퓨터로 전송합니다.

작업과정	새 작업 이미지 만들기 및 파일 저장하기 ▶ 혼합 모드 합성 및 필터. 레이어 마스크 적용 ▶ 이미지 보정 및 레이어 스타일 적용 ▶ 모양 생성 및 변형. 레이어 스타일 적용 ▶ 메뉴 버튼 만들기 ▶ 펜 도구 작업 및 레이어 스타일 적용 ▶ 패턴 정의와 적용 및 클리핑 마스크 적용 ▶ 문자 입력과 왜곡 및 레이어 스타일 적용 ▶ 정답 파일 저장
완성이미지	Part04₩기출유형문제01회₩정답파일₩G120210001−성명−4.jpg, G120210001−성명−4.psd

01 새 작업 이미지 만들기 및 파일 저장하기

01 [File(파일)]−[New(새로 만들기)]([Ctrl]+[N])를 선택하고 'Width(폭) : 600Pixels(픽셀), Height(높이) : 400Pixels(픽셀), Resolution(해상도) : 72Pixels/Inch(픽셀/인치), Color Mode(색상 모드) : RGB Color(RGB 색상), 8bit(비트), Background Contents(배경 내용) : White(흰색)'로 설정하여 새 작업 이미지를 만듭니다.

02 [Edit(편집)]−[Preference(환경설정)]([Ctrl]+[K])를 클릭하고 [Guides, Grid & Slices(안내선, 격자와 슬라이스)]를 선택하여 Grid(격자)의 'Gridline Every(격자 간격) : 100Pixels(픽셀), Subdivisions(세분) : 1'로 설정한 후 'Grid Color(격자 색상)'를 클릭하여 밝은 색상으로 변경합니다.

03 [View(보기)]−[Show(표시)]−[Grid(격자)]([Ctrl]+['])와 [View(보기)]−[Rulers(눈금자)]([Ctrl]+[R])를 선택하여 격자와 눈금자를 표시합니다.

04 작업 도큐먼트를 저장하기 위해 [File(파일)]−[Save As(다른 이름으로 저장)]([Shift]+[Ctrl]+[S])를 선택하고 임의 경로에 수험번호−성명−문제번호.psd로 파일을 저장합니다.

02 혼합 모드 합성 및 필터. 레이어 마스크 적용

01 Tool Panel(도구 패널) 하단의 'Set foreground color(전경색 설정)'을 클릭하여 # 입력란에 99ccff로 입력한 후, [Alt]+[Delete]를 눌러 제시된 Foreground Color(전경색)를 작업 이미지의 배경에 채웁니다.

02 [File(파일)]−[Open(열기)]([Ctrl]+[O])을 선택하여 1급−12.jpg를 불러옵니다. [Ctrl]+[A]로 전체 선택, [Ctrl]+[C]로 복사, 작업 이미지에 [Ctrl]+[V]로 붙여넣기를 합니다. [Ctrl]+[T]로 크기를 조절한 후 격자를 참고하여 배치합니다.

03 Layers(레이어) 패널에서 'Blending Mode(혼합 모드) : Hard Light(하드 라이트)'로 설정하여 배경 이미지와 합성을 합니다.

04 Layers(레이어) 패널 하단의 'Add layer mask(레이어 마스크 추가, ▣)'를 클릭하여 레이어 마스크를 추가합니다.

05 Tool Panel(도구 패널) 하단의 Set foreground color(전경색 설정)를 #000000, Set background color(배경색 설정)를 #ffffff로 설정합니다. Gradient Tool(그레이디언트 도구, ▣)을 클릭하고 Options Bar(옵션 바)에서 'Type(유형) : Linear Gradient(선형 그레이디언트), Mode(모드) : Normal(표준), Opacity(불투명도) : 100%'로 설정한 후 [Shift]를 누른 채 아래에서 위쪽 수직 방향으로 드래그하여 이미지 일부를 자연스럽게 지워 합성합니다.

06 [File(파일)]−[Open(열기)]([Ctrl]+[O])을 선택하여 1급−13.jpg를 불러옵니다. [Ctrl]+[A]로 전체 선택, [Ctrl]+[C]로 복사, 작업 이미지에 [Ctrl]+[V]로 붙여넣기를 합니다. [Ctrl]+[T]로 크기를 조절하여 배치합니다.

07 [Filter(필터)]−[Filter Gallery(필터 갤러리)]−[Artistic(예술 효과)]−[Film Grain(필름 그레인)]을 선택합니다.

08 Layers(레이어) 패널 하단의 'Add layer mask(레이어 마스크 추가, ▣)'를 클릭하여 레이어 마스크를 추가합니다.

09 Tool Panel(도구 패널) 하단의 Set foreground color(전경색 설정)를 #000000, Set background color(배경색 설정)를 #ffffff로 설정합니다. Gradient Tool(그레이디언트 도구, ▣)을 클릭하고 Options Bar(옵션 바)에서 'Type(유형) : Linear Gradient(선형 그레이디언트), Mode(모드) : Normal(표준), Opacity(불투명도) : 100%'로 설정한 후 Shift를 누른 채 위에서 아래쪽으로 수직 방향으로 드래그하여 이미지 일부를 자연스럽게 지워 합성합니다.

10 [File(파일)]-[Open(열기)](Ctrl+O)을 선택하여 1급-14.jpg를 불러옵니다. Object Selection Tool(개체 선택 도구, ▣)을 클릭하고 Options Bar(옵션 바)에서 'Mode(모드) : Rectangle(사각형)'로 선택하고 드래그 합니다.

합격생의 **비법**

Object Selection Tool(개체 선택 도구, ▣)로 드래그하여 복잡한 이미지의 선택 영역을 지정할 수 있습니다. 선택하려는 이미지 영역 이외의 불필요한 배경 또는 겹쳐져 있는 이미지를 선택 영역으로 지정하지 않습니다.

11 Ctrl+C로 복사, 작업 이미지에 Ctrl+V로 붙여넣기를 하고, Ctrl+T를 누르고 마우스 오른쪽 버튼을 클릭하여 [Flip Horizontal(가로로 뒤집기)]로 뒤집고 크기를 조절한 후 배치합니다.

12 Layers(레이어) 패널 하단의 'Add a layer style(레이어 스타일 추가, _fx._)'을 클릭하여 [Bevel & Emboss(경사와 엠보스)]를 선택, 'Style(스타일) : Inner Bevel(내부 경사), Direction(방향) : Up(위로), Size(크기) : 5px'로 설정합니다. 계속해서 [Outer Glow(외부 광선)]를 선택, 'Opacity(불투명도) : 75%, Size(크기) : 5px'로 설정하고 [OK(확인)]를 클릭합니다.

03 이미지 보정 및 레이어 스타일 적용

01 [File(파일)]–[Open(열기)]([Ctrl]+[O])을 선택하여 1급–15.jpg를 불러옵니다. Pen Tool(펜 도구, _∅_)을 클릭하고 Options Bar(옵션 바)에서 'Path(패스), Path operations(패스 작업) : Exclude Overlapping Shapes(모양 오버랩 제외, _回_)'로 설정하고 제시된 자동차 모양을 따라 닫힌 패스로 완료합니다.

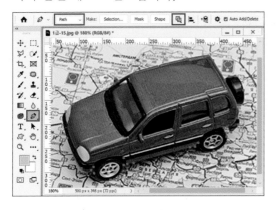

02 패스가 완료되면 [Ctrl]+[Enter]를 눌러 선택 상태로 전환하고, [Ctrl]+[C]로 복사합니다. 작업 이미지에 [Ctrl]+[V]로 붙여넣기를 한 후, [Ctrl]+[T]를 눌러 크기를 축소하고 배치합니다.

03 Layers(레이어) 패널 하단의 'Add a layer style(레이어 스타일 추가, _fx._)'을 클릭하여 [Drop Shadow(그림자)]를 선택, 'Opacity(불투명도) : 75%, Angle(각도) : 120°, Distance(거리) : 5px, Size(크기) : 5px'로 설정하고 [OK(확인)]를 클릭합니다.

04 Layers(레이어) 패널에서 'Layer 4' 레이어의 'Layer thumbnail(레이어 축소판)'을 [Ctrl]을 누르고 클릭하여 자동차 이미지를 선택 상태로 전환합니다.

합격생의 비법

'Layer thumbnail(레이어 축소판)'을 [Ctrl]을 누르고 클릭하면 레이어의 투명 영역을 제외한 픽셀로 채워진 이미지만을 빠르게 선택할 수 있습니다.

05 Layers(레이어) 패널 하단의 'Create new fill or adjustment layer(새 칠 또는 조정 레이어 생성,)'를 클릭하고 [Hue/Saturation(색조/채도)]을 선택합니다. Properties(속성) 패널에서 'Colorize(색상화) : 체크, Hue(색조) : 180, Saturation(채도) : 70, Lightness(명도) : 10'으로 설정하여 파란색 계열로 색상을 보정합니다.

06 [File(파일)]-[Open(열기)]([Ctrl]+[O])을 선택하여 1급-16.jpg를 불러옵니다. Pen Tool(펜 도구, ⌀)을 클릭하고 Options Bar(옵션 바)에서 'Path(패스), Path operations(패스 작업) : Exclude Overlapping Shapes(모양 오버랩 제외, 🔲)'로 설정하고 배 모양을 따라 닫힌 패스로 완료합니다.

07 패스가 완료되면 [Ctrl]+[Enter]를 눌러 선택 상태로 전환하고, [Ctrl]+[C]를 눌러 복사합니다. 작업 이미지에 [Ctrl]+[V]로 붙여넣기를 한 후, [Ctrl]+[T]를 누르고 마우스 오른쪽 버튼을 클릭하여 [Flip Horizontal(가로로 뒤집기)]로 뒤집고 크기를 조절하여 배치합니다.

08 [Filter(필터)]-[Filter Gallery(필터 갤러리)]-[Artistic(예술 효과)]-[Poster Edges (포스터 가장자리)]를 선택합니다.

09 Layers(레이어) 패널 하단의 'Add a layer style(레이어 스타일 추가, [fx.])'을 클릭하여 [Drop Shadow(그림자)]를 선택, 'Opacity(불투명도) : 75%, Angle(각도) : 120°, Distance(거리) : 5px, Size(크기) : 5px'로 설정하고 [OK(확인)]를 클릭합니다.

10 [File(파일)]–[Open(열기)]([Ctrl]+[O])을 선택하여 1급–17.jpg를 불러옵니다. Polygonal Lasso Tool(다각형 올가미 도구, ⍥)로 그림과 같이 선택합니다.

합격생의 비법

클릭 중 앞 단계로 취소하려면 [Back Space]를 누르고, 선택을 완료하려면 더블클릭을 합니다.

11 [Ctrl]+[C]로 복사, 작업 이미지에 [Ctrl]+[V]로 붙여넣기를 한 후 [Ctrl]+[T]로 [Shift]를 누른 채 크기를 축소하여 배치합니다.

04 모양 생성 및 변형, 레이어 스타일 적용

01 Custom Shape Tool(사용자 정의 모양 도구, ⬢)을 클릭하고 Options Bar(옵션 바)에서 'Shape(모양), Fill(칠) : #ffcc00, Stroke(획) : No Color(색상 없음), Shape(모양) : Crescent Moon(초승달, ☾)'으로 설정한 후 [Shift]를 누른 채 왼쪽 하단에 모양을 그립니다.

Shape 경로

[Legacy Shapes and More(레거시 모양 및 기타)]–[All Legacy Default Shapes(모든 레거시 기본 모양)]–[Shapes(모양)]

02 Layers(레이어) 패널 하단의 'Add a layer style(레이어 스타일 추가, fx.)'을 클릭하여 [Stroke(획)]를 선택, 'Size(크기) : 2px, Color(색상) : #ffffff'로 설정하고 [OK(확인)]를 클릭합니다. Layers(레이어) 패널 상단의 'Opacity(불투명도) : 50%'로 설정합니다.

03 Custom Shape Tool(사용자 정의 모양 도구, ⚙)을 클릭하고 Options Bar(옵션 바)에서 'Shape(모양), Fill(칠) : #ffff00, Stroke(획) : No Color(색상 없음), Shape(모양) : Lightning(번개, ⚡)'으로 설정한 후 Shift 를 누른 채 드래그하여 모양을 그립니다. Ctrl + T 를 눌러 회전하여 배치합니다.

Shape 경로

[Legacy Shapes and More(레거시 모양 및 기타)]–[All Legacy Default Shapes(모든 레거시 기본 모양)]–[Nature(자연)]

04 Layers(레이어) 패널 하단의 'Add a layer style(레이어 스타일 추가, fx)'을 클릭하여 [Drop Shadow(그림자)]를 선택, 'Opacity(불투명도) : 75%, Angle(각도) : 120°, Distance(거리) : 5px, Size(크기) : 5px'로 설정하고 [OK(확인)]를 클릭합니다.

05 Ctrl + J 를 눌러 복사한 레이어를 만들고 Ctrl + T 를 눌러 크기와 회전을 조절하여 이동하여 배치합니다.

06 Layers(레이어) 패널에서 'Lightning 1 copy' 레이어의 'Layer thumbnail(레이어 축소판)'을 더블 클릭하여 'Color(색상) : #99cccc'로 설정하고 [OK(확인)]를 클릭합니다.

05 메뉴 버튼 만들기

01 Custom Shape Tool(사용자 정의 모양 도구, ⚙)을 클릭하고 Options Bar(옵션 바)에서 'Shape(모양), Fill(칠) : #ff9933, Stroke(획) : No Color(색상 없음), Shape(모양) : Forward(앞으로, ▶)'로 설정한 후 Shift 를 누른 채 드래그하여 모양을 그립니다.

Shape 경로

[Legacy Shapes and More
(레거시 모양 및 기타)]-[All
Legacy Default Shapes(모든 레
거시 기본 모양)]-[Web(웹)]

02 Layers(레이어) 패널 하단의 'Add a layer style(레이어 스타일 추가, fx.)'을 클릭하여 [Stroke(획)]를 선택, 'Size(크기) : 2px, Color(색상) : #000000'으로 설정합니다.

03 Horizontal Type Tool(수평 문자 도구, T)로 작업 이미지를 클릭하고 Options Bar(옵션 바)에서 'Font(글꼴) : 돋움, Set font size(글꼴 크기) : 18pt, Set anti-aliasing method (앤티 앨리어싱 방법 설정) : Strong(강하게), Color(색상) : #ff9933'으로 설정한 후 특보현 황을 입력합니다.

04 Layers(레이어) 패널 하단의 'Add a layer style(레이어 스타일 추가, fx.)'을 클릭하여 [Stroke(획)]를 선택, 'Size(크기) : 2px, Color(색상) : #000000'으로 설정합니다.

05 Layers(레이어) 패널에서 Shift 를 누른 채 'Forward 1' 레이어와 '특보현황' 레이어를 클릭하 여 함께 선택합니다. Move Tool(이동 도구, ⊕.)을 선택하고 작업 이미지의 모양과 문자를 Alt 를 누른 채 아래쪽으로 드래그하여 이동하며 복제합니다.

- Layers(레이어) 패널에서 Shift 를 눌러 레이어를 다중 선택하고 Move Tool(이동 도구, ✛)의 Options Bar(옵션 바)에서 정렬과 배분을 맞춰서 버튼을 배치할 수 있습니다.
- Move Tool(이동 도구, ✛)로 Alt 를 누르고 드래그하여 복제할 때 Shift 를 동시에 누르면 반듯하게 이동하며 복제할 수 있습니다.

06 같은 방법으로 3번째 버튼의 모양을 만듭니다. Layers(레이어) 패널에서 'Forward 1 copy' 레이어의 'Layer thumbnail(레이어 축소판)'을 더블 클릭하여 Color(색상)을 #ccff00으로 설정합니다.

07 Horizontal Type Tool(수평 문자 도구, T)로 문자를 각각 드래그하여 육상예보, 해상예보로 입력하여 수정합니다. 수정한 '육상예보' 문자를 드래그하여 Color(색상)를 #ccff00으로 설정합니다.

06 펜 도구 작업 및 레이어 스타일 적용

01 Layers(레이어) 패널에서 'Layer 6' 레이어를 선택합니다.

02 Rounded Rectangle Tool(모서리가 둥근 직사각형 도구, ▢)을 클릭하고 Options Bar(옵션 바)에서 'Shape(모양), Fill(칠) : #cccccc, Stroke(획) : No Color(색상 없음), Radius(반경) : 30px'로 설정한 후 드래그하여 둥근 사각형 모양을 그립니다.

03 Ellipse Tool(타원 도구, ◯)을 클릭하고 Options Bar(옵션 바)에서 'Shape(모양), Fill(칠) : #cccccc, Stroke(획) : No Color(색상 없음), Path operations(패스 작업) : Combine Shapes(모양 결합, ◻)'로 설정한 후 크기가 다른 3개의 원형 모양을 겹치도록 그립니다.

04 Pen Tool(펜 도구, ✎)을 클릭하고 Options Bar(옵션 바)에서 'Shape(모양), Fill(칠) : #cccccc, Stroke(획) : No Color(색상 없음), Path operations(패스 작업) : Combine Shapes(모양 결합, ◻)'로 설정한 후 겹치도록 모양을 그립니다.

05 Options Bar(옵션 바)에서 'Path operations(패스 작업) : Merge Shape Components(모양 병합 구성 요소, ◻)'를 클릭하여 모양을 하나로 병합하고 Enter 를 눌러 패스 작업을 완료합니다.

06 Layers(레이어) 패널 하단의 'Add a layer style(레이어 스타일 추가, fx.)'을 클릭하여 [Drop Shadow(그림자)]를 선택, 'Opacity(불투명도) : 75%, Angle(각도) : 120°, Distance(거리) : 7px, Size(크기) : 7px'로 설정하고 [OK(확인)]를 클릭합니다.

07 Custom Shape Tool(사용자 정의 모양 도구, 🎨)을 클릭하고 Options Bar(옵션 바)에서 'Shape(모양), Fill(칠) : 임의 색상, Stroke(획) : No Color(색상 없음), Shape(모양) : 10 Point Star(10포인트 별, ✹)'로 설정한 후 **Shift**를 누른 채 드래그하여 모양을 그립니다.

Shape 경로

[Legacy Shapes and More(레거시 모양 및 기타)]–[All Legacy Default Shapes(모든 레거시 기본 모양)]– [Shapes(모양)]

08 Ellipse Tool(타원 도구, ⬭)을 클릭하고 Options Bar(옵션 바)에서 'Shape(모양), Fill(칠) : 임의 색상, Stroke(획) : No Color(색상 없음), Path operations(패스 작업) : Subtract Front Shape(전면 모양 빼기, ⬚)'로 설정한 후 원형 모양을 중앙에 겹치도록 그립니다.

합격생의 비법

작업 중인 Shape(모양)이 선택된 상태에서 Path operations(패스 작업)의 옵션을 바꾸면 지시와 다른 결과가 나올 수 있습니다. **Enter**를 눌러 작업 중인 모양을 완료한 후, 다시 한 번 **Enter**를 눌러 Path operations(패스 작업)의 옵션을 변경합니다.

09 계속해서 Ellipse Tool(타원 도구, ⬭)의 Options Bar(옵션 바)에서 'Path operations(패스 작업) : Combine Shapes(모양 결합, ⬚)'로 설정한 후 중앙에 겹치도록 원형 모양을 그려줍니다.

합격생의 비법

Path Selection Tool(패스 선택 도구, ▶)로 드래그하여 3개의 모양을 선택한 후 Options Bar(옵션 바)에서 'Path alignment (패스 정렬)'를 활용하여 중앙에 정렬할 수 있습니다.

10 Options Bar(옵션 바)에서 'Path operations(패스 작업) : Merge Shape Components(모양 병합 구성 요소, ⬚)'를 클릭하여 모양을 하나로 병합하고 Enter 를 눌러 패스 작업을 완료합니다. Ctrl + [를 눌러 뒤로 보내기를 하여 구름 모양 레이어 아래쪽으로 배치합니다.

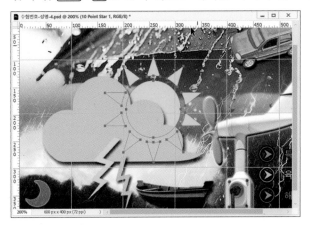

11 Layers(레이어) 패널 하단의 'Add a layer style(레이어 스타일 추가, fx.)'을 클릭하여 [Gradient Overlay(그레이디언트 오버레이)]를 선택하고 'Click to edit the gradient(클릭하여 그레이디언트 편집)'를 클릭합니다. 그레이디언트 슬라이더 왼쪽 하단의 'Color Stop(색상 정지점)'을 더블 클릭하여 #ff3300, 오른쪽 'Color Stop(색상 정지점)'을 더블 클릭하여 #ffff99로 설정한 후, 'Style(스타일) : Linear(선형), Angle(각도) : 90˚로 설정합니다. 계속해서 [Drop Shadow(드롭 섀도)]를 선택하고 [OK(확인)]를 클릭합니다.

07 패턴 정의와 적용 및 클리핑 마스크 적용

01 [File(파일)]-[New(새로 만들기)]([Ctrl + N)를 선택하고 'Width(폭) : 40Pixels(픽셀), Height(높이) : 50Pixels(픽셀), Resolution(해상도) : 72Pixels/Inch(픽셀/인치), Color Mode(색상 모드) : RGB Color(RGB 색상), 8bit(비트), Background Contents(배경 내용) : Transparent(투명)'로 설정하여 새 작업 이미지를 만듭니다.

02 Custom Shape Tool(사용자 정의 모양 도구,)을 클릭하고 Options Bar(옵션 바)에서 'Shape(모양), Fill(칠) : #ff6666, Stroke(획) : No Color(색상 없음), Shape(모양) : Umbrella(우산, ☂)'로 설정한 후 모양을 그립니다.

Shape 경로

[Legacy Shapes and More(레거시 모양 및 기타)]-[All Legacy Default Shapes(모든 레거시 기본 모양)]-[Objects(물건)]

03 Custom Shape Tool(사용자 정의 모양 도구,)을 클릭하고 Options Bar(옵션 바)에서 'Shape(모양), Fill(칠) : #ccffff, Stroke(획) : No Color(색상 없음), Shape(모양) : Raindrop(빗방울, ◗)'으로 설정한 후 모양을 그립니다.

Shape 경로

[Legacy Shapes and More(레거시 모양 및 기타)]-[All Legacy Default Shapes(모든 레거시 기본 모양)]-[Nature(자연)]

04 [Edit(편집)]-[Define Pattern(패턴 정의)]을 선택하여 'Pattern Name : 우산'으로 설정하고 패턴을 등록합니다.

05 작업 이미지를 선택하고 Layers(레이어) 패널에서 'Rounded Rectangle 1' 레이어를 선택합니다. 패널 하단의 'Create a new layer(새 레이어 만들기, ⊞)'을 클릭하여 'Rounded Rectangle 1' 레이어의 위쪽에 새 레이어를 추가하고 이름을 pattern으로 설정합니다.

합격생의 비법

Layers(레이어) 패널의 선택된 레이어 위쪽으로 새로운 레이어가 만들어지므로 순서를 정돈하지 않아도 됩니다.

---

06 Layers(레이어) 패널의 'pattern' 레이어를 선택합니다.

07 [Edit(편집)]-[Fill(칠)]을 선택하고 'Contents(내용) : Pattern(패턴), Custom Pattern(사용자 정의 패턴) : 우산, Mode(모드) : Normal(표준), Opacity(불투명도) : 100%, Preserve Transparency(투명도 유지) : 체크 해제'로 설정하여 채웁니다.

08 Layers(레이어) 패널 상단의 'Opacity(불투명도) : 70%'로 설정합니다. 'Rounded Rectan-gle 1'과 'pattern' 레이어 사이에 마우스 커서를 놓고 [Alt]를 누르고 클릭하여 Clipping Mask(클리핑 마스크)를 적용합니다.

08 문자 입력과 왜곡 및 레이어 스타일 적용

01 Horizontal Type Tool(수평 문자 도구, [T])로 작업 이미지를 클릭하고 Options Bar(옵션 바)에서 'Font(글꼴) : 궁서, Set font size(글꼴 크기) : 45pt, Set anti-aliasing method(앤티 앨리어싱 방법 설정) : Strong(강하게), Color(색상) : 임의 색상'으로 설정한 후 기상 정보 센터를 입력합니다.

02 Options Bar(옵션 바)에서 Create warped text(뒤틀어진 텍스트 만들기, [工])를 클릭하여 [Warp Text(텍스트 뒤틀기)] 대화상자에서 'Style(스타일) : Fish(물고기), Horizontal(가로) : 체크, Bend(구부리기) : 40%'로 설정하여 문자의 모양을 왜곡합니다.

03 Layers(레이어) 패널 하단에 'Add a layer style(레이어 스타일 추가, [fx])'을 클릭하여 [Stroke(획)]를 선택, 'Size(크기) : 3px, Color(색상) : #ccffff'로 설정합니다. 계속해서 [Gradient Overlay(그레이디언트 오버레이)]를 선택하고 'Click to edit the gradient(클릭하여 그레이디언트 편집)'를 클릭합니다.

04 그레이디언트 슬라이더 왼쪽 하단의 'Color Stop(색상 정지점)'을 더블 클릭하여 #993399, 가운데 빈 곳을 클릭하여 'Color Stop(색상 정지점)'을 추가하고 더블 클릭하여 #006633, 오른쪽 'Color Stop(색상 정지점)'을 더블 클릭하여 #cc3300으로 설정한 후, 'Style(스타일) : Linear(선형), Angle(각도) : 90°'로 설정하고 [OK(확인)]를 클릭합니다.

05 Horizontal Type Tool(수평 문자 도구, [T])로 작업 이미지를 클릭하고 Options Bar(옵션 바)에서 'Font(글꼴) : Times New Roman, Set font style(글꼴 스타일 설정) : Bold, Set font size(글꼴 크기) : 25pt, Color(색상) : 임의 색상'으로 설정한 후 Weather Information을 입력합니다.

06 Options Bar(옵션 바)에서 Create warped text(뒤틀어진 텍스트 만들기, [工])를 클릭하여 [Warp Text(텍스트 뒤틀기)] 대화상자에서 'Style(스타일) : Arch(아치), Horizontal(가로) : 체크, Bend(구부리기) : 40%'로 설정하여 문자의 모양을 왜곡합니다.

07 Layers(레이어) 패널 하단에 'Add a layer style(레이어 스타일 추가, [fx.])'을 클릭하여 [Stroke(획)]를 선택, 'Size(크기) : 2px, Color(색상) : #ffffff'로 설정합니다.

08 계속해서 [Gradient Overlay(그레이디언트 오버레이)]를 선택하고 'Click to edit the gradient(클릭하여 그레이디언트 편집)'를 클릭합니다. 그레이디언트 슬라이더 왼쪽 하단의 'Color Stop(색상 정지점)'을 더블 클릭하여 #cccc00, 오른쪽 'Color Stop(색상 정지점)'을 더블 클릭하여 #006666으로 설정한 후, 'Style(스타일) : Linear(선형), Angle(각도) : 0°'로 설정하고 [OK(확인)]를 클릭합니다.

09 [Shift]+[Ctrl]+[]]를 눌러 Layers(레이어) 패널에서 맨 위쪽으로 배치합니다. [Ctrl]+[T]를 눌러 Options Bar(옵션 바)에서 'Rotate(회전, [△]) : -9°'로 입력하고 [Enter]를 눌러 회전을 적용하고 배치합니다.

10 Horizontal Type Tool(수평 문자 도구, T)로 작업 이미지를 클릭하고 Options Bar(옵션바)에서 'Font(글꼴) : 바탕, Set font size(글꼴 크기) : 13pt, Set anti-aliasing method (앤티 앨리어싱 방법 설정) : Strong(강하게), Color(색상) : #000000'으로 설정한 후 25도 90% 남동 7km/h 1~5mm를 입력합니다.

11 Layers(레이어) 패널 하단에 'Add a layer style(레이어 스타일 추가, fx.)'을 클릭하여 [Stroke(획)]를 선택, 'Size(크기) : 2px, Color(색상) : #ccffff'로 설정합니다. Ctrl + S 를 눌러 저장합니다.

09 정답 파일 저장

01 [View(보기)]-[Show(표시)]-[Grid(격자)](Ctrl + ')를 선택하여 격자를 가립니다.

02 [File(파일)]-[Save As(다른 이름으로 저장)](Shift + Ctrl + S)를 선택하고 '저장 위치 : 내 PC₩문서₩GTQ, 파일 형식 : JPEG, 파일 이름 : 수험번호-성명-문제번호.jpg'를 입력하고 [저장]을 클릭한 후 [JPEG Options(JPEG 옵션)] 대화상자에서 'Quality(품질) : 8'로 설정하고 [OK(확인)]를 클릭합니다.

03 [Image(이미지)]-[Image Size(이미지 크기)](Alt + Ctrl + I)를 선택하고 'Constrain aspect ratio(종횡비 제한) : 클릭, Width(폭) : 60Pixels, Height(높이) : 40Pixels'로 입력하여 이미지 크기를 1/10로 축소한 후 [OK(확인)]를 클릭합니다.

04 [File(파일)]-[Save As(다른 이름으로 저장)](Shift + Ctrl + S)를 선택하고 '저장 위치 : 내 PC₩문서₩GTQ, 파일 형식 : Photoshop(*.PSD, *.PDD), 파일 이름 : 수험번호-성명-문제번호.psd'를 입력하고 [저장]을 클릭합니다.

05 답안 저장이 완료되면 [File(파일)]-[Exit(종료)](Ctrl + Q)를 선택하여 프로그램을 종료하고 수험 프로그램에서 [답안 전송]을 클릭하여 psd와 jpg 파일을 감독관 컴퓨터로 전송합니다.

급수	버전	문제유형	시험시간	수험번호	성명
1급		A	90분	G120210002	

수 험 자 유 의 사 항

- 수험자는 문제지를 받는 즉시 응시하고자 하는 **과목 및 급수가 맞는지 확인**한 후 수험번호와 성명을 작성합니다.
- 파일명은 본인의 "수험번호-성명-문제번호"로 공백 없이 정확히 입력하고 답안폴더(내 PC₩문서₩GTQ)에 jpg 파일과 psd 파일의 2가지 포맷으로 저장해야 하며, jpg 파일과 psd 파일의 내용이 상이할 경우 0점 처리됩니다. 답안문서 파일명 이 "수험번호-성명-문제번호"와 일치하지 않거나, 답안 파일을 전송하지 않아 미제출로 처리될 경우 불합격 처리됩니다.
- 문제의 세부조건은 '영문(한글)' 형식으로 표기되어 있으니 유의하시기 바랍니다.
- 수험자 정보와 저장한 파일명, 저장 위치가 다를 경우 전송이 되지 않으므로, 주의하시기 바랍니다.
- 답안 작성 중에도 **주기적으로 '저장'과 '답안 전송'**을 이용하여 감독위원 PC로 답안을 전송하셔야 합니다.(※ 작업한 내용 을 **저장하지 않고 전송할 경우** 이전의 저장내용이 전송되오니 이 점 반드시 유념하시기 바랍니다.)
- 답안문서는 지정된 경로 외의 다른 보조기억장치에 저장하는 행위, 지정된 시험 시간 외에 작성된 파일을 활용한 행위, 기 타 통신수단(이메일, 메신저, 네트워크 등)을 이용하여 타인에게 전달 또는 외부 반출하는 행위는 부정으로 간주되어 자격 기본법 제32조에 의거 본 시험 및 국가공인 자격시험을 2년간 응시할 수 없습니다.
- 시험 중 부주의 또는 고의로 시스템을 파손한 경우와 〈수험자 유의사항〉에 기재된 방법대로 이행하지 않아 생기는 불이익 은 수험자의 책임임을 알려 드립니다.
- 시험을 완료한 수험자는 최종적으로 저장한 답안파일이 전송되었는지 확인한 후 감독위원의 지시에 따라 문제지를 제출하 고 퇴실합니다.

답 안 작 성 요 령

- **온라인 답안 작성 절차**

  수험자 등록 ⇒ 시험 시작 ⇒ 답안파일 저장 ⇒ 답안 전송 ⇒ 시험 종료
- 내 PC₩문서₩GTQ₩Image폴더에 있는 그림 원본파일을 사용하여 답안을 작성하시고 최종답안을 답안폴더(내 PC₩문 서₩GTQ)에 저장하여 답안을 전송하시고, 이미지의 크기가 다른 경우 감점 처리됩니다.
- 배점은 총 100점으로 이루어지며, 점수는 각 문제별로 차등 배분됩니다.
- 각 문제는 주어진 〈조건〉에 따라 작성하고, 언급하지 않은 조건은 《출력형태》와 같이 작성합니다.
- 배치 등의 편의를 위해 주어진 눈금자의 단위는 '픽셀'입니다.

  그 외는 출력형태(효과, 이미지, 문자, 색상, 레이아웃, 규격 등)와 같게 작업하십시오.
- 문제 조건에 서체의 지정이 없을 경우 한글은 굴림이나 돋움, 영문은 Arial로 작업하십시오.

  (단, 그 외에 제시되지 않은 문자 속성을 기본값으로 작성하지 않은 경우는 감점 처리됩니다.)
- Image Mode(이미지 모드)는 별도의 처리조건이 없을 경우에는 RGB(8비트)로 작업하십시오.
- 모든 답안 파일은 해상도 72Pixels/Inch로 작업하십시오.
- Layer(레이어)는 각 기능별로 분할해야 하며, 임의로 합칠 경우나 각 기능에 대한 속성을 해지할 경우 해당 요소는 0점 처리 됩니다.

한 국 생 산 성 본 부

다음의 《조건》에 따라 아래의 《출력형태》와 같이 작업하시오.

출력형태

조건

원본 이미지		Part04₩기출유형문제02회₩1급-1.jpg, 1급-2.jpg, 1급-3.jpg	
파일저장규칙	JPG	파일명	문서₩GTQ₩수험번호-성명-1.jpg
		크기	400×500 pixels
	PSD	파일명	문서₩GTQ₩수험번호-성명-1.psd
		크기	40×50 pixels

1. 그림 효과

① 1급-1.jpg : 필터 – Dry Brush(드라이 브러시)
② Save Path(패스 저장) : 헤어 드라이어 모양
③ Mask(마스크) : 헤어 드라이어 모양, 1급-2.jpg를 이용하여 작성
　레이어 스타일 – Drop Shadow(그림자 효과), Stroke(선/획)(5px, 그라디언
　트(#003300, #ffcccc, #ffff00))
④ 1급-3.jpg : 레이어 스타일 – Drop Shadow(그림자 효과)
⑤ Shape Tool(모양 도구) :
　– 타일 모양(#cccccc, #999999, 레이어 스타일 – Inner Shadow(내부 그림자))
　– 파형 모양(#ffcc66, 레이어 스타일 – Outer Glow(외부 광선))

2. 문자 효과

① Hair Shop(Times New Roman, Bold, 50pt, 레이어 스타일 – Stroke(선/획)(3px, #ffffff), Drop Shadow(그림자 효과)),
　그라디언트 오버레이(#33ff00, #330000)

다음의 《조건》에 따라 아래의 《출력형태》와 같이 작업하시오.

출력형태

조건

원본 이미지		Part04₩기출유형문제02회₩1급-4.jpg, 1급-5.jpg, 1급-6.jpg	
파일저장규칙	JPG	파일명	문서₩GTQ₩수험번호-성명-2.jpg
		크기	400×500 pixels
	PSD	파일명	문서₩GTQ₩수험번호-성명-2.psd
		크기	40×50 pixels

1. 그림 효과

① 1급-4.jpg : 필터 – Cutout(오려내기)
② 색상 보정 : 1급-5.jpg – 빨간색 계열로 보정
③ 1급-5.jpg : 레이어 스타일 – Drop Shadow(그림자 효과)
④ 1급-6.jpg : 레이어 스타일 – Outer Glow(외부 광선)
⑤ Shape Tool(모양 도구) :
　– 꽃 모양(#99cccc, #ccccff, 레이어 스타일 – Inner Shadow(내부 그림자))
　– 장식 모양(#330033, 레이어 스타일 – Bevel and Emboss(경사와 엠보스))

2. 문자 효과

① Nail Color(Times New Roman, Regular, 55pt, 레이어 스타일 – Stroke(선/획)(2px, #333333), 그라디언트 오버레이
　(#33ffcc, #ff99cc), Drop Shadow(그림자 효과))

다음의 《조건》에 따라 아래의 《출력형태》와 같이 작업하시오.

조건

원본 이미지		Part04₩기출유형문제02회₩1급-7.jpg, 1급-8.jpg, 1급-9.jpg, 1급-10.jpg, 1급-11.jpg	
파일저장규칙	JPG	파일명	문서₩GTQ₩수험번호-성명-3.jpg
		크기	600×400 pixels
	PSD	파일명	문서₩GTQ₩수험번호-성명-3.psd
		크기	60×40 pixels

1. 그림 효과
① 배경 : #ffcccc
② 1급-7.jpg : Blending Mode(혼합 모드) – Multiply(곱하기), Opacity(불투명도)(60%)
③ 1급-8.jpg : 필터 – Dry Brush(드라이 브러시), 레이어 마스크 – 대각선 방향으로 흐릿하게
④ 1급-9.jpg : 필터 – Crosshatch(그물눈), 레이어 스타일 – Stroke(선/획)(6px, 그라디언트(#330033, #ffcccc), Inner Shadow(내부 그림자))
⑤ 1급-10.jpg : 레이어 스타일 – Bevel and Emboss(경사와 엠보스), Outer Glow(외부 광선)
⑥ 1급-11.jpg : 색상 보정 – 보라색 계열로 보정, 레이어 스타일 – Inner Shadow(내부 그림자)
⑦ 그 외 《출력형태》 참조

2. 문자 효과
① 기초 메이크업 강좌(돋움, 38pt, 레이어 스타일 – Stroke(선/획)(2px, #ffffff), 그라디언트 오버레이(#9933ff, #66cccc, #ff3300), Outer Glow(외부 광선))
② #1 자연스러운 색조 화장(돋움, 25pt, #ffffff, 레이어 스타일 – Stroke(선/획)(2px, #336699))
③ 사전 등록 이벤트(돋움, 15pt, #ffffff, 레이어 스타일 – Stroke(선/획)(2px, 그라디언트(#0000ff, #ff66cc))
④ MAKE-UP Academy(Arial, Regular, 22pt, #cc66cc, 레이어 스타일 – Stroke(선/획)(2px, #ffffff))

출력형태

Shape Tool(모양 도구) 사용
레이어 스타일 – 그라디언트
오버레이(#cc0066, #ffffff),
Drop Shadow(그림자 효과),
Opacity(불투명도)(80%)

Shape Tool(모양 도구) 사용
#ff3366, #ffcc66,
레이어 스타일 –
Drop Shadow(그림자 효과)

Shape Tool(모양 도구) 사용
#ffffff,
레이어 스타일 – Stroke(선/획)(2px,
그라디언트(#0000ff, #ff66cc))

다음의 《조건》에 따라 아래의 《출력형태》와 같이 작업하시오.

조건

원본 이미지		Part04₩기출유형문제02회₩1급-12.jpg, 1급-13.jpg, 1급-14.jpg, 1급-15.jpg, 1급-16.jpg, 1급-17.jpg
파일저장규칙	JPG 파일명	문서₩GTQ₩수험번호-성명-4.jpg
	JPG 크기	600×400 pixels
	PSD 파일명	문서₩GTQ₩수험번호-성명-4.psd
	PSD 크기	60×40 pixels

1. 그림 효과

① 배경 : #cccc99

② 패턴(얼룩, 파형 모양) : #ffcccc, #999999, Opacity(불투명도)(60%)

③ 1급-12.jpg : Blending Mode(혼합 모드) – Overlay(오버레이), 레이어 마스크 – 대각선 방향으로 흐릿하게

④ 1급-13.jpg : 필터 – Texturizer(텍스처화), 레이어 마스크 – 가로 방향으로 흐릿하게

⑤ 1급-14.jpg : 레이어 스타일 – Inner Glow(내부 광선), Drop Shadow(그림자 효과)

⑥ 1급-15.jpg : 필터 – Facet(단면화), 레이어 스타일 – Outer Glow(외부 광선)

⑦ 1급-16.jpg : 색상 보정 – 파란색 계열로 보정, 레이어 스타일 – Drop Shadow(그림자 효과)

⑧ 그 외 《출력형태》 참조

2. 문자 효과

① BEAUTY & SKIN CLINIC(Arial, Bold, 43pt, 레이어 스타일 – 그라디언트 오버레이(#99ffff, #ff9999, #ffcc00), Stroke(선/획)(2px, #666600), Drop Shadow(그림자 효과))

② 림프 순환~ 면역력 증강~ 천연석 사용!(돋움, 20pt, 24pt, #000033, 레이어 스타일 – Stroke(선/획)(2px, #ffccff))

③ 핫스톤테라피 바로가기(궁서, 18pt, #ffffff, 레이어 스타일 – Drop Shadow(그림자 효과))

④ 보습 클리닉 재생 클리닉 예약하기(돋움, 15pt, #000000, 레이어 스타일 – Outer Glow(외부 광선))

출력형태

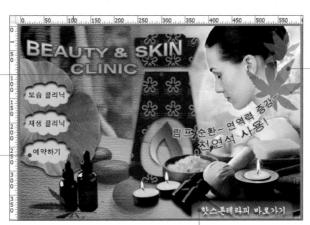

Pen Tool(펜 도구) 사용
#663333, 레이어 스타일
– 그라디언트 오버레이
(#ffff00, #ff0000),
Drop Shadow(그림자 효과)

Shape Tool(모양 도구) 사용
#ccff99, 레이어 스타일 –
Inner Shadow(내부 그림자)

Shape Tool(모양 도구) 사용
#ff9900, #996633, 레이어
스타일 – Outer Glow(외부
광선),
Opacity(불투명도)(60%)

Shape Tool(모양 도구) 사용
레이어 스타일 – 그라디언트
오버레이(#ffffff, #cc3366),
Inner Shadow(내부 그림자),
Opacity(불투명도)(80%)

작업과정	새 작업 이미지 만들기 및 파일 저장하기 ▶ 필터 적용 ▶ 헤어 드라이어 모양 패스 생성 ▶ 클리핑 마스크 적용 후 레이어 스타일 적용 ▶ 모양 생성 및 레이어 스타일 적용 ▶ 문자 입력 및 레이어 스타일 적용 ▶ 정답 파일 저장
완성이미지	Part04₩기출유형문제02회₩정답파일₩G120210002-성명-1.jpg, G120210002-성명-1.psd

01 새 작업 이미지 만들기 및 파일 저장하기

01 [File(파일)]-[New(새로 만들기)]([Ctrl]+[N])를 선택하고 'Width(폭) : 400Pixels(픽셀), Height(높이) : 500Pixels(픽셀), Resolution(해상도) : 72Pixels/Inch(픽셀/인치), Color Mode(색상 모드) : RGB Color(RGB 색상), 8bit(비트), Background Contents(배경 내용) : White(흰색)'로 설정하여 새 작업 이미지를 만듭니다.

02 [Edit(편집)]-[Preference(환경설정)]([Ctrl]+[K])를 클릭하고 [Guides, Grid & Slices(안내선, 격자와 슬라이스)]를 선택하여 Grid(격자)의 'Color(색상)'를 클릭하여 밝은 색상으로 변경한 후 'Gridline Every(격자 간격) : 100Pixels(픽셀), Subdivisions(세분) : 1'로 설정합니다.

03 [View(보기)]-[Show(표시)]-[Grid(격자)]([Ctrl]+[ˊ])와 [View(보기)]-[Rulers(눈금자)] ([Ctrl]+[R])를 선택하여 격자와 눈금자를 표시합니다.

04 작업 도큐먼트를 저장하기 위해 [File(파일)]-[Save As(다른 이름으로 저장)]([Shift]+[Ctrl]+[S])를 선택하고 임의 경로에 수험번호-성명-문제번호.psd로 파일을 저장합니다.

02 필터 적용

01 [File(파일)]-[Open(열기)]([Ctrl]+[O])을 선택하여 1급-1.jpg를 불러옵니다. [Ctrl]+[A]로 전체 선택, [Ctrl]+[C]로 복사, 작업 이미지에 [Ctrl]+[V]로 붙여넣기를 합니다. [Ctrl]+[T]를 눌러 [Shift]를 누른 채 크기를 축소하고 위치를 조절하여 배치합니다.

 ➡

02 [Filter(필터)]-[Filter Gallery(필터 갤러리)]-[Artistic(예술 효과)]-[Dry Brush(드라이 브러시)]를 선택합니다.

03 헤어 드라이어 모양 패스 생성

01 Ellipse Tool(타원 도구, ◯)을 클릭하고 Options Bar(옵션 바)에서 'Shape(모양), Fill(칠) : 임의 색상, Stroke(획) : No Color(색상 없음), Path operations(패스 작업) : New Layer(새 레이어, ▣)'로 설정한 후 드래그하여 정원 모양을 그립니다.

합격생의 비법

정원 그리기
- 드래그할 때 Shift 를 눌러 그립니다.
- 작업 이미지를 클릭하여 Create Ellipse(원형 만들기) 대화상자에서 Width(폭)와 Height(높이)의 수치를 동일하게 입력합니다.

02 Rectangle Tool(사각형 도구, ▭)을 클릭하고 Options Bar(옵션 바)에서 'Shape(모양), Fill(칠) : 임의 색상, Stroke(획) : No Color(색상 없음), Path operations(패스 작업) : Combine Shapes(모양 결합, ▣)'로 설정한 후 드래그하여 크기가 다른 2개의 사각형 모양을 정원과 각각 겹치도록 그립니다.

합격생의 비법

'Path operations(패스 작업) : Combine Shapes(모양 결합, ▣)'를 설정하면 동일한 레이어에 칠 색상으로 여러 모양이 그려집니다.

03 상단의 사각형을 선택한 후 [Ctrl]+[T]를 누르고, 마우스 오른쪽 버튼을 클릭하여 [Warp(뒤틀기)]를 클릭합니다. 4개의 핸들을 각각 드래그하여 상하 모양을 서로 대칭적으로 변형하고 [Enter]를 눌러 완료합니다.

04 Rounded Rectangle Tool(모서리가 둥근 직사각형 도구, ▣)을 클릭하고 'Shape(모양)', Fill(칠) : 임의 색상, Stroke(획) : No Color(색상 없음), Path operations(패스 작업) : Combine Shapes(모양 결합, ▣), Radius(반경) : 10px'로 설정한 후 드래그하여 오른쪽 사각형 모양과 서로 겹치도록 크기가 다른 2개의 둥근 사각형 모양을 그립니다.

05 Ellipse Tool(타원 도구, ◉)을 클릭하고 큰 정원의 중앙에 드래그하여 작은 정원을 그리고 Options Bar(옵션 바)에서 'Path operations(패스 작업) : Subtract Front Shape(전면 모양 빼기, ▣)'을 설정하여 겹치는 부분을 뺍니다.

06 Rectangle Tool(사각형 도구, ▢)을 클릭하고 Options Bar(옵션 바)에서 'Shape(모양), Fill(칠) : 임의 색상, Stroke(획) : No Color(색상 없음), Path operations(패스 작업) : Subtract Front Shape(전면 모양 빼기, ▣)'을 설정한 후 왼쪽 상단 모양과 겹치도록 드래그 하여 사각형 모양으로 겹친 부분을 뺍니다.

07 Path Selection Tool(패스 선택 도구, ▶)로 오른쪽 하단 3개의 모양을 드래그하여 선택한 후, [Ctrl]+[T]를 눌러 Options Bar(옵션 바)에서 'Rotate(회전, △) : 11°'를 입력하고 [Enter]를 눌러 회전을 적용하고 배치합니다.

08 Path Selection Tool(패스 선택 도구, ▶)로 드래그하여 모든 모양을 선택하고, [Ctrl]+[T]를 눌러 Options Bar(옵션 바)에서 'Rotate(회전, △) : −30°'로 입력하고 [Enter]를 눌러 회전을 적용하고 배치합니다.

09 Options Bar(옵션 바)에서 'Path operations(패스 작업) : Merge Shape Components(모양 병합 구성 요소,)'를 클릭하여 모양을 하나로 병합합니다.

10 Paths(패스) 패널에서 작업 패스 'Ellipse 1 Shape Path'를 더블 클릭한 후 [Save Path(패스 저장)] 대화상자에서 'Name(이름) : 헤어 드라이어'로 입력하여 패스를 저장합니다.

합격생의 **비법**

- Paths(패스) 패널에 표시되는 이름은 최초에 그린 Shape(모양)의 이름대로 표기되며, 더블 클릭하여 [Save Path(패스 저장)]에서 문제지에 제시된 패스 이름으로 저장하면 됩니다.
- Paths(패스) 패널에 여전히 존재하는 'Ellipse 1 Shape Path'는 'Ellipse 1' 레이어를 'Rasterize Layer(레이어 래스터화)'로 변환한 이후에는 자동으로 삭제됩니다.

---

11 Layers(레이어) 패널에서 'Ellipse 1' 레이어의 이름을 더블 클릭하여 path로 이름을 변경하고, 마우스 오른쪽 버튼을 눌러 [Rasterize Layer(레이어 래스터화)]를 선택하여 일반 레이어로 속성을 변환합니다.

12 Layers(레이어) 패널 하단의 'Add a layer style(레이어 스타일 추가, *fx.*)'을 클릭하여 [Stroke(획)]를 선택, 'Size(크기) : 5px, Fill Type(칠 유형) : Gradient(그레이디언트), Click to edit the gradient(클릭하여 그레이디언트 편집)'를 클릭합니다.

13 그레이디언트 슬라이더 왼쪽 하단의 'Color Stop(색상 정지점)'을 더블 클릭하여 #003300, 가운데 빈 곳을 클릭하여 'Color Stop(색상 정지점)'을 추가한 후 더블 클릭하여 #ffcccc, 오른쪽 'Color Stop(색상 정지점)'을 더블 클릭하여 #ffff00으로 설정한 후, 'Style(스타일) : Linear(선형), Angle(각도) : 180°로 설정합니다.

14 계속해서 [Drop Shadow(드롭 섀도)]를 선택, 'Opacity(불투명도) : 75%, Angle(각도) : 120°, Distance(거리) : 10px, Size(크기) : 10px'로 설정한 후 [OK(확인)]를 클릭합니다.

04 클리핑 마스크 적용 후 레이어 스타일 적용

01 [File(파일)]–[Open(열기)]($\boxed{\text{Ctrl}}$+$\boxed{\text{O}}$)을 선택하여 1급-2.jpg를 불러옵니다. $\boxed{\text{Ctrl}}$+$\boxed{\text{A}}$로 전체 선택, $\boxed{\text{Ctrl}}$+$\boxed{\text{C}}$로 복사, 작업 이미지에 $\boxed{\text{Ctrl}}$+$\boxed{\text{V}}$로 붙여넣기를 합니다. $\boxed{\text{Ctrl}}$+$\boxed{\text{T}}$를 누르고 마우스 오른쪽 버튼을 클릭하여 [Flip Horizontal(가로로 뒤집기)]로 뒤집고 크기를 조절한 후, 헤어 드라이어 모양 위쪽에 겹치도록 배치합니다.

02 Layers(레이어) 패널에서 'path' 레이어와 'Layer 2' 레이어 사이에 마우스 커서를 놓고 $\boxed{\text{Alt}}$를 누르고 클릭하여 Clipping Mask(클리핑 마스크)를 적용합니다.

03 [File(파일)]–[Open(열기)]($\boxed{\text{Ctrl}}$+$\boxed{\text{O}}$)을 선택하여 1급-3.jpg를 불러옵니다. Quick Selection Tool(빠른 선택 도구, ⬚)을 클릭하고 Options Bar(옵션 바)에서 Add to selection(선택 영역에 추가, ⬚)으로 설정한 후 브러시의 크기를 조절하며 드래그하여 이미지를 선택합니다.

04 Options Bar(옵션 바)에서 'Select and Mask(선택 및 마스크)'를 클릭하여 'Properties(속성)'에서 'Radius(반경) : 1px, Smooth(매끄럽게) : 0, Feather(페더) : 0.5px'로 설정한 후 [OK(확인)]를 클릭하고, $\boxed{\text{Ctrl}}$+$\boxed{\text{C}}$로 복사합니다.

합격생의 비법

Options Bar(옵션 바)에서 'Add to selection(선택 영역에 추가, ⊕)'을 선택하고 드래그하여 선택 영역을 추가하거나 'Subtract from selection(선택 영역에서 빼기, ⊖)'으로 선택 영역에서 제외할 수 있으며 정교한 선택이 가능합니다.

05 Layers(레이어) 패널에서 'Layer 1' 레이어를 클릭하고 [Ctrl]+[V]로 'Layer 1' 레이어 위쪽으로 붙여넣기를 합니다. [Ctrl]+[T]를 눌러 크기를 축소하고 격자를 참조하여 배치합니다.

06 Layers(레이어) 패널 하단의 'Add a layer style(레이어 스타일 추가, [fx.])'을 클릭하여 [Drop Shadow(그림자)]를 선택, 'Opacity(불투명도) : 75%, Angle(각도) : 120°, Distance(거리) : 5px, Size(크기) : 5px'로 설정하고 [OK(확인)]를 클릭합니다.

🔘 05 모양 생성 및 레이어 스타일 적용

01 Custom Shape Tool(사용자 정의 모양 도구, [☆])을 클릭하고 Options Bar(옵션 바)에서 'Shape(모양), Fill(칠) : #cccccc, Stroke(획) : No Color(색상 없음), Shape(모양) : Tile 4(타일 4, [⊞])'로 설정한 후 드래그하여 모양을 그립니다.

> **Shape 경로**
>
> [Legacy Shapes and More(레거시 모양 및 기타)]–[All Legacy Default Shapes(모든 레거시 기본 모양)]–[Tiles(타일)]

02 Layers(레이어) 패널 하단의 'Add a layer style(레이어 스타일 추가, [fx.])'을 클릭하여 [Inner Shadow(내부 그림자)]를 선택, 'Opacity(불투명도) : 75%, Angle(각도) : 120°, Distance(거리) : 5px, Size(크기) : 5px'로 설정하고 [OK(확인)]를 클릭합니다.

03 [Ctrl]+[J]를 눌러 복사한 'Tile 4 1 copy' 레이어를 선택합니다. [Ctrl]+[T]를 눌러 크기를 축소하고 [Shift]를 누른 채 조절점 밖을 드래그하여 45°로 회전한 후 격자를 참조하여 배치합니다.

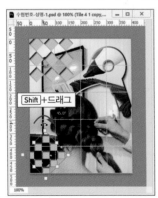

> **합격생의 비법**
>
> [Shift]를 누른 채 회전하면 15° 단위로 회전이 가능합니다.

04 Layers(레이어) 패널에서 'Tile 4 1 copy' 레이어의 'Layer thumbnail(레이어 축소판)'을 더블 클릭하여 'Color(색상) : #999999'로 변경합니다.

05 Layers(레이어) 패널에서 'Layer 2' 레이어를 선택합니다.

06 Custom Shape Tool(사용자 정의 모양 도구, ▨)을 클릭하고 Options Bar(옵션 바)에서 'Shape(모양), Fill(칠) : #ffcc66, Stroke(획) : No Color(색상 없음), Shape(모양) : Waves(파형, ▨)'로 설정한 후 드래그하여 모양을 그리고, Ctrl+T를 눌러 회전하여 배치합니다.

> **Shape 경로**
>
> [Legacy Shapes and More(레거시 모양 및 기타)]-[All Legacy Default Shapes(모든 레거시 기본 모양)]-[Nature(자연)]

07 Layers(레이어) 패널 하단의 'Add a layer style(레이어 스타일 추가, fx.)'을 클릭하여 [Outer Glow(외부 광선)]를 선택, 'Opacity(불투명도) : 75%, Size(크기) : 10px'로 설정한 후 [OK(확인)]를 클릭합니다.

06 문자 입력 및 레이어 스타일 적용

01 Horizontal Type Tool(수평 문자 도구, T)로 작업 이미지를 클릭하고 Options Bar(옵션 바)에서 'Font(글꼴) : Times New Roman, Set font style(글꼴 스타일 설정) : Bold, Set font size(글꼴 크기) : 50pt, Color(색상) : 임의 색상'으로 설정한 후 Hair Shop을 입력합니다.

02 Options Bar(옵션 바)에서 Create warped text(뒤틀어진 텍스트 만들기, ㊅)를 클릭하여 [Warp Text(텍스트 뒤틀기)] 대화상자에서 'Style(스타일) : Arc(부채꼴), Horizontal(가로) : 체크, Bend(구부리기) : −40%'로 설정하여 문자의 모양을 왜곡합니다.

03 Layers(레이어) 패널 하단의 'Add a layer style(레이어 스타일 추가, fx.)'을 클릭하여 [Stroke(획)]를 선택, 'Size(크기) : 3px, Color(색상) : #ffffff'로 설정합니다. 계속해서 [Gradient Overlay(그레이디언트 오버레이)]를 선택하고 'Click to edit the gradient(클릭하여 그레이디언트 편집)'를 클릭합니다.

04 그레이디언트 슬라이더 왼쪽 하단의 'Color Stop(색상 정지점)'을 더블 클릭하여 #33ff00, 오른쪽 'Color Stop(색상 정지점)'을 더블 클릭하여 #330000으로 설정한 후, 'Style(스타일) : Linear(선형), Angle(각도) : 0°'로 설정합니다. 계속해서 [Drop Shadow(드롭 섀도)]를 선택하고 [OK(확인)]를 클릭한 후, Ctrl + S 를 눌러 저장합니다.

🔘 정답 파일 저장

01 [View(보기)]-[Show(표시)]-[Grid(격자)](Ctrl + ')를 선택하여 격자를 가립니다.

02 [File(파일)]-[Save As(다른 이름으로 저장)](Shift + Ctrl + S)를 선택하고 '저장 위치 : 내 PC\문서\GTQ, 파일 형식 : JPEG, 파일 이름 : 수험번호-성명-문제번호.jpg'를 입력하고 [저장]을 클릭한 후 [JPEG Options(JPEG 옵션)] 대화상자에서 'Quality(품질) : 8'로 설정하고 [OK(확인)]를 클릭합니다.

03 [Image(이미지)]-[Image Size(이미지 크기)](Alt + Ctrl + I)를 선택하고 'Constrain aspect ratio(종횡비 제한) : 클릭, Width(폭) : 40Pixels(픽셀), Height(높이) : 50Pixels(픽셀)'로 입력하여 이미지 크기를 1/10로 축소한 후 [OK(확인)]를 클릭합니다.

04 [File(파일)]-[Save As(다른 이름으로 저장)](Shift + Ctrl + S)를 선택하고 '저장 위치 : 내 PC\문서\GTQ, 파일 형식 : Photoshop(*.PSD, *.PDD), 파일 이름 : 수험번호-성명-문제번호.psd'를 입력하고 [저장]을 클릭합니다.

05 답안 저장이 완료되면 [File(파일)]-[Close(닫기)](Ctrl + W)를 선택하여 파일을 닫고 수험 프로그램에서 [답안 전송]을 클릭하여 psd와 jpg 파일을 감독관 컴퓨터로 전송합니다.

작업과정	새 작업 이미지 만들기 및 파일 저장하기 ▶ 필터 적용 및 레이어 스타일 적용 ▶ 색상 보정 및 레이어 스타일 적용 ▶ 모양 생성 및 레이어 스타일 적용 ▶ 문자 입력 및 변형, 레이어 스타일 적용 ▶ 정답 파일 저장
완성이미지	Part04₩기출유형문제02회₩정답파일₩G120210002-성명-2.jpg, G120210002-성명-2.psd

01 새 작업 이미지 만들기 및 파일 저장하기

01 [File(파일)]-[New(새로 만들기)]([Ctrl]+[N])를 선택하고 'Width(폭) : 400Pixels(픽셀), Height(높이) : 500Pixels(픽셀), Resolution(해상도) : 72Pixels/Inch(픽셀/인치), Color Mode(색상 모드) : RGB Color(RGB 색상), 8bit(비트), Background Contents(배경 내용) : White(흰색)'로 설정하여 새 작업 이미지를 만듭니다.

02 [Edit(편집)]-[Preference(환경설정)]([Ctrl]+[K])를 클릭하고 [Guides, Grid & Slices(안내선, 격자와 슬라이스)]를 선택하여 Grid(격자)의 'Color(색상)'를 클릭하여 밝은 색상으로 변경한 후 'Gridline Every(격자 간격) : 100Pixels(픽셀), Subdivisions(세분) : 1'로 설정합니다.

03 [View(보기)]-[Show(표시)]-[Grid(격자)]([Ctrl]+['])와 [View(보기)]-[Rulers(눈금자)]([Ctrl]+[R])를 선택하여 격자와 눈금자를 표시합니다.

04 작업 도큐먼트를 저장하기 위해 [File(파일)]-[Save As(다른 이름으로 저장)]([Shift]+[Ctrl]+[S])를 선택하고 임의 경로에 수험번호-성명-문제번호.psd로 파일을 저장합니다.

02 필터 적용 및 이미지 합성, 레이어 스타일 적용

01 [File(파일)]-[Open(열기)]([Ctrl]+[O])을 선택하여 1급-4.jpg를 불러옵니다. [Ctrl]+[A]로 전체 선택, [Ctrl]+[C]로 복사, 작업 이미지에 [Ctrl]+[V]로 붙여넣기를 합니다. [Ctrl]+[T]를 눌러 [Shift]를 누른 채 크기를 축소하고 위치를 조절하여 배치합니다.

02 [Filter(필터)]-[Filter Gallery(필터 갤러리)]-[Artistic(예술 효과)]-[Cutout(오려내기)]을 선택합니다.

03 [File(파일)]-[Open(열기)]([Ctrl]+[O])을 선택하여 1급-5.jpg를 불러옵니다. Pen Tool(펜 도구, [✎])을 클릭하고 Options Bar(옵션 바)에서 'Path(패스), Path operations(패스 작업) : Exclude Overlapping Shapes(모양 오버랩 제외, [⬚])'로 설정한 후 매니큐어 용기 모양을 따라 닫힌 패스로 완료합니다.

04 패스가 완료되면 [Ctrl]+[Enter]를 눌러 선택 상태로 전환한 후, [Ctrl]+[C]로 복사합니다. 작업 이미지에 [Ctrl]+[V]로 붙여넣기를 하고 [Ctrl]+[T]를 눌러 크기를 축소합니다.

05 Layers(레이어) 패널 하단의 'Add a layer style(레이어 스타일 추가, [fx.])'을 클릭하여 [Drop Shadow(그림자)]를 선택, 'Opacity(불투명도) : 75%, Angle(각도) : 120°, Distance(거리) : 10px, Size(크기) : 10px'로 설정하고 [OK(확인)]를 클릭합니다.

⑬ 색상 보정 및 레이어 스타일 적용

01 Layers(레이어) 패널에서 'Layer 2' 레이어의 'Layer thumbnail(레이어 축소판)'을 [Ctrl]을 누른 채 클릭하여 픽셀이 있는 부분만을 빠르게 선택합니다. Rectangular Marquee Tool(사각형 선택 윤곽 도구, [□])을 클릭하고 Options Bar(옵션 바)에서 Intersect with selection(선택 영역 교차, [□])로 선택하고 매니큐어 용기 하단에 드래그하여 선택합니다.

02 Layers(레이어) 패널 하단의 'Create new fill or adjustment layer(새 칠 또는 조정 레이어 생성, [◑])'를 클릭하고 [Hue/Saturation(색조/채도)]을 선택합니다. Properties(속성) 패널에서 'Colorize(색상화) : 체크, Hue(색조) : 340, Saturation(채도) : 60, Lightness(명도) : 40'으로 설정하여 빨간색 계열로 보정합니다.

03 [File(파일)]─[Open(열기)]([Ctrl]+[O])을 선택하여 1급-6.jpg를 불러옵니다. Quick Selection Tool(빠른 선택 도구,)을 클릭하고 Options Bar(옵션 바)에서 'Add to selection(선택 영역에 추가,)'을 설정한 후 브러시의 크기를 조절하며 드래그하여 선택하고 [Ctrl]+[C]로 복사합니다.

> **합격생의 비법**
>
> Quick Selection Tool(빠른 선택 도구,)의 브러시 크기는 ⌊⌋를 눌러 크기를 확대하고 ⌊⌋를 눌러 축소할 수 있습니다. Caps Lock이 켜져 있으면 '⊹'로 표시되어 브러시의 크기를 파악할 수 없으므로 [Caps Lock]을 눌러 꺼줍니다.

04 작업 이미지를 선택한 후, Layers(레이어) 패널에서 'Layer 1' 레이어를 선택하여 [Ctrl]+[V]로 붙여넣기를 합니다. [Ctrl]+[T]를 누르고, 마우스 오른쪽 버튼을 클릭하여 [Flip Horizontal(가로로 뒤집기)]로 뒤집고 크기와 회전을 조절하여 배치합니다.

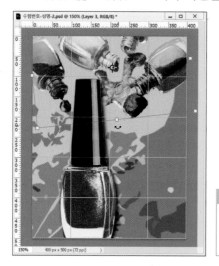

> **합격생의 비법**
>
> Layers(레이어) 패널에서 선택한 레이어의 위쪽으로 붙여넣기가 되므로 따로 레이어의 순서를 정돈하지 않아도 됩니다.

05 Layers(레이어) 패널 하단의 'Add a layer style(레이어 스타일 추가,)'을 클릭하여 [Outer Glow(외부 광선)]를 선택, 'Opacity(불투명도) : 75%, Size(크기) : 10px'로 설정하고 [OK(확인)]를 클릭합니다.

🕸 모양 생성 및 레이어 스타일 적용

01 Layers(레이어) 패널에서 'Hue/Saturation 1' 레이어를 선택합니다.

02 Custom Shape Tool(사용자 정의 모양 도구, ⬡)을 클릭하고 Options Bar(옵션 바)에서 'Shape(모양), Fill(칠) : #330033, Stroke(획) : No Color(색상 없음), Shape(모양) : Fleur-De-Lis(백합, ⚜)'로 설정한 후 Shift 를 누른 채 드래그하여 모양을 그립니다.

Shape 경로

[Legacy Shapes and More(레거시 모양 및 기타)]-[All Legacy Default Shapes(모든 레거시 기본 모양)]-[Ornaments(장식)]

03 Layers(레이어) 패널 하단의 'Add a layer style(레이어 스타일 추가, *fx.*)'을 클릭하여 [Bevel & Emboss(경사와 엠보스)]를 선택, 'Style(스타일) : Inner Bevel(내부 경사), Direction(방향) : Up(위로), Size(크기) : 7px'로 설정하고 [OK(확인)]를 클릭합니다.

04 Custom Shape Tool(사용자 정의 모양 도구, ⬡)을 클릭하고 Options Bar(옵션 바)에서 'Shape(모양), Fill(칠) : #99cccc, Stroke(획) : No Color(색상 없음), Shape(모양) : Shape 45(모양 45, ✿)'로 설정한 후 Shift 를 누른 채 드래그하여 모양을 그립니다.

Shape 경로

[Flowers(꽃)]

합격생의 비법

연속해서 사용자 정의 모양 도구로 그릴 때 Fill(칠) 설정하기

Options Bar(옵션 바)에서 목록 단추를 눌러 제시된 Shape(모양)을 선택하여 그린 후에 'Layer thumbnail(레이어 축소판)'을 더블 클릭하여 Fill(칠)를 변경합니다.

05 Layers(레이어) 패널 하단의 'Add a layer style(레이어 스타일 추가, *fx.*)'을 클릭하여 [Inner Shadow(내부 그림자)]를 선택, 'Opacity(불투명도) : 75%, Angle(각도) : 120°, Distance(거리) : 3px, Size(크기) : 3px'로 설정하고 [OK(확인)]를 클릭합니다.

06 Ctrl + J 를 눌러 복사한 레이어를 만든 후 Ctrl + [를 여러 번 눌러 'Layer 2' 레이어 아래쪽으로 배치합니다. Ctrl + T 를 눌러 크기를 확대하고 회전합니다.

07 Layers(레이어) 패널에서 'Shape 45 1 copy' 레이어의 'Layer thumbnail(레이어 축소판)'을 더블 클릭하여 'Color(색상) : #ccccff'로 설정하고 [OK(확인)]를 클릭합니다.

05 문자 입력 및 변형, 레이어 스타일 적용

01 Horizontal Type Tool(수평 문자 도구, T)로 작업 이미지를 클릭하고 Options Bar(옵션바)에서 'Font(글꼴) : Times New Roman, Set font style(글꼴 스타일 설정) : Regular, Set font size(글꼴 크기) : 55pt, Color(색상) : 임의 색상'으로 설정한 후 Nail Color를 입력합니다.

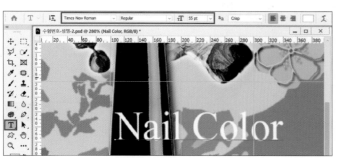

합격생의 비법

레이어 순서 정돈하기

Layers(레이어) 패널에서 'Fleur-De-Lis 1' 레이어를 선택한 후 문자를 입력하면 맨 앞쪽에 문자가 배치됩니다. 또는 문자 입력을 완료한 후, Shift + Ctrl +] 를 눌러 맨 앞으로 가져오기를 합니다.

02 Options Bar(옵션 바)에서 Create warped text(뒤틀어진 텍스트 만들기, ㅈ)를 클릭하여 [Warp Text(텍스트 뒤틀기)] 대화상자에서 'Style(스타일) : Arc(부채꼴), Horizontal(가로) : 체크, Bend(구부리기) : −30%'로 설정하여 문자의 모양을 왜곡합니다.

03 Layers(레이어) 패널 하단의 'Add a layer style(레이어 스타일 추가, *fx*)'을 클릭하여 [Stroke(획)]를 선택, 'Size(크기) : 2px, Color(색상) : #333333'으로 설정합니다. 계속해서 [Gradient Overlay(그레이디언트 오버레이)]를 선택하고 'Click to edit the gradient(클릭 하여 그레이디언트 편집)'를 클릭합니다.

04 그레이디언트 슬라이더 왼쪽 하단의 'Color Stop(색상 정지점)'을 더블 클릭하여 #33ffcc, 오른쪽 'Color Stop(색상 정지점)'을 더블 클릭하여 #ff99cc로 설정한 후, 'Style(스타일) : Linear(선형), Angle(각도) : 0°'로 설정합니다.

05 계속해서 [Drop Shadow(드롭 섀도)]를 선택, 'Opacity(불투명도) : 75%, Angle(각도) : 120°, Distance(거리) : 5px, Size(크기) : 5px'로 설정하고 [OK(확인)]를 클릭합니다. Ctrl + T 를 눌러 회전하여 배치한 후, Ctrl + S 를 눌러 저장합니다.

06 정답 파일 저장

01 [View(보기)]–[Show(표시)]–[Grid(격자)](Ctrl + ')를 선택하여 격자를 가립니다.

02 [File(파일)]–[Save As(다른 이름으로 저장)](Shift + Ctrl + S)를 선택하고 '저장 위치 : 내 PC₩문서₩GTQ, 파일 형식 : JPEG, 파일 이름 : 수험번호-성명-문제번호.jpg'를 입력하고 [저장]을 클릭한 후 [JPEG Options(JPEG 옵션)] 대화상자에서 'Quality(품질) : 8'로 설정 하고 [OK(확인)]를 클릭합니다.

03 [Image(이미지)]–[Image Size(이미지 크기)](Alt + Ctrl + I)를 선택하고 'Constrain aspect ratio(종횡비 제한) : 클릭, Width(폭) : 40Pixels(픽셀), Height(높이) : 50Pixels(픽셀)'로 입력하여 이미지 크기를 1/10로 축소한 후 [OK(확인)]를 클릭합니다.

04 [File(파일)]–[Save As(다른 이름으로 저장)](Shift + Ctrl + S)를 선택하고 '저장 위치 : 내 PC₩문서₩GTQ, 파일 형식 : Photoshop(*.PSD, *.PDD), 파일 이름 : 수험번호-성명-문 제번호.psd'를 입력하고 [저장]을 클릭합니다.

05 답안 저장이 완료되면 [File(파일)]–[Close(닫기)](Ctrl + W)를 선택하여 파일을 닫고 수험 프로그램에서 [답안 전송]을 클릭하여 psd와 jpg 파일을 감독관 컴퓨터로 전송합니다.

작업과정	새 작업 이미지 만들기 및 파일 저장하기 ▶ 혼합 모드와 필터 및 레이어 마스크 적용 ▶ 클리핑 마스크 및 레이어 스타일, 필터 적용 ▶ 이미지 보정 및 레이어 스타일 적용 ▶ 모양 생성 및 레이어 스타일 적용 ▶ 문자 입력 및 왜곡과 레이어 스타일 적용 ▶ 정답 파일 저장
완성이미지	Part04₩기출유형문제02회₩정답파일₩G120210002-성명-3.jpg, G120210002-성명-3.psd

01 새 작업 이미지 만들기 및 파일 저장하기

01 [File(파일)]-[New(새로 만들기)]([Ctrl]+[N])를 선택하고 'Width(폭) : 600Pixels(픽셀), Height(높이) : 400Pixels(픽셀), Resolution(해상도) : 72Pixels/Inch(픽셀/인치), Color Mode(색상 모드) : RGB Color(RGB 색상), 8bit(비트), Background Contents(배경 내용) : White(흰색)'로 설정하여 새 작업 이미지를 만듭니다.

02 [Edit(편집)]-[Preference(환경설정)]([Ctrl]+[K])를 클릭하고 [Guides, Grid & Slices(안내선, 격자와 슬라이스)]를 선택하여 Grid(격자)의 'Color(색상)'를 클릭하여 밝은 색상으로 변경한 후 'Gridline Every(격자 간격) : 100Pixels(픽셀), Subdivisions(세분) : 1'로 설정합니다.

03 [View(보기)]-[Show(표시)]-[Grid(격자)]([Ctrl]+['])와 [View(보기)]-[Rulers(눈금자)]([Ctrl]+[R])를 선택하여 격자와 눈금자를 표시합니다.

04 작업 도큐먼트를 저장하기 위해 [File(파일)]-[Save As(다른 이름으로 저장)]([Shift]+[Ctrl]+[S])를 선택하고 임의 경로에 수험번호-성명-문제번호.psd로 파일을 저장합니다.

02 혼합 모드와 필터 및 레이어 마스크 적용

01 Tool Panel(도구 패널) 하단의 'Set foreground color(전경색 설정)'을 클릭하여 # 오른쪽 입력란에 ffcccc로 입력한 후, [Alt]+[Delete]를 눌러 제시된 Foreground Color(전경색)를 작업 이미지의 배경에 채웁니다.

02 [File(파일)]–[Open(열기)]([Ctrl]+[O])을 선택하여 1급-7.jpg를 불러옵니다. [Ctrl]+[A]로 전체 선택, [Ctrl]+[C]로 복사, 작업 이미지에 [Ctrl]+[V]로 붙여넣기를 하고 [Ctrl]+[T]를 눌러 크기를 조절합니다.

03 Layers(레이어) 패널에서 'Blending Mode(혼합 모드) : Multiply(곱하기), Opacity(불투명도) : 60%'로 설정하여 배경과 합성합니다.

04 [File(파일)]–[Open(열기)]([Ctrl]+[O])을 선택하여 1급-8.jpg를 불러옵니다. [Ctrl]+[A]로 전체 선택, [Ctrl]+[C]로 복사, 작업 이미지에 [Ctrl]+[V]로 붙여넣기를 하고 [Ctrl]+[T]를 눌러 크기를 조절합니다.

05 [Filter(필터)]–[Filter Gallery(필터 갤러리)]–[Artistic(예술 효과)]–[Dry Brush(드라이 브러시)]를 선택합니다.

06 Layers(레이어) 패널 하단의 'Add layer mask(레이어 마스크 추가, ▣)'를 클릭하여 레이어 마스크를 추가합니다.

07 Tool Panel(도구 패널) 하단의 Set foreground color(전경색 설정)를 #000000, Set background color(배경색 설정)를 #ffffff로 설정합니다. Gradient Tool(그레이디언트 도구, ▣)을 클릭하고 Options Bar(옵션 바)에서 'Type(유형) : Linear Gradient(선형 그레이디언트), Mode(모드) : Normal(표준), Opacity(불투명도) : 100%'로 설정한 후 왼쪽 아래에서 오른쪽 위로 대각선 방향으로 드래그하여 이미지 일부를 자연스럽게 지워 합성합니다.

⑱ 클리핑 마스크 및 레이어 스타일, 필터 적용

01 Custom Shape Tool(사용자 정의 모양 도구, 🔗)을 클릭하고 Options Bar(옵션 바)에서 'Shape(모양), Fill(칠) : 임의 색상, Stroke(획) : No Color(색상 없음), Shape(모양) : Blob 1(얼룩 1, ✿)'로 설정한 후 [Shift]를 누른 채 드래그하여 모양을 그립니다.

> **Shape 경로**
>
> [Legacy Shapes and More(레거시 모양 및 기타)]-[All Legacy Default Shapes(모든 레거시 기본 모양)]- [Shapes(모양)]

02 [Ctrl]+[T]를 눌러 Options Bar(옵션 바)에서 'Rotate(회전, ⊿) : 14°'를 입력하고 [Enter]를 눌러 회전을 적용합니다.

03 Layers(레이어) 패널 하단의 'Add a layer style(레이어 스타일 추가, *fx.*)'을 클릭하여 [Stroke(획)]를 선택, 'Size(크기) : 6px, Fill Type(칠 유형) : Gradient(그레이디언트), Click to edit the gradient(클릭하여 그레이디언트 편집)'를 클릭합니다.

04 그레이디언트 슬라이더 왼쪽 하단의 'Color Stop(색상 정지점)'을 더블 클릭하여 #330033, 오른쪽 'Color Stop(색상 정지점)'을 더블 클릭하여 #ffcccc로 설정한 후, 'Style(스타일) : Linear(선형), Angle(각도) : 0°'로 설정합니다.

05 계속해서 [Inner Shadow(내부 그림자)]를 선택, 'Opacity(불투명도) : 75%, Angle(각도) : 90°, Distance(거리) : 5px, Size(크기) : 5px'로 설정하고 [OK(확인)]를 클릭합니다.

06 [File(파일)]-[Open(열기)]([Ctrl]+[O])을 선택하여 1급-9.jpg를 불러옵니다. [Ctrl]+[A]로 전체 선택, [Ctrl]+[C]로 복사, 작업 이미지에 [Ctrl]+[V]로 붙여넣기를 하고 'Blob 1 1' 레이어와 겹치도록 위쪽에 배치합니다.

07 Layers(레이어) 패널에서 'Blob 1 1'과 'Layer 3' 레이어 사이에 마우스 커서를 놓고 Alt 를 누르고 클릭하여 Clipping Mask(클리핑 마스크)를 적용합니다.

합격생의 비법

Clipping Mask(클리핑 마스크)를 적용할 때는 반드시 'Blob 1 1' 레이어 바로 위에 이미지 레이어를 배치해야 합니다.

08 Layers(레이어) 패널에서 'Layers 3' 레이어를 선택하고, [Filter(필터)]−[Filter Gallery(필터 갤러리)]−[Brush Strokes(브러시 선)]−[Crosshatch(그물눈)]를 선택합니다.

09 [File(파일)]−[Open(열기)](Ctrl+O)을 선택하여 1급−10.jpg를 불러옵니다. Pen Tool(펜 도구, ✎)을 클릭하고 Options Bar(옵션 바)에서 'Path(패스), Path operations(패스 작업) : Exclude Overlapping Shapes(모양 오버랩 제외, ⬚)'로 설정한 후 뷰러 모양을 따라 5개의 닫힌 패스로 완료합니다.

10 Ctrl+Enter 를 눌러 패스를 선택 상태로 전환하고, Ctrl+C 를 눌러 복사합니다. 작업 이미지를 선택하여 Ctrl+V 를 눌러 붙여넣기를 합니다. Ctrl+T 를 눌러 크기를 조절하고 오른쪽 상단에 배치합니다.

11 Layers(레이어) 패널 하단의 'Add a layer style(레이어 스타일 추가, fx)'을 클릭하여 [Bevel & Emboss(경사와 엠보스)]를 선택, 'Style(스타일) : Inner Bevel(내부 경사), Direction(방향) : Up(위로), Size(크기) : 5px'로 설정합니다.

12 계속해서 [Outer Glow(외부 광선)]를 선택, 'Opacity(불투명도) : 75%, Size(크기) : 7px'로 설정하고 [OK(확인)]를 클릭합니다.

04 이미지 보정 및 레이어 스타일 적용

01 [File(파일)]-[Open(열기)]([Ctrl]+[O])을 선택하여 1급-11.jpg를 불러옵니다. Magic Wand Tool(자동 선택 도구, [🪄])을 클릭하고 Options Bar(옵션 바)에서 'Add to selection(선택 영역에 추가, [🔲]), Tolerance(허용치) : 25'로 설정한 후 배경 부분을 여러 번 클릭하여 선택합니다.

02 [Shift]+[Ctrl]+[I]를 눌러 선택을 반전하고 [Ctrl]+[C]를 눌러 복사합니다. 작업 이미지를 선택하여 [Ctrl]+[V]로 붙여넣기를 하고, [Ctrl]+[T]를 눌러 크기를 조절하고 시계 방향으로 회전하여 배치합니다.

03 Layers(레이어) 패널 하단의 'Add a layer style(레이어 스타일 추가, [fx.])'을 클릭하여 [Inner Shadow(내부 그림자)]를 선택, 'Opacity(불투명도) : 75%, Angle(각도) : 90˚, Distance(거리) : 5px, Size(크기) : 10px'로 설정하고 [OK(확인)]를 클릭합니다.

04 Layers(레이어) 패널에서 'Layer 5' 레이어의 'Layer thumbnail(레이어 축소판)'을 [Ctrl]을 누른 채 클릭하여 브러시 이미지를 선택합니다.

05 Polygonal Lasso Tool(다각형 올가미 도구, ⬈)을 클릭하고 Options Bar(옵션 바)에서 'Intersect with selection(선택 교차 영역 남기기, ▣), Feather(페더) : 0px'로 설정하고 브러시의 손잡이 부분과 겹치도록 클릭합니다.

06 Layers(레이어) 패널 하단의 'Create new fill or adjustment layer(새 칠 또는 조정 레이어 생성, ◉)'를 클릭하고 [Hue/Saturation(색조/채도)]을 선택합니다. Properties(속성) 패널에서 'Colorize(색상화) : 체크, Hue(색조) : 290, Saturation(채도) : 75, Lightness(명도) : 10'으로 설정하여 보라색 계열로 보정합니다.

05 모양 생성 및 레이어 스타일 적용

01 Layers(레이어) 패널에서 'Layer 1' 레이어를 선택합니다.

02 Custom Shape Tool(사용자 정의 모양 도구, ⬡)을 클릭하고 Options Bar(옵션 바)에서 'Shape(모양), Fill(칠) : 임의 색상, Stroke(획) : No Color(색상 없음), Shape(모양) : Flower 6(꽃 6, ✿)'으로 설정한 후 Shift 를 누른 채 드래그하여 모양을 그립니다.

> **Shape 경로**
>
> [Legacy Shapes and More(레거시 모양 및 기타)]–[All Legacy Default Shapes(모든 레거시 기본 모양)]– [Nature(자연)]

03 Layers(레이어) 패널 하단의 'Add a layer style(레이어 스타일 추가, $fx.$)'을 클릭하여 [Gradient Overlay(그레이디언트 오버레이)]를 선택하고 'Click to edit the gradient(클릭하여 그레이디언트 편집)'를 클릭합니다. 그레이디언트 슬라이더 왼쪽 하단의 'Color Stop(색상 정지점)'을 더블 클릭하여 #cc0066, 오른쪽 'Color Stop(색상 정지점)'을 더블 클릭하여 #ffffff로 설정한 후, 'Style(스타일) : Linear(선형), Angle(각도) : −90°'로 설정합니다.

04 계속해서 [Drop Shadow(드롭 섀도)]를 선택, 'Opacity(불투명도) : 75%, Angle(각도) : 90°, Distance(거리) : 5px, Size(크기) : 5px'로 설정하고 [OK(확인)]를 클릭합니다.

05 Layers(레이어) 패널 상단의 'Opacity(불투명도) : 80%'로 설정합니다.

06 Custom Shape Tool(사용자 정의 모양 도구, $\boxed{❄}$)을 클릭하고 Options Bar(옵션 바)에서 'Shape(모양), Fill(칠) : #ffffff, Stroke(획) : No Color(색상 없음), Shape(모양) : Checked Box(확인란, ✔)'로 설정한 후 Shift 를 누르고 모양을 그립니다.

> **Shape 경로**
>
> [Legacy Shapes and More(레거시 모양 및 기타)]─[All Legacy Default Shapes(모든 레거시 기본 모양)]─[Web(웹)]

07 Layers(레이어) 패널 하단의 'Add a layer style(레이어 스타일 추가, $fx.$)'을 클릭하여 [Stroke(획)]를 선택, 'Size(크기) : 2px, Fill Type(칠 유형) : Gradient(그레이디언트), Click to edit the gradient(클릭하여 그레이디언트 편집)'를 클릭합니다. 그레이디언트 슬라이더 왼쪽 하단의 'Color Stop(색상 정지점)'을 더블 클릭하여 #0000ff, 오른쪽 'Color Stop(색상 정지점)'을 더블 클릭하여 #ff66cc로 설정한 후, 'Style(스타일) : Linear(선형), Angle(각도) : 0°'로 설정합니다.

08 Layers(레이어) 패널에서 'Hue/Saturation 1' 레이어를 선택합니다.

09 Custom Shape Tool(사용자 정의 모양 도구, ⎇)을 클릭하고 Options Bar(옵션 바)에서 'Shape(모양), Fill(칠) : #ff3366, Stroke(획) : No Color(색상 없음), Shape(모양) : Butterfly(나비, ✖)'로 설정한 후 Shift 를 누르고 모양을 그립니다. Ctrl + T 를 눌러 시계 방향으로 회전합니다.

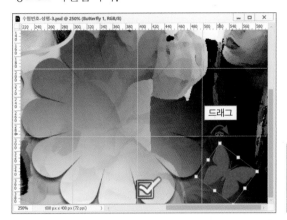

> **Shape 경로**
>
> [Legacy Shapes and More(레거시 모양 및 기타)]–[All Legacy Default Shapes(모든 레거시 기본 모양)]–[Nature(자연)]

10 Layers(레이어) 패널 하단의 'Add a layer style(레이어 스타일 추가, fx.)'을 클릭하여 [Drop Shadow(그림자)]를 선택, 'Opacity(불투명도) : 75%, Angle(각도) : 90˚, Distance (거리) : 5px, Size(크기) : 5px'로 설정하고 [OK(확인)]를 클릭합니다.

11 Ctrl + J 를 눌러 복사한 'Butterfly 1 copy' 레이어의 'Layer thumbnail(레이어 축소판)'을 더블 클릭하여 Color Picker(색상 픽커)에서 'Color(색상) : #ffcc66'으로 설정한 후 [OK(확인)]를 클릭합니다. Ctrl + T 를 눌러 크기 조절과 회전을 하여 배치합니다.

06 문자 입력 및 왜곡과 레이어 스타일 적용

01 Horizontal Type Tool(수평 문자 도구, T)로 작업 이미지를 클릭하고 Options Bar(옵션 바)에서 'Font(글꼴) : 돋움, Set font size(글꼴 크기) : 15pt, Set anti-aliasing method (앤티 앨리어싱 방법 설정) : Strong(강하게), Color(색상) : #ffffff'로 설정한 후 사전 등록 이벤트를 입력합니다.

02 Layers(레이어) 패널 하단의 'Add a layer style(레이어 스타일 추가, _fx._)'을 클릭하여 [Stroke(획)]를 선택, 'Size(크기) : 2px, Fill Type(칠 유형) : Gradient(그레이디언트), Click to edit the gradient(클릭하여 그레이디언트 편집)'를 클릭합니다.

03 그레이디언트 슬라이더 왼쪽 하단의 'Color Stop(색상 정지점)'을 더블 클릭하여 #0000ff, 오른쪽 'Color Stop(색상 정지점)'을 더블 클릭하여 #ff66cc로 설정한 후, 'Style(스타일) : Linear(선형), Angle(각도) : 90°'로 설정하고 [OK(확인)]를 클릭합니다.

04 Horizontal Type Tool(수평 문자 도구, _T_)로 작업 이미지를 클릭하고 Options Bar(옵션 바)에서 'Font(글꼴) : 돋움, Set font size(글꼴 크기) : 38pt, Set anti-aliasing method (앤티 앨리어싱 방법 설정) : Strong(강하게), Color(색상) : 임의 색상'으로 설정한 후 기초 메이크업 강좌를 입력합니다.

05 Options Bar(옵션 바)에서 Create warped text(뒤틀어진 텍스트 만들기, _工_)를 클릭하여 [Warp Text(텍스트 뒤틀기)] 대화상자에서 'Style(스타일) : Fish(물고기), Horizontal(가 로) : 체크, Bend(구부리기) : 40%'로 설정하여 문자의 모양을 왜곡합니다.

06 Layers(레이어) 패널 하단의 'Add a layer style(레이어 스타일 추가, _fx._)'을 클릭하여 [Stroke(획)]를 선택, 'Size(크기) : 2px, Color(색상) : #ffffff'로 설정합니다.

07 계속해서 [Gradient Overlay(그레이디언트 오버레이)]를 선택하고 'Click to edit the gradient(클릭하여 그레이디언트 편집)'를 클릭한 후, 그레이디언트 슬라이더 왼쪽 하단 의 'Color Stop(색상 정지점)'을 더블 클릭하여 #9933ff, 가운데 빈 곳을 클릭하여 'Color Stop(색상 정지점)'을 추가하고 더블 클릭하여 #66cccc, 오른쪽 'Color Stop(색상 정지점)'을 더블 클릭하여 #ff3300으로 설정하고, 'Style(스타일) : Linear(선형), Angle(각도) : 0°'로 설정합니다.

08 [Outer Glow(외부 광선)]를 선택하고 'Opacity(불투명도) : 75%, Spread(스프레드) : 6%, Size(크기) : 9px'로 설정하고 [OK(확인)]를 클릭합니다.

09 Horizontal Type Tool(수평 문자 도구, T)로 작업 이미지를 클릭하고 Options Bar(옵션 바)에서 'Font(글꼴) : 돋움, Set font size(글꼴 크기) : 25pt, Set anti-aliasing method (앤티 앨리어싱 방법 설정) : Strong(강하게), Color(색상) : #ffffff'로 설정한 후 #1 자연스러운 색조 화장을 입력합니다.

10 Options Bar(옵션 바)에서 Create warped text(뒤틀어진 텍스트 만들기, ⚒)를 클릭하여 [Warp Text(텍스트 뒤틀기)] 대화상자에서 'Style(스타일) : Flag(깃발), Horizontal(가로) : 체크, Bend(구부리기) : -50%'로 설정하여 문자의 모양을 왜곡합니다.

11 Layers(레이어) 패널 하단의 'Add a layer style(레이어 스타일 추가, fx.)'을 클릭하여 [Stroke(획)]를 선택, 'Size(크기) : 2px, Color(색상) : #336699'로 설정하고 [OK(확인)]를 클릭합니다.

12 Horizontal Type Tool(수평 문자 도구, T)로 작업 이미지를 클릭하고 Options Bar(옵션 바)에서 'Font(글꼴) : Arial, Set font style(글꼴 스타일 설정) : Regular, Set font size (글꼴 크기) : 22pt, Color(색상) : #cc66cc'로 설정한 후 MAKE-UP Academy를 입력합니다.

13 Layers(레이어) 패널 하단의 'Add a layer style(레이어 스타일 추가, fx.)'을 클릭하여 [Stroke(획)]를 선택, 'Size(크기) : 2px, Color(색상) : #ffffff'로 설정하고 [OK(확인)]를 클릭합니다. Ctrl+S를 눌러 저장합니다.

07 정답 파일 저장

01 [View(보기)]-[Show(표시)]-[Grid(격자)](Ctrl+')를 선택하여 격자를 가립니다.

02 [File(파일)]-[Save As(다른 이름으로 저장)]([Shift]+[Ctrl]+[S])를 선택하고 '저장 위치 : 내 PC\\문서\\GTQ, 파일 형식 : JPEG, 파일 이름 : 수험번호-성명-문제번호.jpg'를 입력하고 [저장]을 클릭한 후 [JPEG Options(JPEG 옵션)] 대화상자에서 'Quality(품질) : 8'로 설정하고 [OK(확인)]를 클릭합니다.

03 [Image(이미지)]-[Image Size(이미지 크기)]([Alt]+[Ctrl]+[I])를 선택하고 'Constrain aspect ratio(종횡비 제한) : 클릭, Width(폭) : 60Pixels(픽셀), Height(높이) : 40Pixels(픽셀)'로 입력하여 이미지 크기를 1/10로 축소한 후 [OK(확인)]를 클릭합니다.

04 [File(파일)]-[Save As(다른 이름으로 저장)]([Shift]+[Ctrl]+[S])를 선택하고 '저장 위치 : 내 PC\\문서\\GTQ, 파일 형식 : Photoshop(*.PSD, *.PDD), 파일 이름 : 수험번호-성명-문제번호.psd'를 입력하고 [저장]을 클릭합니다.

05 답안 저장이 완료되면 [File(파일)]-[Close(닫기)]([Ctrl]+[W])를 선택하여 파일을 닫고 수험 프로그램에서 [답안 전송]을 클릭하여 psd와 jpg 파일을 감독관 컴퓨터로 전송합니다.

문제 04 CHAPTER 02
[실무응용] 웹 페이지 제작

작업과정	새 작업 이미지 만들기 및 파일 저장하기 ▶ 혼합 모드 합성 및 필터, 레이어 마스크 적용 ▶ 이미지 보정 및 레이어 스타일 적용 ▶ 모양 생성 및 변형, 레이어 스타일 적용 ▶ 메뉴 버튼 만들기 ▶ 펜 도구 작업 및 레이어 스타일 적용 ▶ 패턴 정의와 적용 및 클리핑 마스크 적용 ▶ 문자 입력과 왜곡 및 레이어 스타일 적용 ▶ 정답 파일 저장
완성이미지	Part04\\기출유형문제02회\\정답파일\\G120210002-성명-4.jpg, G120210002-성명-4.psd

01 새 작업 이미지 만들기 및 파일 저장하기

01 [File(파일)]-[New(새로 만들기)]([Ctrl]+[N])를 선택하고 'Width(폭) : 600Pixels(픽셀), Height(높이) : 400Pixels(픽셀), Resolution(해상도) : 72Pixels/Inch(픽셀/인치), Color Mode(색상 모드) : RGB Color(RGB 색상), 8bit(비트), Background Contents(배경 내용) : White(흰색)'로 설정하여 새 작업 이미지를 만듭니다.

02 [Edit(편집)]-[Preference(환경설정)]([Ctrl]+[K])를 클릭하고 [Guides, Grid & Slices(안내선, 격자와 슬라이스)]를 선택하여 Grid(격자)의 'Color(색상)'를 클릭하여 밝은 색상으로 변경한 후 'Gridline Every(격자 간격) : 100Pixels(픽셀), Subdivisions(세분) : 1'로 설정합니다.

03 [View(보기)]-[Show(표시)]-[Grid(격자)]([Ctrl]+['])와 [View(보기)]-[Rulers(눈금자)]([Ctrl]+[R])를 선택하여 격자와 눈금자를 표시합니다.

04 작업 도큐먼트를 저장하기 위해 [File(파일)]-[Save As(다른 이름으로 저장)]([Shift]+[Ctrl]+[S])를 선택하고 임의 경로에 수험번호-성명-문제번호.psd로 파일을 저장합니다.

02 혼합 모드 합성 및 필터. 레이어 마스크 적용

01 Tool Panel(도구 패널) 하단의 'Set foreground color(전경색 설정)'을 클릭하여 # 입력란에 cccc99로 입력한 후, [Alt]+[Delete]를 눌러 제시된 Foreground Color(전경색)를 작업 이미지의 배경에 채웁니다.

02 [File(파일)]−[Open(열기)]([Ctrl]+[O])을 선택하여 1급−12.jpg를 불러옵니다. [Ctrl]+[A]로 전체 선택, [Ctrl]+[C]로 복사, 작업 이미지에 [Ctrl]+[V]로 붙여넣기를 하고 [Ctrl]+[T]로 크기를 조절하여 배치합니다.

03 Layers(레이어) 패널에서 'Blending Mode(혼합 모드) : Overlay(오버레이)'로 설정하여 배경 이미지와 합성을 합니다.

04 Layers(레이어) 패널 하단의 'Add layer mask(레이어 마스크 추가, ▣)'를 클릭하여 레이어 마스크를 추가합니다.

05 Tool Panel(도구 패널) 하단의 Set foreground color(전경색 설정)를 #000000, Set background color(배경색 설정)를 #ffffff로 설정합니다. Gradient Tool(그레이디언트 도구, ▣)을 클릭하고 Options Bar(옵션 바)에서 'Type(유형) : Linear Gradient(선형 그레이디언트), Mode(모드) : Normal(표준), Opacity(불투명도) : 100%'로 설정한 후 왼쪽 아래에서 오른쪽 위로 대각선 방향으로 드래그하여 이미지 일부를 자연스럽게 지워 합성합니다.

06 [File(파일)]−[Open(열기)]([Ctrl]+[O])을 선택하여 1급−13.jpg를 불러옵니다. [Ctrl]+[A]로 전체 선택, [Ctrl]+[C]로 복사, 작업 이미지에 [Ctrl]+[V]로 붙여넣기를 한 후 위치를 조절하여 배치합니다.

07 [Filter(필터)]–[Filter Gallery(필터 갤러리)]–[Texture(텍스처)]–[Texturizer(텍스처화)]를 선택합니다.

08 Layers(레이어) 패널 하단의 'Add layer mask(레이어 마스크 추가,)'를 클릭하여 레이어 마스크를 추가합니다.

09 Tool Panel(도구 패널) 하단의 Set foreground color(전경색 설정)를 #000000, Set background color(배경색 설정)를 #ffffff로 설정합니다. Gradient Tool(그레이디언트 도구,)을 클릭하고 Options Bar(옵션 바)에서 'Type(유형) : Linear Gradient(선형 그레이디언트), Mode(모드) : Normal(표준), Opacity(불투명도) : 100%'로 설정한 후 Shift 를 누른 채 오른쪽에서 왼쪽으로 가로 방향으로 드래그하여 이미지 일부를 자연스럽게 지워 합성합니다.

10 [File(파일)]–[Open(열기)](Ctrl + O)을 선택하여 1급-14.jpg를 불러옵니다. Quick Selection Tool(빠른 선택 도구,)을 클릭하고 연잎 이미지에 드래그하여 선택한 후, Ctrl + C 를 눌러 복사합니다.

11 작업 이미지에 Ctrl + V 로 붙여넣기를 합니다. Ctrl + T 를 누른 후, 마우스 오른쪽 버튼을 클릭하여 [Flip Horizontal(가로로 뒤집기)]로 뒤집고 크기 조절과 회전을 하여 배치합니다.

12 Layers(레이어) 패널 하단의 'Add a layer style(레이어 스타일 추가, fx.)'을 클릭하여 [Inner Glow(내부 광선)]를 선택, 'Opacity(불투명도) : 35%, Size(크기) : 5px'로 설정하고 합니다.

13 계속해서 [Drop Shadow(드롭 섀도)]를 선택, 'Opacity(불투명도) : 75%, Angle(각도) : 90°, Distance(거리) : 3px, Size(크기) : 7px'로 설정하고 [OK(확인)]를 클릭합니다.

14 [File(파일)]−[Open(열기)]([Ctrl]+[O])을 선택하여 1급−15.jpg를 불러온 후 Quick Selection Tool(빠른 선택 도구, [🖌])을 클릭하고 Options Bar(옵션 바)에서 Add to selection(선택 영역에 추가, [🖌])을 설정한 후 브러시의 크기를 조절하며 드래그하여 선택하고 [Ctrl]+[C]를 눌러 복사합니다.

15 작업 이미지에 [Ctrl]+[V]로 붙여넣기를 합니다. [Ctrl]+[T]를 누른 후, 마우스 오른쪽 버튼을 클릭하여 [Flip Horizontal(가로로 뒤집기)]로 뒤집고 [Shift]를 누른 채 크기를 축소하여 배치합니다.

합격생의 비법

[Ctrl]+[T]로 종횡비에 맞게 크기 조절하기

• [Shift]를 누른 채 조절점을 드래그합니다.
• Options Bar(옵션 바)의 'Maintain aspect ratio(종횡비 유지), [∞]'를 클릭한 후 조절점을 드래그합니다. 또는 W(폭)이나 H(높이) 위에 마우스로 드래그하거나 수치를 입력합니다.

16 [Filter(필터)]−[Pixelate(픽셀화)]−[Facet(단면화)]를 선택합니다.

17 Layers(레이어) 패널 하단의 'Add a layer style(레이어 스타일 추가, [fx.])'을 클릭하여 [Outer Glow(외부 광선)]를 선택, 'Opacity(불투명도) : 75%, Size(크기) : 5px'로 설정하고 [OK(확인)]를 클릭합니다.

03 이미지 보정 및 레이어 스타일 적용

01 [File(파일)]−[Open(열기)]([Ctrl]+[O])을 선택하여 1급−16.jpg를 불러옵니다. Pen Tool(펜 도구, [✎])을 클릭하고 Options Bar(옵션 바)에서 Path(패스), Exclude Overlapping Shapes(모양 오버랩 제외, [🔲])를 클릭하고 제시된 이미지를 따라 닫힌 패스로 완료합니다.

02 패스가 완료되면 Ctrl+Enter를 눌러 선택 상태로 전환하고 Ctrl+C를 눌러 복사합니다. 작업 이미지에 Ctrl+V로 붙여넣기를 한 후, Ctrl+T를 눌러 Shift를 누른 채 크기를 조절하고 배치합니다.

03 Layers(레이어) 패널 하단의 'Add a layer style(레이어 스타일 추가, fx.)'을 클릭하여 [Drop Shadow(그림자)]를 선택, 'Opacity(불투명도) : 75%, Angle(각도) : 90°, Distance (거리) : 5px, Size(크기) : 5px'로 설정하고 [OK(확인)]를 클릭합니다.

04 Quick Selection Tool(빠른 선택 도구, ✐)을 클릭하고 제시된 이미지에 드래그하여 선택합니다.

05 Layers(레이어) 패널 하단의 'Create new fill or adjustment layer(새 칠 또는 조정 레이어 생성, ◐)'를 클릭하고 [Hue/Saturation(색조/채도)]을 선택합니다. Properties(속성) 패널에서 'Colorize(색상화) : 체크, Hue(색조) : 180, Saturation(채도) : 50, Lightness(명도) : 0'으로 설정하여 파란색 계열로 색상을 보정합니다.

06 [File(파일)]-[Open(열기)](Ctrl+O)을 선택하여 1급-17.jpg를 불러옵니다. Pen Tool(펜 도구, ✐)을 클릭하고 Options Bar(옵션 바)에서 'Path(패스), Path operations(패스 작업) : Exclude Overlapping Shapes(모양 오버랩 제외, ◧)'를 클릭하고 제시된 이미지를 따라 닫힌 패스로 완료합니다.

07 Ctrl + Enter 를 눌러 선택 상태로 전환하고, Ctrl + C 를 눌러 복사합니다. 작업 이미지에 Ctrl + V 로 붙여넣기를 한 후, Ctrl + T 를 눌러 크기를 조절하고 배치합니다.

04 모양 생성 및 변형, 레이어 스타일 적용

01 Custom Shape Tool(사용자 정의 모양 도구,) 을 클릭하고 Options Bar(옵션 바)에서 'Shape(모양), Fill(칠) : #ff9900, Stroke(획) : No Color(색상 없음), Shape(모양) : Leaf 2(나뭇잎 2,) '로 설정한 후 Shift 를 누르고 오른쪽 상단에 모양을 그립니다.

> **Shape 경로**
>
> [Legacy Shapes and More(레거시 모양 및 기타)]–[All Legacy Default Shapes(모든 레거시 기본 모양)]– [Nature(자연)]

02 Layers(레이어) 패널 하단의 'Add a layer style(레이어 스타일 추가, fx.)'을 클릭하여 [Outer Glow(외부 광선)]를 선택, 'Opacity(불투명도) : 75%, Spread(스프레드) : 0%, Size (크기) : 5px'로 설정하고 [OK(확인)]를 클릭합니다.

03 Layers(레이어) 패널 상단의 'Opacity(불투명도) : 60%'로 설정합니다. Ctrl + J 를 눌러 복사한 레이어를 만들고 Ctrl + T 를 눌러 Shift 를 누른 채 크기를 확대하고 회전하여 배치합니다.

04 Ctrl + [를 눌러 'Leaf 2 1' 레이어 아래쪽으로 순서를 정돈합니다. Layers(레이어) 패널에서 'Leaf 2 1 copy' 레이어의 'Layer thumbnail(레이어 축소판)'을 더블 클릭하여 'Color(색상) : #996633'으로 설정하고 [OK(확인)]를 클릭합니다.

05 Custom Shape Tool(사용자 정의 모양 도구, ⚙)을 클릭하고 Options Bar(옵션 바)에서 'Shape(모양), Fill(칠) : 임의 색상, Stroke(획) : No Color(색상 없음), Shape(모양) : Tabbed Button(탭이 지정된 단추, ▬)'으로 설정한 후 오른쪽 하단에 드래그하여 모양을 그립니다.

Shape 경로

[Legacy Shapes and More(레거시 모양 및 기타)]—[All Legacy Default Shapes(모든 레거시 기본 모양)]— [Web(웹)]

06 Layers(레이어) 패널 하단의 'Add a layer style(레이어 스타일 추가, *fx*)'을 클릭하여 [Inner Shadow(내부 그림자)]를 선택, 'Opacity(불투명도) : 75%, Angle(각도) : 90°, Distance(거리) : 5px, Size(크기) : 5px'로 설정합니다.

07 계속해서 [Gradient Overlay(그레이디언트 오버레이)]를 선택하고 'Click to edit the gradient(클릭하여 그레이디언트 편집)'를 클릭합니다. 그레이디언트 슬라이더 왼쪽 하단의 'Color Stop(색상 정지점)'을 더블 클릭하여 #ffffff, 오른쪽 'Color Stop(색상 정지점)'을 더블 클릭하여 #cc3366으로 설정한 후, 'Style(스타일) : Linear(선형), Angle(각도) : 90°'로 설정하고 [OK(확인)]를 클릭합니다.

08 Layers(레이어) 패널 상단의 'Opacity(불투명도) : 80%'로 설정합니다.

05 메뉴 버튼 만들기

01 Custom Shape Tool(사용자 정의 모양 도구, ⚙)을 클릭하고 Options Bar(옵션 바)에서 'Shape(모양), Fill(칠) : #ccff99, Stroke(획) : No Color(색상 없음), Shape(모양) : Cloud 1(구름 1, ☁)'로 설정한 후 드래그하여 모양을 그립니다.

Shape 경로

[Legacy Shapes and More(레거시 모양 및 기타)]—[All Legacy Default Shapes(모든 레거시 기본 모양)]— [Nature(자연)]

02 Layers(레이어) 패널 하단의 'Add a layer style(레이어 스타일 추가, $fx.$)'을 클릭하여 [In-ner Shadow(내부 그림자)]를 선택, 'Opacity(불투명도) : 75%, Angle(각도) : 90˚, Distance(거리) : 5px, Size(크기) : 5px'로 설정하고 [OK(확인)]를 클릭합니다.

03 Horizontal Type Tool(수평 문자 도구, T)로 작업 이미지를 클릭하고 Options Bar(옵션바)에서 'Font(글꼴) : 돋움, Set font size(글꼴 크기) : 15pt, Set anti-aliasing method (앤티 앨리어싱 방법 설정) : Strong(강하게), Center text(텍스트 중앙 정렬, $\equiv$), Color(색상) : #000000'으로 설정한 후 보습 클리닉을 입력합니다.

04 Layers(레이어) 패널 하단의 'Add a layer style(레이어 스타일 추가, $fx.$)'을 클릭하여 [Outer Glow(외부 광선)]를 선택, 'Opacity(불투명도) : 75%, Spread(스프레드) : 5%, Size (크기) : 7px'로 설정하고 [OK(확인)]를 클릭합니다.

05 Layers(레이어) 패널에서 Shift 를 누른 채 'Cloud 1 1' 레이어와 '보습 클리닉' 레이어를 클릭하여 함께 선택합니다. Move Tool(이동 도구, $\oplus$)을 선택하고 작업 이미지에서 Alt 를 누른 채 2개의 레이어를 아래쪽으로 드래그하여 이동하며 복제합니다.

합격생의 비법

- Layers(레이어) 패널에서 Shift 를 눌러 레이어를 다중 선택하고 Move Tool(이동 도구, $\oplus$)의 Options Bar(옵션 바)에서 정렬과 배분을 맞춰서 버튼을 배치할 수 있습니다.
- Move Tool(이동 도구, $\oplus$)로 Alt 를 누르고 드래그하여 복제할 때 Shift 를 동시에 누르면 반듯하게 이동하며 복제할 수 있습니다.

06 같은 방법으로 3번째 버튼의 모양을 만듭니다. Horizontal Type Tool(수평 문자 도구, T)로 문자를 각각 드래그하여 재생 클리닉, 예약하기를 입력하여 수정합니다.

06 펜 도구 작업 및 레이어 스타일 적용

01 Ellipse Tool(타원 도구, ◉)을 클릭하고 Options Bar(옵션 바)에서 'Shape(모양), Fill(칠) : 임의 색상, Stroke(획) : No Color(색상 없음), Path operations(패스 작업) : New Layer (새 레이어, ▣)'로 설정한 후 격자를 참조하여 타원형 모양을 그립니다.

02 Rectangle Tool(사각형 도구, ▭)을 클릭하고 Options Bar(옵션 바)에서 'Shape(모양), Fill(칠) : 임의 색상, Stroke(획) : No Color(색상 없음), Path operations(패스 작업) : Combine Shapes(모양 결합, ▣)'로 설정한 후 타원형 모양의 상단과 겹치도록 사각형 모양 을 그립니다.

03 Ctrl + T 를 누르고, 마우스 오른쪽 버튼을 클릭하여 [Perspective(원근)]를 선택합니다. 상단 조절점을 안쪽으로 드래그하여 변형하고 Enter 를 눌러 변형을 완료합니다.

합격생의 비법

Perspective(원근) 적용하기

Ctrl + T 를 눌러 Ctrl + Shift + Alt 모서리 조절점 드래그로 변형할 수도 있습니다.

04 Rounded Rectangle Tool(모서리가 둥근 직사각형 도구, ▢)을 클릭하고 Options Bar(옵션 바)에서 'Shape(모양), Fill(칠) : 임의 색상, Stroke(획) : No Color(색상 없음), Path operations(패스 작업) : Combine Shapes(모양 결합, ▣), Radius(반경) : 10px'로 설정한 후 크기가 다른 2개의 둥근 직사각형을 서로 겹치도록 그립니다.

05 Path Selection Tool(패스 선택 도구, ▶)로 아래쪽에 배치된 둥근 직사각형을 선택합니다. Ctrl + T 를 누르고, 마우스 오른쪽 버튼을 클릭하여 [Perspective(원근)]를 클릭한 후 하단 조절점을 안쪽으로 드래그하여 변형하고 Enter 를 눌러 완료합니다.

06 Rounded Rectangle Tool(모서리가 둥근 직사각형 도구, ▢)로 드래그하여 변형된 모양의 하단과 겹치도록 드래그한 후 Options Bar(옵션 바)에서 'Path operations(패스 작업) : Subtract Front Shape(전면 모양 빼기, ▣)'를 클릭하여 겹친 부분을 뺍니다.

07 Ellipse Tool(타원 도구,)을 클릭하고 Options Bar(옵션 바)에서 'Shape(모양), Fill(칠) : 임의 색상, Stroke(획) : No Color(색상 없음), Path operations(패스 작업) : Subtract Front Shape(전면 모양 빼기,)'로 설정한 후 타원형 모양을 하단에 겹치도록 그립니다.

08 Direct Selection Tool(직접 선택 도구,)을 클릭하고 타원형의 하단 기준점을 선택하고 위쪽으로 이동하여 패스 모양을 변형합니다.

09 Path Selection Tool(패스 선택 도구,)로 드래그하여 6개의 모양을 모두 선택하고 Options Bar(옵션 바)에서 'Path alignment(패스 정렬) : Align horizontal centers(수평 중앙 정렬,)'를 클릭하여 가로 중앙에 정렬합니다.

10 Options Bar(옵션 바)에서 'Path operations(패스 작업) : Merge Shape Components(모양 병합 구성 요소, ⬛)'를 클릭하여 모양을 하나로 병합하고 ⎡Enter⎤를 눌러 패스 작업을 완료합니다.

11 Layers(레이어) 패널에서 'Ellipse 1' 레이어의 'Layer thumbnail(레이어 축소판)'을 더블 클릭하여 'Color(색상) : #663333'으로 설정한 후, 레이어의 이름을 더블 클릭하여 path 1로 변경합니다.

12 Layers(레이어) 패널 하단의 'Add a layer style(레이어 스타일 추가, ⎡fx.⎤)'을 클릭하여 [Drop Shadow(그림자)]를 선택, 'Opacity(불투명도) : 75%, Angle(각도) : 90˚, Distance(거리) : 3px, Size(크기) : 7px'로 설정하고 [OK(확인)]를 클릭합니다. ⎡Ctrl⎤+⎡[⎤를 여러 번 눌러 'Layer 2' 레이어의 바로 위쪽으로 정돈합니다.

13 Pen Tool(펜 도구, ⎡⌀⎤)을 클릭하고 Options Bar(옵션 바)에서 'Shape(모양), Fill(칠) : 임의 색상, Stroke(획) : No Color(색상 없음), Path operations(패스 작업) : New Layer(새 레이어, ⬜)'로 설정한 후 모양을 그립니다.

14 Layers(레이어) 패널에서 레이어의 이름을 더블 클릭하여 path 2로 변경합니다.

15 Layers(레이어) 패널 하단의 'Add a layer style(레이어 스타일 추가, *fx.*)'을 클릭하여 [Gradient Overlay(그레이디언트 오버레이)]를 선택하고 'Click to edit the gradient(클릭하여 그레이디언트 편집)'를 클릭합니다. 그레이디언트 슬라이더 왼쪽 하단의 'Color Stop(색상 정지점)'을 더블 클릭하여 #ffff00, 오른쪽 'Color Stop(색상 정지점)'을 더블 클릭하여 #ff0000으로 설정한 후, 'Style(스타일) : Linear(선형), Angle(각도) : 45°'로 설정합니다.

16 계속해서 [Drop Shadow(드롭 섀도)]를 선택하고 [OK(확인)]를 클릭합니다.

07 패턴 정의와 적용 및 클리핑 마스크 적용

01 [File(파일)]–[New(새로 만들기)](Ctrl+N)를 선택하고 'Width(폭) : 50Pixels(픽셀), Height(높이) : 50Pixels(픽셀), Resolution(해상도) : 72Pixels/Inch(픽셀/인치), Color Mode(색상 모드) : RGB Color(RGB 색상), 8bit(비트), Background Contents(배경 내용) : Transparent(투명)'로 설정하여 새 작업 이미지를 만듭니다.

02 Custom Shape Tool(사용자 정의 모양 도구, *✿*)을 클릭하고 Options Bar(옵션 바)에서 'Shape(모양), Fill(칠) : #ffcccc, Stroke(획) : No Color(색상 없음), Shape(모양) : Blob 2 Frame(얼룩 2 프레임, *✲*)'으로 설정한 후 Shift 를 누른 채 드래그하여 모양을 그립니다.

> **Shape 경로**
>
> [Legacy Shapes and More(레거시 모양 및 기타)]–[All Legacy Default Shapes(모든 레거시 기본 모양)]–[Shapes(모양)]

03 Custom Shape Tool(사용자 정의 모양 도구, *✿*)을 클릭하고 Options Bar(옵션 바)에서 'Shape(모양), Fill(칠) : #999999, Stroke(획) : No Color(색상 없음), Shape(모양) : Waves(파형, *〰*)'로 설정한 후 모양을 그립니다.

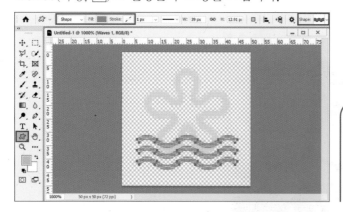

> **Shape 경로**
>
> [Legacy Shapes and More(레거시 모양 및 기타)]–[All Legacy Default Shapes(모든 레거시 기본 모양)]–[Nature(자연)]

04 [Edit(편집)]–[Define Pattern(패턴 정의)]을 선택하여 'Pattern Name : 물결'로 설정하고 패턴을 등록합니다.

05 작업 이미지를 선택하고 Layers(레이어) 패널에서 'path 1' 레이어를 선택합니다. 패널 하단의 'Create a new layer(새 레이어 만들기, ▣)'을 클릭하여 'path 1' 레이어의 위쪽에 새 레이어를 추가하고 이름을 pattern으로 설정합니다.

06 Layers(레이어) 패널의 'pattern' 레이어를 선택합니다.

07 [Edit(편집)]−[Fill(칠)]을 선택하고 'Contents(내용) : Pattern(패턴), Custom Pattern(사용자 정의 패턴) : 물결, Mode(모드) : Normal(표준), Opacity(불투명도) : 100%, Preserve Transparency(투명도 유지) : 체크 해제'로 설정하여 채웁니다.

08 Layers(레이어) 패널 상단의 'Opacity(불투명도) : 60%'로 설정합니다. 'path 1' 레이어와 'pattern' 레이어 사이에 마우스 커서를 놓고 Alt 를 누르고 클릭하여 Clipping Mask(클리핑 마스크)를 적용합니다.

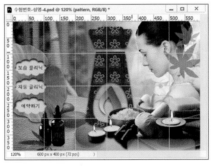

⑱ 문자 입력과 왜곡 및 레이어 스타일 적용

01 Layers(레이어) 패널에서 '예약하기' 문자 레이어를 선택합니다.

02 Horizontal Type Tool(수평 문자 도구, T)로 작업 이미지를 클릭하고 Options Bar(옵션 바)에서 'Font(글꼴) : Arial, Set font style(글꼴 스타일 설정) : Bold, Set font size(글꼴 크기) : 43pt, Center text(텍스트 중앙 정렬, ▤), Color(색상) : 임의 색상'으로 설정한 후 BEAUTY & SKIN CLINIC을 입력합니다.

03 Options Bar(옵션 바)에서 Create warped text(뒤틀어진 텍스트 만들기, 조)를 클릭하여 [Warp Text(텍스트 뒤틀기)] 대화상자에서 'Style(스타일) : Bulge(돌출), Horizontal(가로) : 체크, Bend(구부리기) : −15%'로 설정하여 문자의 모양을 왜곡합니다.

04 Layers(레이어) 패널 하단의 'Add a layer style(레이어 스타일 추가, *fx.*)'을 클릭하여 [Stroke(획)]를 선택, 'Size(크기) : 2px, Color(색상) : #666600'으로 설정합니다. 계속해서 [Gradient Overlay(그레이디언트 오버레이)]를 선택하고 'Click to edit the gradient(클릭 하여 그레이디언트 편집)'를 클릭합니다.

05 그레이디언트 슬라이더 왼쪽 하단의 'Color Stop(색상 정지점)'을 더블 클릭하여 #99ffff, 가 운데 빈 곳을 클릭하여 'Color Stop(색상 정지점)'을 추가하고 더블 클릭하여 #ff9999, 오 른쪽 'Color Stop(색상 정지점)'을 더블 클릭하여 #ffcc00으로 설정한 후, 'Style(스타일) : Linear(선형), Angle(각도) : −90°'로 설정합니다. 계속해서 [Drop Shadow(드롭 섀도)]를 선택하고 [OK(확인)]를 클릭합니다.

06 Horizontal Type Tool(수평 문자 도구, **T**)로 작업 이미지를 클릭하고 Options Bar(옵션 바)에서 'Font(글꼴) : 돋움, Set font size(글꼴 크기) : 20pt, Set anti-aliasing method (앤티 앨리어싱 방법 설정) : Strong(강하게), Center text(텍스트 중앙 정렬, 토), Color(색 상) : #000033'으로 설정한 후 림프 순환~ 면역력 증강~ 천연석 사용!을 입력합니다.

07 Horizontal Type Tool(수평 문자 도구, **T**)로 '천연석 사용!' 문자를 드래그하여 선택하고 'Set font size(글꼴 크기) : 24pt'로 설정합니다.

08 Options Bar(옵션 바)에서 Create warped text(뒤틀어진 텍스트 만들기, 조)를 클릭하여 [Warp Text(텍스트 뒤틀기)] 대화상자에서 'Style(스타일) : Arc(부채꼴), Horizontal(가로) : 체크, Bend(구부리기) : −30%'로 설정하여 문자의 모양을 왜곡합니다.

09 Layers(레이어) 패널 하단에 'Add a layer style(레이어 스타일 추가, *fx.*)'을 클릭하여 [Stroke(획)]를 선택, 'Size(크기) : 2px, Color(색상) : #ffccff'로 설정합니다.

10 Ctrl+T를 눌러 Options Bar(옵션 바)에서 'Rotate(회전, ⊿) : 20°'로 입력하고 Enter를 눌러 회전을 적용하고 배치합니다.

11 Horizontal Type Tool(수평 문자 도구, T)로 작업 이미지를 클릭하고 Options Bar(옵션 바)에서 'Font(글꼴) : 궁서, Set font size(글꼴 크기) : 18pt, 안티에일리어싱 : Strong(강하게), Color(색상) : #ffffff'로 설정한 후 핫스톤테라피 바로가기를 입력합니다.

12 Layers(레이어) 패널 하단의 'Add a layer style(레이어 스타일 추가, *fx.*)'을 클릭하여 [Drop Shadow(그림자)]를 선택, 'Opacity(불투명도) : 75%, Angle(각도) : 90°, Distance(거리) : 5px, Size(크기) : 5px'로 설정하고 [OK(확인)]를 클릭합니다. Ctrl+S를 눌러 저장합니다.

09 정답 파일 저장

01 [View(보기)]-[Show(표시)]-[Grid(격자)](Ctrl+')를 선택하여 격자를 가립니다.

02 [File(파일)]-[Save As(다른 이름으로 저장)](Shift+Ctrl+S)를 선택하고 '저장 위치 : 내 PC₩문서₩GTQ, 파일 형식 : JPEG, 파일 이름 : 수험번호-성명-문제번호.jpg'를 입력하고 [저장]을 클릭한 후 [JPEG Options(JPEG 옵션)] 대화상자에서 'Quality(품질) : 8'로 설정하고 [OK(확인)]를 클릭합니다.

03 [Image(이미지)]-[Image Size(이미지 크기)](Alt+Ctrl+I)를 선택하고 'Constrain aspect ratio(종횡비 제한) : 클릭, Width(폭) : 60Pixels(픽셀), Height(높이) : 40Pixels(픽셀)'로 입력하여 이미지 크기를 1/10로 축소한 후 [OK(확인)]를 클릭합니다.

04 [File(파일)]-[Save As(다른 이름으로 저장)](Shift+Ctrl+S)를 선택하고 '저장 위치 : 내 PC₩문서₩GTQ, 파일 형식 : Photoshop(*.PSD, *.PDD), 파일 이름 : 수험번호-성명-문제번호.psd'를 입력하고 [저장]을 클릭합니다.

05 답안 저장이 완료되면 [File(파일)]-[Exit(종료)](Ctrl+Q)를 선택하여 프로그램을 종료하고 수험 프로그램에서 [답안 전송]을 클릭하여 psd와 jpg 파일을 감독관 컴퓨터로 전송합니다.

CHAPTER
03 기출 유형 문제 03회

 ▶동영상 무료

급수	버전	문제유형	시험시간	수험번호	성명
1급		A	90분	G120210003	

수 험 자 유 의 사 항

- 수험자는 문제지를 받는 즉시 응시하고자 하는 **과목 및 급수가 맞는지 확인**한 후 수험번호와 성명을 작성합니다.
- 파일명은 본인의 "수험번호-성명-문제번호"로 공백 없이 정확히 입력하고 답안폴더(내 PC₩문서₩GTQ)에 jpg 파일과 psd 파일의 2가지 포맷으로 저장해야 하며, jpg 파일과 psd 파일의 내용이 상이할 경우 0점 처리됩니다. 답안문서 파일명이 "수험번호-성명-문제번호"와 일치하지 않거나, 답안 파일을 전송하지 않아 미제출로 처리될 경우 불합격 처리됩니다.
- 문제의 세부조건은 '영문(한글)' 형식으로 표기되어 있으니 유의하시기 바랍니다.
- 수험자 정보와 저장한 파일명, 저장 위치가 다를 경우 전송이 되지 않으므로, 주의하시기 바랍니다.
- 답안 작성 중에도 **주기적으로 '저장'과 '답안 전송'**을 이용하여 감독위원 PC로 답안을 전송하셔야 합니다.(※ 작업한 내용을 **저장하지 않고 전송할 경우** 이전의 저장내용이 전송되오니 이 점 반드시 유념하시기 바랍니다.)
- 답안문서는 지정된 경로 외의 다른 보조기억장치에 저장하는 행위, 지정된 시험 시간 외에 작성된 파일을 활용한 행위, 기타 통신수단(이메일, 메신저, 네트워크 등)을 이용하여 타인에게 전달 또는 외부 반출하는 행위는 부정으로 간주되어 자격기본법 제32조에 의거 본 시험 및 국가공인 자격시험을 2년간 응시할 수 없습니다.
- 시험 중 부주의 또는 고의로 시스템을 파손한 경우와 〈수험자 유의사항〉에 기재된 방법대로 이행하지 않아 생기는 불이익은 수험자의 책임임을 알려 드립니다.
- 시험을 완료한 수험자는 최종적으로 저장한 답안파일이 전송되었는지 확인한 후 감독위원의 지시에 따라 문제지를 제출하고 퇴실합니다.

답 안 작 성 요 령

- **온라인 답안 작성 절차**
  수험자 등록 ⇒ 시험 시작 ⇒ 답안파일 저장 ⇒ 답안 전송 ⇒ 시험 종료
- 내 PC₩문서₩GTQ₩Image폴더에 있는 그림 원본파일을 사용하여 답안을 작성하시고 최종답안을 답안폴더(내 PC₩문서₩GTQ)에 저장하여 답안을 전송하시고, 이미지의 크기가 다른 경우 감점 처리됩니다.
- 배점은 총 100점으로 이루어지며, 점수는 각 문제별로 차등 배분됩니다.
- 각 문제는 주어진 〈조건〉에 따라 작성하고, 언급하지 않은 조건은 《출력형태》와 같이 작성합니다.
- 배치 등의 편의를 위해 주어진 눈금자의 단위는 '픽셀'입니다.
  그 외는 출력형태(효과, 이미지, 문자, 색상, 레이아웃, 규격 등)와 같이 작업하십시오.
- 문제 조건에 서체의 지정이 없을 경우 한글은 굴림이나 돋움, 영문은 Arial로 작업하십시오.
  (단, 그 외에 제시되지 않은 문자 속성을 기본값으로 작성하지 않은 경우는 감점 처리됩니다.)
- Image Mode(이미지 모드)는 별도의 처리조건이 없을 경우에는 RGB(8비트)로 작업하십시오.
- 모든 답안 파일은 해상도 72Pixels/Inch로 작업하십시오.
- Layer(레이어)는 각 기능별로 분할해야 하며, 임의로 합칠 경우나 각 기능에 대한 속성을 해지할 경우 해당 요소는 0점 처리됩니다.

한 국 생 산 성 본 부

문제 1 ┊ 고급 Tool(도구) 활용   20점

다음의 《조건》에 따라 아래의 《출력형태》와 같이 작업하시오.

출력형태

조건

원본 이미지	Part04\기출유형문제03회\1급-1.jpg, 1급-2.jpg, 1급-3.jpg	
파일저장규칙	JPG	파일명	문서\GTQ\수험번호-성명-1.jpg
		크기	400×500 pixels
	PSD	파일명	문서\GTQ\수험번호-성명-1.psd
		크기	40×50 pixels

1. 그림 효과
① 1급-1.jpg : 필터 – Cutout(오려내기)
② Save Path(패스 저장) : 텀블러 모양
③ Mask(마스크) : 텀블러 모양, 1급-2.jpg를 이용하여 작성
    레이어 스타일 – Inner Glow(내부 광선), Stroke(선/획)(4px, 그라디언트
    (#3300cc, #00ffff))
④ 1급-3.jpg : 레이어 스타일 – Outer Glow(외부 광선)
⑤ Shape Tool(모양 도구) :
    – 나비 모양(#ff6600, #ff99cc, 레이어 스타일 – Inner Shadow(내부 그림자))
    – 화살표 모양(#66cc33, 레이어 스타일 – Bevel & Emboss(경사와 엠보스), Drop Shadow(그림자 효과))

2. 문자 효과
① Zero waste(Arial, Regular, 50pt, 레이어 스타일 – Stroke(선/획)(3px, #ffffff), 그라디언트 오버레이(#006600, #cc6666))

문제 2 ┊ 사진편집 응용   20점

다음의 《조건》에 따라 아래의 《출력형태》와 같이 작업하시오.

출력형태

조건

원본 이미지	Part04\기출유형문제03회\1급-4.jpg, 1급-5.jpg, 1급-6.jpg	
파일저장규칙	JPG	파일명	문서\GTQ\수험번호-성명-2.jpg
		크기	400×500 pixels
	PSD	파일명	문서\GTQ\수험번호-성명-2.psd
		크기	40×50 pixels

1. 그림 효과
① 1급-4.jpg : 필터 – Paint Daubs(페인트 덥스/페인트 바르기)
② 색상 보정 : 1급-5.jpg – 노란색, 녹색 계열로 보정
③ 1급-5.jpg : 레이어 스타일 – Drop Shadow(그림자 효과)
④ 1급-6.jpg : 레이어 스타일 – Outer Glow(외부 광선)
⑤ Shape Tool(모양 도구) :
    – 새 모양 1(#99ffff, 레이어 스타일 – Stroke(선/획)(3px, #663366))
    – 새 모양 2(#66cccc, 레이어 스타일 – Inner Shadow(내부 그림자))

2. 문자 효과
① 자연을 생각하는 작은 실천(돋움, 40pt, 레이어 스타일 – 그라디언트 오버레이(#ffff00, #ffffff, #00ffcc), Drop Shadow(그림자 효과))

다음의 《조건》에 따라 아래의 《출력형태》와 같이 작업하시오.

조건

원본 이미지	Part04₩기출유형문제03회₩1급−7.jpg, 1급−8.jpg, 1급−9.jpg, 1급−10.jpg, 1급−11.jpg		
파일저장규칙	JPG	파일명	문서₩GTQ₩수험번호−성명−3.jpg
		크기	600×400 pixels
	PSD	파일명	문서₩GTQ₩수험번호−성명−3.psd
		크기	60×40 pixels

1. 그림 효과

① 배경 : #ccffcc

② 1급−7.jpg : Blending Mode(혼합 모드) − Darken(어둡게 하기), Opacity(불투명도)(60%)

③ 1급−8.jpg : 필터 − Paint Daubs(페인트 덥스/페인트 바르기), 레이어 마스크 − 세로 방향으로 흐릿하게

④ 1급−9.jpg : 필터 − Film Grain(필름 그레인), 레이어 스타일 − Inner Shadow(내부 그림자)

⑤ 1급−10.jpg : 레이어 스타일 − Stroke(선/획)(5px, 그라디언트(#ccffff, #993300))

⑥ 1급−11.jpg : 색상 보정 − 빨간색 계열로 보정, 레이어 스타일 − Stroke(선/획)(7px, #33cc66)

⑦ 그 외 《출력형태》 참조

2. 문자 효과

① 지속 가능성을 생각하는(돋움, 16pt, #000000, 레이어 스타일 − Outer Glow(외부 광선))

② RECYCLING + UPCYCLING(Times New Roman, Bold, 30pt, 레이어 스타일 − Stroke(선/획)(2px, #ffffcc), 그라디언트 오버레이(#ff00cc, #0033ff), Drop Shadow(그림자 효과))

③ 라벨프리 페트병 사용(궁서, 20pt, #ffff99, 레이어 스타일 − Stroke(선/획)(2px, 그라디언트(#3366cc, #330033), Drop Shadow(그림자 효과))

④ 세상을 바꾸는 작은 실천(돋움, 16pt, #ffffff, 레이어 스타일 − Stroke(선/획)(2px, #660000))

출력형태

Shape Tool
(모양 도구) 사용
#ff0033, 레이어 스타일
− Out Glow(외부 광선),
Bevel & Emboss(경사
와 엠보스), Opacity(불
투명도)(70%)

Shape Tool(모양 도구)
사용
레이어 스타일 − 그라
디언트 오버레이(#ffffff,
#ffff00),
Inner Shadow(내부 그림
자)

Shape Tool(모양 도구) 사용
#33cc66,
레이어 스타일 − Outer Glow(외부 광선)

다음의 《조건》에 따라 아래의 《출력형태》와 같이 작업하시오.

조건

원본 이미지		Part04₩기출유형문제03회₩1급−12.jpg, 1급−13.jpg, 1급−14.jpg, 1급−15.jpg, 1급−16.jpg, 1급−17.jpg	
파일저장규칙	JPG	파일명	문서₩GTQ₩수험번호−성명−4.jpg
		크기	600×400 pixels
	PSD	파일명	문서₩GTQ₩수험번호−성명−4.psd
		크기	60×40 pixels

1. 그림 효과

① 배경 : #cccccc
② 패턴(별, 달 모양) : #993300, #3399cc, Opacity(불투명도)(70%)
③ 1급−12.jpg : Blending Mode(혼합 모드) − Multiply(곱하기), 레이어 마스크 − 가로 방향으로 흐릿하게
④ 1급−13.jpg : 필터 − Film Grain(필름 그레인)
⑤ 1급−14.jpg : 색상 보정 − 파란색 계열로 보정, 레이어 스타일 − Bevel and Emboss(경사와 엠보스), Outer Glow(외부 광선)
⑥ 1급−15.jpg : 레이어 스타일 − Drop Shadow(그림자 효과)
⑦ 1급−16.jpg : 필터 − Texturizer(텍스처화), 레이어 스타일 − Drop Shadow(그림자 효과)
⑧ 그 외 《출력형태》 참조

2. 문자 효과

① ECO SHOP(Arial, Bold, 30pt, 레이어 스타일 − Stroke(선/획)(3px, #ffffff), 그라디언트 오버레이(#ff3333, #339900))
② Welcome to Eco Shop(Arial, Bold, 16pt, 레이어 스타일 − Stroke(선/획)(2px, #ffffff), 그라디언트 오버레이(#ff6633, #0099cc, #ff99cc))
③ 탄소 제로! 실천이 중요합니다(궁서, 20pt, #ccffff, 레이어 스타일 − Stroke(선/획)(2px, #333399), Drop Shadow(그림자 효과))
④ 업사이클링 에코제품 사용후기(바탕, 15pt, #ffffff, 레이어 스타일 − Stroke(선/획)(1px, #cc6633))

출력형태

Shape Tool(모양 도구) 사용
#ff9966, 레이어 스타일 − Inner Shadow(내부 그림자),
Opacity(불투명도)(80%)

Pen Tool(펜 도구) 사용
레이어 스타일
− 그라디언트 오버레이
(#66ff66, #333333),
레이어 마스크
− 세로 방향으로 흐릿하게

Shape Tool(모양 도구) 사용
#999999,
레이어 스타일 − Outer
Glow(외부 광선),
Opacity(불투명도)(60%)

Shape Tool(모양 도구) 사용
레이어 스타일
− 그라디언트 오버레이
(#333333, #666699),
Drop Shadow(그림자 효과)

Pen Tool(펜 도구) 사용
레이어 스타일 − 그라디언트 오버레이(#ffff33, #00ff66),
Drop Shadow(그림자 효과)

작업과정	새 작업 이미지 만들기 및 파일 저장하기 ▶ 필터 적용 ▶ 텀블러 모양 패스 생성 ▶ 패스 저장 및 레이어 스타일 적용 ▶ 클리핑 마스크 적용 후 레이어 스타일 적용 ▶ 모양 생성 및 레이어 스타일 적용 ▶ 문자 입력 및 왜곡하고 레이어 스타일 적용 ▶ 정답 파일 저장
완성이미지	Part04₩기출유형문제03회₩정답파일₩G120210003-성명-1.jpg, G120210003-성명-1.psd

01 새 작업 이미지 만들기 및 파일 저장하기

01 [File(파일)]-[New(새로 만들기)]([Ctrl]+[N])를 선택하고 'Width(폭) : 400Pixels(픽셀), Height(높이) : 500Pixels(픽셀), Resolution(해상도) : 72Pixels/Inch(픽셀/인치), Color Mode(색상 모드) : RGB Color(RGB 색상), 8bit(비트), Background Contents(배경 내용) : White(흰색)'로 설정하여 새 작업 이미지를 만듭니다.

02 [Edit(편집)]-[Preference(환경설정)]([Ctrl]+[K])를 클릭하고 [Guides, Grid & Slices(안내선, 격자와 슬라이스)]를 선택하여 Grid(격자)의 'Color(색상)'를 클릭하여 밝은 색상으로 변경한 후 'Gridline Every(격자 간격) : 100Pixels(픽셀), Subdivisions(세분) : 1'로 설정합니다.

03 [View(보기)]-[Show(표시)]-[Grid(격자)]([Ctrl]+[']）와 [View(보기)]-[Rulers(눈금자)]([Ctrl]+[R])를 선택하여 격자와 눈금자를 표시합니다.

04 작업 도큐먼트를 저장하기 위해 [File(파일)]-[Save As(다른 이름으로 저장)]([Shift]+[Ctrl]+[S])를 선택하고 임의 경로에 수험번호-성명-문제번호.psd로 파일을 저장합니다.

02 필터 적용

01 [File(파일)]-[Open(열기)]([Ctrl]+[O])을 선택하여 1급-1.jpg를 불러옵니다. [Ctrl]+[A]로 전체 선택, [Ctrl]+[C]로 복사, 작업 이미지에 [Ctrl]+[V]로 붙여넣기를 합니다. [Ctrl]+[T]를 누르고 마우스 오른쪽 버튼을 클릭하여 [Flip Horizontal(가로로 뒤집기)]로 뒤집고 배치합니다.

 ➡

02 [Filter(필터)]–[Filter Gallery(필터 갤러리)]–[Artistic(예술 효과)]–[Cutout(오려내기)]를 선택합니다.

03 텀블러 모양 패스 생성

01 Ellipse Tool(타원 도구, ⬭)을 클릭하고 Options Bar(옵션 바)에서 Shape(모양)로 설정한 후 임의 색상의 타원형 모양을 그립니다.

02 Rectangle Tool(사각형 도구, ⬜)을 클릭하고 Options Bar(옵션 바)에서 'Shape(모양), Path operations(패스 작업) : Combine Shapes(모양 결합, ⬚)'을 설정한 후 드래그하여 임의 색상의 사각형 모양을 타원형의 상단과 겹치도록 그립니다.

03 Ctrl+T를 누르고, 마우스 오른쪽 버튼을 클릭하여 [Warp(뒤틀기)]를 선택합니다. 상단 고 정점을 각각 선택하고 바깥 방향으로 이동한 후, 방향점을 각각 드래그하여 대칭적으로 변형 합니다. 계속해서 하단 방향점을 각각 안쪽 방향으로 드래그하여 대칭적으로 변형한 후 Enter 를 눌러 완료합니다.

04 Rectangle Tool(사각형 도구, ▢)을 클릭하고 Options Bar(옵션 바)에서 'Shape(모양), Path operations(패스 작업) : Combine Shapes(모양 결합, ▣)'를 설정한 후 드래그하여 임의 색상의 사각형 모양을 상단과 겹치도록 그립니다.

05 Rounded Rectangle Tool(모서리가 둥근 직사각형 도구, ▢)을 클릭하고 'Shape(모양), Path operations(패스 작업) : Combine Shapes(모양 결합, ▣), Radius(반경) : 10px'로 설정한 후 드래그하여 사각형 모양과 겹치도록 둥근 직사각형 모양을 그립니다.

06 Path Selection Tool(패스 선택 도구, ▶)로 둥근 직사각형을 선택하고 Alt 를 누른 채 위쪽 방향으로 드래그하여 복사합니다. 계속해서 동일한 방법으로 3번째 둥근 사각형을 위쪽으로 복사하여 배치합니다.

합격생의 비법

Alt 를 누른 채 드래그하는 도중에 Shift 를 함께 누르고 드래그하면 이동하는 방향으로 반듯하게 복사할 수 있습니다.

07 Ellipse Tool(타원 도구, ◯)을 클릭하고 Options Bar(옵션 바)에서 'Shape(모양)'로 설정하고 사각형 모양의 상단과 겹치도록 타원형 모양을 그립니다. Options Bar(옵션 바)의 'Path operations(패스 작업) : Subtract Front Shape(전면 모양 빼기, ◳)'을 클릭합니다.

합격생의 비법

먼저 그린 모양 패스가 선택된 상태에서 'Path operations(패스 작업)'의 옵션을 바꾸면 작업 결과가 다를 수 있습니다. 타원형 모양을 그린 후에 옵션을 변경하여 클릭합니다.

08 계속해서 상단에 드래그하여 타원형 모양을 그린 후 Options Bar(옵션 바)에서 'Path operations(패스 작업) : Combine Shapes(모양 결합, ◳)'을 설정합니다.

합격생의 비법

여러 개의 모양을 중앙에 정렬하기

Path Selection Tool(패스 선택 도구, ▶)로 드래그하여 모양을 모두 선택하고 Options Bar(옵션 바)에서 'Path alignment(패스 정렬) : Align horizontal centers(수평 중앙 정렬, ▤)'를 클릭합니다.

09 Rounded Rectangle Tool(모서리가 둥근 직사각형 도구, ◻)을 선택하고 Options Bar(옵션 바)에서 'Shape(모양), Path operations(패스 작업) : Combine Shapes(모양 결합, ◳), Radius(반경) : 20px'로 설정한 후 드래그하여 둥근 직사각형 모양을 그립니다.

드래그

10 Options Bar(옵션 바)에서 'Radius(반경) : 10px'로 설정하고 크기가 작은 둥근 직사각형을 겹치도록 그린 후 'Path operations(패스 작업) : Subtract Front Shape(전면 모양 빼기, ▣)'를 클릭합니다.

11 Path Selection Tool(패스 선택 도구, ▶)로 드래그하여 2개의 둥근 직사각형 모양을 선택하고 Options Bar(옵션 바)에서 'Path operations(패스 작업) : Merge Shape Components(모양 병합 구성 요소)'을 클릭하여 병합합니다.

12 손잡이 모양을 이동하여 컵 모양과 겹치도록 배치합니다. Ctrl + T 를 누르고, 마우스 오른쪽 버튼을 클릭하여 [Distort(왜곡)]를 선택합니다. 오른쪽 하단의 조절점을 대각선 방향으로 드래그하여 변형하고 Enter 를 눌러 완료합니다.

합격생의 비법

Ctrl + T 를 눌러 모서리 조절점을 Ctrl 을 누른 채 드래그하여 'Distort(왜곡)'를 적용할 수도 있습니다.

13 Options Bar(옵션 바)에서 'Path operations(패스 작업) : Merge Shape Components(모양 병합 구성 요소)'을 클릭하여 모든 패스 모양을 하나로 병합합니다.

04 패스 저장 및 레이어 스타일 적용

01 Paths(패스) 패널에서 작업 패스 'Ellipse 1 Shape Path'를 더블 클릭한 후 [Save Path(패스 저장)] 대화상자에서 'Name(이름) : 텀블러'로 입력하여 패스를 저장합니다.

합격생의 비법

Paths(패스) 패널에 표시되는 이름은 최초에 그린 Shape(모양)의 이름대로 표기되며, 더블 클릭하여 [Save Path(패스 저장)]에서 문제지에 제시된 패스 이름으로 저장하면 됩니다.

02 Layers(레이어) 패널에서 'Ellipse 1' 레이어의 이름을 더블 클릭하여 'path'로 이름을 변경하고 마우스 오른쪽 버튼을 눌러 [Rasterize Layer(레이어 래스터화)]를 선택하여 일반 레이어로 속성을 변환합니다.

03 Layers(레이어) 패널 하단의 'Add a layer style(레이어 스타일 추가, _fx._)'을 클릭하여 [Stroke(획)]를 선택, 'Size(크기) : 4px, Fill Type(칠 유형) : Gradient(그레이디언트), Click to edit the gradient(클릭하여 그레이디언트 편집)'를 클릭합니다. 그레이디언트 슬라이더 왼쪽 하단의 'Color Stop(색상 정지점)'을 더블 클릭하여 #3300cc, 오른쪽 'Color Stop(색상 정지점)'을 더블 클릭하여 #00ffff로 설정한 후, 'Style(스타일) : Linear(선형), Angle(각도) : 90°'로 설정합니다.

04 계속해서 [Inner Glow(내부 광선)]를 선택, 'Opacity(불투명도) : 75%, Choke(경계 감소) : 0%, Size(크기) : 10px'로 설정하고 [OK(확인)]를 클릭합니다.

05 클리핑 마스크 적용 후 레이어 스타일 적용

01 [File(파일)]–[Open(열기)]([Ctrl]+[O])을 선택하여 1급-2.jpg를 불러옵니다. [Ctrl]+[A]로 전체 선택, [Ctrl]+[C]로 복사, 작업 이미지에 [Ctrl]+[V]로 붙여넣기를 하고 [Ctrl]+[T]로 크기를 조절한 후 텀블러 모양 위쪽에 겹치도록 배치합니다.

02 Layers(레이어) 패널에서 'path' 레이어와 'Layer 2' 레이어 사이에 마우스 커서를 놓고 [Alt]를 누르고 클릭하여 Clipping Mask(클리핑 마스크)를 적용합니다.

03 [File(파일)]–[Open(열기)]([Ctrl]+[O])을 선택하여 1급-3.jpg를 불러옵니다. Object Selection Tool(개체 선택 도구, ▣)을 클릭하고 Options Bar(옵션 바)에서 'Mode(모드) : Rectangle(사각형)' 선택하고 이미지에 드래그하여 선택합니다.

합격생의 **비법**

Object Selection Tool(개체 선택 도구, ▣) 활용
- 이미지에서 윤곽이 분명한 개체를 잘 선택합니다.
- 개체 둘레에 간단히 사각형 영역 또는 올가미를 그리면 영역 내의 개체를 자동으로 선택합니다.

04 Magic Wand Tool(자동 선택 도구, ✦)을 클릭하고 Options Bar(옵션 바)에서 'Subtract From selection(선택 영역에서 빼기, ▣), Tolerance(허용치) : 32'로 설정하고 손가락 사이의 흰 배경 부분을 각각 클릭하여 선택에서 제외한 후, [Ctrl]+[C]를 눌러 복사합니다.

05 작업 이미지를 선택하여 Layers(레이어) 패널에서 'Layer 1' 레이어를 클릭합니다. [Ctrl]+[V]로 붙여넣기를 한 후 [Ctrl]+[T]를 누르고, 마우스 오른쪽 버튼을 클릭하여 [Flip Horizontal(가로로 뒤집기)]로 뒤집고 크기와 회전을 조절하여 배치합니다.

06 Layers(레이어) 패널 하단의 'Add a layer style(레이어 스타일 추가, [fx.])'을 클릭하여 [Outer Glow(외부 광선)]를 선택, 'Opacity(불투명도) : 75%, Size(크기) : 5px'로 설정하고 [OK(확인)]를 클릭합니다.

06 모양 생성 및 레이어 스타일 적용

01 Layers(레이어) 패널에서 'Layer 2' 레이어를 클릭합니다. Custom Shape Tool(사용자 정의 모양 도구, [형])을 클릭하고 Options Bar(옵션 바)에서 'Shape(모양), Fill(칠) : #66cc33, Stroke(획) : No Color(색상 없음), Shape(모양) : Arrow 18(화살표 18, [🔄])'로 설정한 후 [Shift]를 누른 채 드래그하여 모양을 그립니다.

> **Shape 경로**
>
> [Legacy Shapes and More(레거시 모양 및 기타)]–[All Legacy Default Shapes(모든 레거시 기본 모양)]– [Arrows(화살표)]

02 Layers(레이어) 패널 하단의 'Add a layer style(레이어 스타일 추가, [fx.])'을 클릭하여 [Bevel & Emboss(경사와 엠보스)]를 선택, 'Style(스타일) : Inner Bevel(내부 경사), Direction(방향) : Up(위로), Size(크기) : 5px'로 설정합니다.

03 계속해서 [Drop Shadow(드롭 섀도)]를 선택, 'Opacity(불투명도) : 75%, Angle(각도) : 90°, Distance(거리) : 3px, Size(크기) : 7px'로 설정하고 [OK(확인)]를 클릭합니다.

04 Custom Shape Tool(사용자 정의 모양 도구,)을 클릭하고 Options Bar(옵션 바)에서 'Shape(모양), Fill(칠) : #ff6600, Stroke(획) : No Color(색상 없음), Shape(모양) : Butterfly(나비, 🦋)'를 설정한 후 `Shift`를 누른 채 드래그하여 모양을 그립니다. `Ctrl`+`T`를 눌러 회전하여 배치합니다.

05 Layers(레이어) 패널 하단의 'Add a layer style(레이어 스타일 추가, fx)'을 클릭하여 [Inner Shadow(내부 그림자)]를 선택, 'Opacity(불투명도) : 75%, Angle(각도) : 90°, Distance(거리) : 5px, Size(크기) : 5px'로 설정하고 [OK(확인)]를 클릭합니다.

06 `Ctrl`+`J`를 눌러 'Butterfly 1' 레이어를 복사한 후, `Ctrl`+`T`를 눌러 크기를 축소하고 회전하여 배치합니다.

07 Layers(레이어) 패널에서 'Butterfly 1 copy' 레이어의 'Layer thumbnail(레이어 축소판)'을 더블 클릭하여 'Color(색상) : #ff99cc'로 변경합니다.

07 문자 입력 및 레이어 스타일 적용

01 Horizontal Type Tool(수평 문자 도구, T)로 작업 이미지를 클릭하고 Options Bar(옵션바)에서 'Font(글꼴) : Arial, Set font style(글꼴 스타일 설정) : Regular, Set font size(글꼴 크기) : 50pt, Color(색상) : 임의 색상'으로 설정한 후 Zero waste를 입력합니다.

02 Layers(레이어) 패널 하단의 'Add a layer style(레이어 스타일 추가, fx)'을 클릭하여 [Stroke(획)]를 선택, 'Size(크기) : 3px, Color(색상) : #ffffff'로 설정합니다. 계속해서 [Gradient Overlay(그레이디언트 오버레이)]를 선택하고 'Click to edit the gradient(클릭하여 그레이디언트 편집)'를 클릭합니다.

03 그레이디언트 슬라이더 왼쪽 하단의 'Color Stop(색상 정지점)'을 더블 클릭하여 #006600, 오른쪽 'Color Stop(색상 정지점)'을 더블 클릭하여 #cc6666으로 설정한 후, 'Style(스타일) : Linear(선형), Angle(각도) : 0°로 설정하고 [OK(확인)]를 클릭합니다. Ctrl+S를 눌러 저장합니다.

08 정답 파일 저장

01 [View(보기)]-[Show(표시)]-[Grid(격자)](Ctrl+')를 선택하여 격자를 가립니다.

02 [File(파일)]-[Save As(다른 이름으로 저장)](Shift+Ctrl+S)를 선택하고 '저장 위치 : 내 PCW문서WGTQ, 파일 형식 : JPEG, 파일 이름 : 수험번호-성명-문제번호.jpg'를 입력하고 [저장]을 클릭한 후 [JPEG Options(JPEG 옵션)] 대화상자에서 'Quality(품질) : 8'로 설정하고 [OK(확인)]를 클릭합니다.

03 [Image(이미지)]-[Image Size(이미지 크기)](Alt+Ctrl+I)를 선택하고 'Constrain aspect ratio(종횡비 제한) : 클릭, Width(폭) : 40Pixels(픽셀), Height(높이) : 50Pixels(픽셀)'로 입력하여 이미지 크기를 1/10로 축소한 후 [OK(확인)]를 클릭합니다.

04 [File(파일)]-[Save As(다른 이름으로 저장)]($\boxed{\text{Shift}}$+$\boxed{\text{Ctrl}}$+$\boxed{\text{S}}$)를 선택하고 '저장 위치 : 내 PCW문서WGTQ, 파일 형식 : Photoshop(*.PSD, *.PDD), 파일 이름 : 수험번호-성명-문제번호.psd'를 입력하고 [저장]을 클릭합니다.

05 답안 저장이 완료되면 [File(파일)]-[Close(닫기)]($\boxed{\text{Ctrl}}$+$\boxed{\text{W}}$)를 선택하여 파일을 닫고 수험 프로그램에서 [답안 전송]을 클릭하여 psd와 jpg 파일을 감독관 컴퓨터로 전송합니다.

문제 02 CHAPTER 03
[기능평가] 사진편집 응용

작업과정	새 작업 이미지 만들기 및 파일 저장하기 ▶ 필터 적용 및 이미지 합성, 레이어 스타일 적용 ▶ 색상 보정 및 레이어 스타일 적용 ▶ 모양 생성 및 레이어 스타일 적용 ▶ 문자 입력 및 변형, 레이어 스타일 적용 ▶ 정답 파일 저장
완성이미지	Part04W기출유형문제03회W정답파일WG120210003-성명-2.jpg, G120210003-성명-2.psd

01 새 작업 이미지 만들기 및 파일 저장하기

01 [File(파일)]-[New(새로 만들기)]($\boxed{\text{Ctrl}}$+$\boxed{\text{N}}$)를 선택하고 'Width(폭) : 400Pixels(픽셀), Height(높이) : 500Pixels(픽셀), Resolution(해상도) : 72Pixels/Inch(픽셀/인치), Color Mode(색상 모드) : RGB Color(RGB 색상), 8bit(비트), Background Contents(배경 내용) : White(흰색)'로 설정하여 새 작업 이미지를 만듭니다.

02 [Edit(편집)]-[Preference(환경설정)]($\boxed{\text{Ctrl}}$+$\boxed{\text{K}}$)를 클릭하고 [Guides, Grid & Slices(안내선, 격자와 슬라이스)]를 선택하여 Grid(격자)의 'Color(색상)'를 클릭하여 밝은 색상으로 변경한 후 'Gridline Every(격자 간격) : 100Pixels(픽셀), Subdivisions(세분) : 1'로 설정합니다.

03 [View(보기)]-[Show(표시)]-[Grid(격자)]($\boxed{\text{Ctrl}}$+$\boxed{\text{'}}$)와 [View(보기)]-[Rulers(눈금자)]($\boxed{\text{Ctrl}}$+$\boxed{\text{R}}$)를 선택하여 격자와 눈금자를 표시합니다.

04 작업 도큐먼트를 저장하기 위해 [File(파일)]-[Save As(다른 이름으로 저장)]($\boxed{\text{Shift}}$+$\boxed{\text{Ctrl}}$+$\boxed{\text{S}}$)를 선택하고 임의 경로에 수험번호-성명-문제번호.psd로 파일을 저장합니다.

02 필터 적용 및 이미지 합성, 레이어 스타일 적용

01 [File(파일)]-[Open(열기)]($\boxed{\text{Ctrl}}$+$\boxed{\text{O}}$)을 선택하여 1급-4.jpg를 불러옵니다. $\boxed{\text{Ctrl}}$+$\boxed{\text{A}}$로 전체 선택, $\boxed{\text{Ctrl}}$+$\boxed{\text{C}}$로 복사, 작업 이미지에 $\boxed{\text{Ctrl}}$+$\boxed{\text{V}}$로 붙여넣기를 합니다. $\boxed{\text{Ctrl}}$+$\boxed{\text{T}}$를 눌러 $\boxed{\text{Shift}}$를 누른 채 크기를 축소하고 위치를 조절하여 배치합니다.

02 [Filter(필터)]-[Filter Gallery(필터 갤러리)]-[Artistic(예술 효과)]-[Paint Daubs(페인트 덥스/페인트 바르기)]을 선택합니다.

03 [File(파일)]-[Open(열기)]([Ctrl]+[O])을 선택하여 1급-5.jpg를 불러옵니다. Pen Tool(펜 도구, ✒️)을 클릭하고 Options Bar(옵션 바)에서 'Path(패스), Path operations(패스 작업) : Exclude Overlapping Shapes(모양 오버랩 제외, 🖻)'로 설정하고 칫솔 모양을 따라 닫힌 패스로 완료합니다.

04 패스가 완료되면 [Ctrl]+[Enter]를 눌러 선택 상태로 전환한 후, [Ctrl]+[C]로 복사합니다. 작업 이미지에 [Ctrl]+[V]로 붙여넣기를 하고 [Ctrl]+[T]를 눌러 마우스 오른쪽 버튼을 클릭한 후 [Flip Horizontal(가로로 뒤집기)]로 뒤집은 후 크기와 회전을 조절하여 배치합니다.

05 Layers(레이어) 패널 하단의 'Add a layer style(레이어 스타일 추가, fx.)'을 클릭하여 [Drop Shadow(그림자)]를 선택, 'Opacity(불투명도) : 75%, Angle(각도) : 120°, Distance(거리) : 15px, Size(크기) : 10px'로 설정하고 [OK(확인)]를 클릭합니다.

03 색상 보정 및 레이어 스타일 적용

01 Quick Selection Tool(빠른 선택 도구, ✓)을 클릭하고 Options Bar(옵션 바)에서 'Add to selection(선택 영역에 추가, ✓)'으로 설정한 후 브러시의 크기를 조절하며 왼쪽 칫솔모 부분에 드래그하여 선택합니다.

02 Layers(레이어) 패널 하단의 'Create new fill or adjustment layer(새 칠 또는 조정 레이어 생성,)'를 클릭하고 [Hue/Saturation(색조/채도)]을 선택합니다. Properties(속성) 패널에서 'Colorize(색상화) : 체크, Hue(색조) : 50, Saturation(채도) : 95, Lightness(명도) : 20'으로 설정하여 노란색 계열로 보정합니다.

03 Quick Selection Tool(빠른 선택 도구,)로 오른쪽 칫솔모 부분에 드래그하여 선택합니다. Layers(레이어) 패널 하단의 'Create new fill or adjustment layer(새 칠 또는 조정 레이어 생성,)'를 클릭하고 [Hue/Saturation(색조/채도)]을 선택합니다. Properties(속성) 패널에서 'Colorize(색상화) : 체크, Hue(색조) : 130, Saturation(채도) : 40, Lightness(명도) : 0'으로 설정하여 녹색 계열로 보정합니다.

04 [File(파일)]-[Open(열기)](Ctrl + O)을 선택하여 1급-6.jpg를 불러옵니다. Polygonal Lasso Tool(다각형 올가미 도구,)을 클릭하고 Options Bar(옵션 바)에서 'Feather(페더) : 0px'로 설정한 후 새집 모양을 따라 클릭하여 선택합니다.

05 Ctrl + C 로 복사, 작업 이미지에 Ctrl + V 로 붙여넣기를 합니다. Ctrl + T 를 누르고, 마우스 오른쪽 버튼을 클릭하여 [Flip Horizontal(가로로 뒤집기)]로 뒤집고 크기를 조절하여 배치합니다.

06 Layers(레이어) 패널 하단의 'Add a layer style(레이어 스타일 추가,)'을 클릭하여 [Outer Glow(외부 광선)]를 선택, 'Opacity(불투명도) : 75%, Size(크기) : 7px'로 설정하고 [OK(확인)]를 클릭합니다.

04 모양 생성 및 레이어 스타일 적용

01 Custom Shape Tool(사용자 정의 모양 도구, ☒)을 클릭하고 Options Bar(옵션 바)에서 'Shape(모양), Fill(칠) : #99ffff, Stroke(획) : No Color(색상 없음), Shape(모양) : Bird 1(새 1, ✈)'로 설정한 후 Shift 를 누른 채 드래그하여 모양을 그립니다.

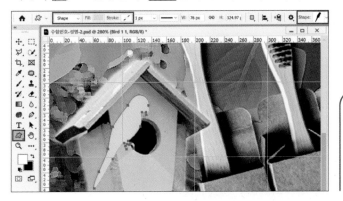

Shape 경로

[Legacy Shapes and More(레거시 모양 및 기타)]–[All Legacy Default Shapes(모든 레거시 기본 모양)]– [Animals(동물)]

02 Layers(레이어) 패널 하단의 'Add a layer style(레이어 스타일 추가, fx.)'을 클릭하여 [Stroke(획)]를 선택, 'Size(크기) : 3px, Color(색상) : #663366'으로 설정하고 [OK(확인)]를 클릭합니다.

03 Custom Shape Tool(사용자 정의 모양 도구, ☒)을 클릭하고 Options Bar(옵션 바)에서 'Shape(모양), Fill(칠) : #66cccc, Stroke(획) : No Color(색상 없음), Shape(모양) : Bird 2(새 2, ✔)'로 설정한 후 Shift 를 누른 채 드래그하여 모양을 그립니다. Ctrl + T 를 눌러 Shift 를 누른 채 드래그하여 반시계방향으로 드래그하여 회전합니다.

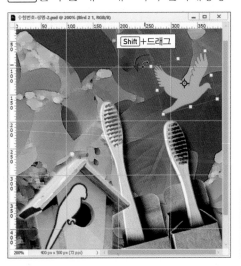

Shape 경로

[Legacy Shapes and More(레거시 모양 및 기타)]–[All Legacy Default Shapes(모든 레거시 기본 모양)]–[Animals(동물)]

04 Layers(레이어) 패널 하단의 'Add a layer style(레이어 스타일 추가, fx.)'을 클릭하여 [Inner Shadow(내부 그림자)]를 선택, 'Opacity(불투명도) : 75%, Angle(각도) : 120°, Distance(거리) : 5px, Size(크기) : 5px'로 설정하고 [OK(확인)]를 클릭합니다.

05 문자 입력 및 변형, 레이어 스타일 적용

01 Horizontal Type Tool(수평 문자 도구, T)로 작업 이미지를 클릭하고 Options Bar(옵션 바)에서 'Font(글꼴) : 돋움, Set font size(글꼴 크기) : 40pt, Set anti-aliasing method (앤티 앨리어싱 방법 설정) : Strong(강하게), Center text(텍스트 중앙 정렬, 톺), Color(색 상) : 임의 색상'으로 설정한 후 자연을 생각하는 작은 실천을 입력합니다.

02 Options Bar(옵션 바)에서 Create warped text(뒤틀어진 텍스트 만들기, エ)를 클릭하여 [Warp Text(텍스트 뒤틀기)] 대화상자에서 'Style(스타일) : Arc Upper(위 부채꼴), Horizontal(가로) : 체크, Bend(구부리기) : 30%'로 설정하여 문자의 모양을 왜곡합니다.

03 Layers(레이어) 패널 하단의 'Add a layer style(레이어 스타일 추가, fx.)'을 클릭하여 [Gradient Overlay(그레이디언트 오버레이)]를 선택하고 'Click to edit the gradient(클릭 하여 그레이디언트 편집)'를 클릭합니다.

04 그레이디언트 슬라이더 왼쪽 하단의 'Color Stop(색상 정지점)'을 더블 클릭하여 #ffff00, 가운데 빈 곳을 클릭하여 'Color Stop(색상 정지점)'을 추가하고 더블 클릭하여 #ffffff, 오 른쪽 'Color Stop(색상 정지점)'을 더블 클릭하여 #00ffcc로 설정한 후, 'Style(스타일) : Linear(선형), Angle(각도) : 0°'로 설정하고 [OK(확인)]를 클릭합니다.

05 계속해서 [Drop Shadow(드롭 섀도)]를 선택, 'Opacity(불투명도) : 75%, Angle(각도) : 120°, Distance(거리) : 5px, Size(크기) : 5px'로 설정하고 [OK(확인)]를 클릭합니다. Ctrl + S를 눌러 저장합니다.

06 정답 파일 저장

01 [View(보기)]−[Show(표시)]−[Grid(격자)]([Ctrl]+[']))를 선택하여 격자를 가립니다.

02 [File(파일)]−[Save As(다른 이름으로 저장)]([Shift]+[Ctrl]+[S])를 선택하고 '저장 위치 : 내 PCW문서WGTQ, 파일 형식 : JPEG, 파일 이름 : 수험번호−성명−문제번호.jpg'를 입력하고 [저장]을 클릭한 후 [JPEG Options(JPEG 옵션)] 대화상자에서 'Quality(품질) : 8'로 설정하고 [OK(확인)]를 클릭합니다.

03 [Image(이미지)]−[Image Size(이미지 크기)]([Alt]+[Ctrl]+[I])를 선택하고 'Constrain aspect ratio(종횡비 제한) : 클릭, Width(폭) : 40Pixels(픽셀), Height(높이) : 50Pixels(픽셀)'로 입력하여 이미지 크기를 1/10로 축소한 후 [OK(확인)]를 클릭합니다.

04 [File(파일)]−[Save As(다른 이름으로 저장)]([Shift]+[Ctrl]+[S])를 선택하고 '저장 위치 : 내 PCW문서WGTQ, 파일 형식 : Photoshop(*.PSD, *.PDD), 파일 이름 : 수험번호−성명−문제번호.psd'를 입력하고 [저장]을 클릭합니다.

05 답안 저장이 완료되면 [File(파일)]−[Close(닫기)]([Ctrl]+[W])를 선택하여 파일을 닫고 수험 프로그램에서 [답안 전송]을 클릭하여 psd와 jpg 파일을 감독관 컴퓨터로 전송합니다.

문제 03	CHAPTER 03 [실무응용] 포스터 제작	
작업과정	새 작업 이미지 만들기 및 파일 저장하기 ▶ 혼합 모드 합성 및 레이어 마스크, 필터 적용 ▶ 이미지 보정 및 레이어 스타일 적용 ▶ 모양 생성 및 레이어 스타일 적용 ▶ 문자 입력 및 왜곡과 레이어 스타일 적용 ▶ 정답 파일 저장	
완성이미지	Part04W기출유형문제03회W정답파일WG120210003−성명−3.jpg, G120210003−성명−3.psd	

---

01 새 작업 이미지 만들기 및 파일 저장하기

01 [File(파일)]−[New(새로 만들기)]([Ctrl]+[N])를 선택하고 'Width(폭) : 600Pixels(픽셀), Height(높이) : 400Pixels(픽셀), Resolution(해상도) : 72Pixels/Inch(픽셀/인치), Color Mode(색상 모드) : RGB Color(RGB 색상), 8bit(비트), Background Contents(배경 내용) : White(흰색)'로 설정하여 새 작업 이미지를 만듭니다.

02 [Edit(편집)]−[Preference(환경설정)]([Ctrl]+[K])를 클릭하고 [Guides, Grid & Slices(안내선, 격자와 슬라이스)]를 선택하여 Grid(격자)의 'Color(색상)'를 클릭하여 밝은 색상으로 변경한 후 'Gridline Every(격자 간격) : 100Pixels(픽셀), Subdivisions(세분) : 1'로 설정합니다.

03 [View(보기)]−[Show(표시)]−[Grid(격자)]([Ctrl]+[']))와 [View(보기)]−[Rulers(눈금자)]([Ctrl]+[R])를 선택하여 격자와 눈금자를 표시합니다.

04 작업 도큐먼트를 저장하기 위해 [File(파일)]−[Save As(다른 이름으로 저장)]([Shift]+[Ctrl]+ [S])를 선택하고 임의 경로에 수험번호−성명−문제번호.psd로 파일을 저장합니다.

02 혼합 모드 합성 및 레이어 마스크, 필터 적용

01 Tool Panel(도구 패널) 하단의 'Set foreground color(전경색 설정)'을 클릭하여 # 오른쪽 입력란에 ccffcc로 입력한 후, [Alt]+[Delete]를 눌러 제시된 Foreground Color(전경색)를 작 업 이미지의 배경에 채웁니다.

02 [File(파일)]−[Open(열기)]([Ctrl]+[O])을 선택하여 1급−7.jpg를 불러옵니다. [Ctrl]+[A]로 전 체 선택, [Ctrl]+[C]로 복사, 작업 이미지에 [Ctrl]+[V]로 붙여넣기를 하고 [Ctrl]+[T]를 눌러 크기 를 조절하여 배치합니다.

03 Layers(레이어) 패널에서 'Blending Mode(혼합 모드) : Darken(어둡게 하기), Opacity(불 투명도) : 60%'로 설정합니다.

04 [File(파일)]−[Open(열기)]([Ctrl]+[O])을 선택하여 1급−8.jpg를 불러옵니다. [Ctrl]+[A]로 전 체 선택, [Ctrl]+[C]로 복사, 작업 이미지에 [Ctrl]+[V]로 붙여넣기를 하고 격자를 참조하여 배치 합니다.

05 [Filter(필터)]−[Filter Gallery(필터 갤러리)]−[Artistic(예술 효과)]−[Paint Daubs(페인트 덥스/페인트 바르기)]를 선택합니다.

06 Layers(레이어) 패널 하단의 'Add layer mask(레이어 마스크 추가, [▣])'를 클릭하여 레이어 마스크를 추가합니다.

07 Tool Panel(도구 패널) 하단의 Set foreground color(전경색 설정)를 #000000, Set background color(배경색 설정)를 #ffffff로 설정합니다. Gradient Tool(그레이디언트 도구, ▣)을 클릭하고 Options Bar(옵션 바)에서 'Type(유형) : Linear Gradient(선형 그레이디언트), Mode(모드) : Normal(표준), Opacity(불투명도) : 100%'로 설정한 후 Shift 를 누르고 아래쪽에서 위쪽으로 세로 방향으로 드래그하여 이미지 일부를 자연스럽게 지워 합성합니다.

08 [File(파일)]-[Open(열기)](Ctrl + O)을 선택하여 1급-9.jpg를 불러옵니다. Quick Selection Tool(빠른 선택 도구, ☑)을 클릭하고 Options Bar(옵션 바)에서 'Add to selection(선택 영역에 추가, ☑)'을 설정한 후 브러시의 크기를 조절하며 드래그하여 제시된 이미지를 선택한 후, Ctrl + C 로 복사합니다.

09 작업 이미지에 Ctrl + V 로 붙여넣기를 하고 Ctrl + T 를 눌러 축소하고 회전하여 오른쪽 상단에 배치합니다.

10 [Filter(필터)]-[Filter Gallery(필터 갤러리)]-[Artistic(예술 효과)]-[Film Grain(필름 그레인)]를 선택합니다.

11 Layers(레이어) 패널 하단의 'Add a layer style(레이어 스타일 추가, fx.)'을 클릭하여 [Inner Shadow(내부 그림자)]를 선택, 'Opacity(불투명도) : 75%, Angle(각도) : 90°, Distance(거리) : 3px, Size(크기) : 7px'로 설정하고 [OK(확인)]를 클릭합니다.

12 [File(파일)]-[Open(열기)]([Ctrl]+[O])을 선택하여 1급-10.jpg를 불러옵니다. Quick Selection Tool(빠른 선택 도구, [✎])을 클릭하고 Options Bar(옵션 바)에서 'Add to selection(선택 영역에 추가, [✎])'을 설정한 후 브러시의 크기를 조절하며 드래그하여 제시된 이미지를 선택한 후, [Ctrl]+[C]로 복사합니다.

13 작업 이미지에 [Ctrl]+[V]로 붙여넣기를 하고 [Ctrl]+[T]를 눌러 크기와 회전을 조절하여 배치합니다.

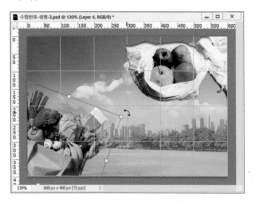

14 Layers(레이어) 패널 하단의 'Add a layer style(레이어 스타일 추가, [fx.])'을 클릭하여 [Stroke(획)]를 선택, 'Size(크기) : 5px, Fill Type(칠 유형) : Gradient(그레이디언트)'를 설정하고 'Click to edit the gradient(클릭하여 그레이디언트 편집)'를 클릭합니다.

15 그레이디언트 슬라이더 왼쪽 하단의 'Color Stop(색상 정지점)'을 더블 클릭하여 #ccffff, 오른쪽 'Color Stop(색상 정지점)'을 더블 클릭하여 #993300으로 설정한 후, 'Style(스타일) : Linear(선형), Angle(각도) : 0°'로 설정하고 [OK(확인)]를 클릭합니다.

⑱ 이미지 보정 및 레이어 스타일 적용

01 [File(파일)]—[Open(열기)]([Ctrl]+[O])을 선택하여 1급-11.jpg를 불러옵니다. Object Selection Tool(개체 선택 도구, ▦)을 클릭하고 Options Bar(옵션 바)에서 'Mode(모드) : Rectangle(사각형)'을 설정하고 이미지에 드래그하여 선택합니다.

02 [Ctrl]+[C]로 복사, 작업 이미지에 [Ctrl]+[V]로 붙여넣기를 합니다. [Ctrl]+[T]를 눌러 [Flip Horizontal(가로로 뒤집기)]로 뒤집은 후 [Shift]를 누른 채 크기를 조절하고 회전하여 배치합니다.

03 Layers(레이어) 패널 하단의 'Add a layer style(레이어 스타일 추가, _fx._)'을 클릭하여 [Stroke(획)]를 선택, 'Size(크기) : 7px, Color(색상) : #33cc66'으로 설정하고 [OK(확인)]를 클릭합니다.

04 Layers(레이어) 패널에서 'Layer 5' 레이어의 'Layer thumbnail(레이어 축소판)'을 [Ctrl]을 누른 채 클릭하여 이미지를 선택합니다.

05 Polygonal Lasso Tool(다각형 올가미 도구,)을 클릭하고 Options Bar(옵션 바)에서 'Intersect with selection(선택 영역 교차, ▣), Feather(페더) : 0px'로 설정하고 페트병 뚜껑 부분을 클릭하여 선택합니다.

합격생의 비법

클릭 중 앞 단계로 취소하려면 Back Space 를 누르고, 선택을 완료하려면 더블클릭을 합니다.

06 Layers(레이어) 패널 하단의 'Create new fill or adjustment layer(새 칠 또는 조정 레이어 생성, ◑)'를 클릭하고 [Hue/Saturation(색조/채도)]을 선택합니다. Properties(속성) 패널에서 'Colorize(색상화) : 체크, Hue(색조) : 0, Saturation(채도) : 85, Lightness(명도) : −5'로 설정하여 빨간색 계열로 보정합니다.

04 모양 생성 및 레이어 스타일 적용

01 Layers(레이어) 패널에서 'Layer 3' 레이어를 선택합니다. Rectangle Tool(사각형 도구, ▭)을 클릭하고 Options Bar(옵션 바)에서 'Shape(모양), Fill(칠): #33cc66, Stroke(획) : No Color(색상 없음)'로 설정한 후 직사각형 모양을 그립니다.

합격생의 비법

- 선택한 레이어 위쪽으로 모양 레이어가 생성되어 레이어 순서를 정돈하지 않아도 됩니다.
- 회전하여 변형하므로 작업 이미지 바깥 영역까지 배치되도록 충분한 너비로 사각형을 그립니다.

02 Ctrl + T 를 눌러 Options Bar(옵션 바)에서 'Rotate(회전, △) : −20°'로 입력하고 Enter 를 눌러 회전을 적용합니다.

03 Layers(레이어) 패널 하단의 'Add a layer style(레이어 스타일 추가, _fx._)'을 클릭하여 [Outer Glow(외부 광선)]를 선택, 'Opacity(불투명도) : 75%, Size(크기) : 5px'로 설정하고 [OK(확인)]를 클릭합니다.

04 Custom Shape Tool(사용자 정의 모양 도구, _⚙_)을 클릭하고 Options Bar(옵션 바)에서 'Shape(모양), Fill(칠) : 임의 색상, Stroke(획) : No Color(색상 없음), Shape(모양) : Arrow 19(화살표 19, _➦_)'로 설정한 후 드래그하여 모양을 그립니다.

Shape 경로

[Legacy Shapes and More(레거시 모양 및 기타)]-[All Legacy Default Shapes(모든 레거시 기본 모양)]-[Arrows(화살표)]

05 Ctrl + T 를 누른 후, 마우스 오른쪽 버튼을 클릭하여 [Flip Horizontal(가로로 뒤집기)]로 뒤집고 배치합니다.

06 Layers(레이어) 패널 하단의 'Add a layer style(레이어 스타일 추가, _fx._)'을 클릭하여 [Inner Shadow(내부 그림자)]를 선택, 'Opacity(불투명도) : 75%, Angle(각도) : 90°, Distance(거리) : 5px, Size(크기) : 5px'로 설정합니다.

07 계속해서 [Gradient Overlay(그레이디언트 오버레이)]를 선택하고 'Click to edit the gradient(클릭하여 그레이디언트 편집)'를 클릭한 후, 그레이디언트 슬라이더 왼쪽 하단의 'Color Stop(색상 정지점)'을 더블 클릭하여 #ffffff, 오른쪽 'Color Stop(색상 정지점)'을 더블 클릭하여 #ffff00으로 설정한 후, 'Style(스타일) : Linear(선형), Angle(각도) : 0°로 설정하고 [OK(확인)]를 클릭합니다.

08 Layers(레이어) 패널에서 'Layer 4' 레이어를 선택합니다. Custom Shape Tool(사용자 정의 모양 도구, _⚙_)을 클릭하고 Options Bar(옵션 바)에서 'Shape(모양), Fill(칠) : #ff0033, Stroke(획) : No Color(색상 없음), Shape(모양) : Recycle 2(순환 2, _♻_)'로 설정한 후 Shift 를 누르고 모양을 그립니다.

Shape 경로

[Legacy Shapes and More(레거시 모양 및 기타)]-[All Legacy Default Shapes(모든 레거시 기본 모양)]- [Symbols(기호)]

09 Layers(레이어) 패널 하단의 'Add a layer style(레이어 스타일 추가, *fx.*)'을 클릭하여 [Bevel & Emboss(경사와 엠보스)]를 선택, 'Style(스타일) : Inner Bevel(내부 경사), Direction(방향) : Up(위로), Size(크기) : 5px'로 설정합니다.

10 계속해서 [Outer Glow(외부 광선)]를 선택, 'Opacity(불투명도) : 75%, Size(크기) : 7px'로 설정하고 [OK(확인)]를 클릭합니다.

11 Layers(레이어) 패널 상단의 'Opacity(불투명도) : 70%'로 설정합니다.

05 문자 입력 및 레이어 스타일 적용

01 Horizontal Type Tool(수평 문자 도구, T)로 작업 이미지를 클릭하고 Options Bar(옵션 바)에서 'Font(글꼴) : 돋움, Set font size(글꼴 크기) : 16pt, Set anti-aliasing method (앤티 앨리어싱 방법 설정) : Strong(강하게), Color(색상) : #000000'으로 설정한 후 지속 가능성을 생각하는을 입력합니다.

02 Layers(레이어) 패널 하단의 'Add a layer style(레이어 스타일 추가, *fx.*)'을 클릭하여 [Outer Glow(외부 광선)]를 선택, 'Opacity(불투명도) : 75%, Size(크기) : 5px'로 설정하고 [OK(확인)]를 클릭합니다.

03 Horizontal Type Tool(수평 문자 도구, T)로 작업 이미지를 클릭하고 Options Bar(옵션 바)에서 'Font(글꼴) : Times New Roman, Set font style(글꼴 스타일 설정) : Bold, Set font size(글꼴 크기) : 30pt, Center text(텍스트 중앙 정렬, ▤), Color(색상) : 임의 색상' 으로 설정한 후 RECYCLING + UPCYCLING을 입력합니다.

04 Options Bar(옵션 바)에서 Create warped text(뒤틀어진 텍스트 만들기, [𝒯])를 클릭하여 [Warp Text(텍스트 뒤틀기)] 대화상자에서 'Style(스타일) : Shell Lower(아래가 넓은 조개), Horizontal(가로) : 체크, Bend(구부리기) : 40%'로 설정하여 문자의 모양을 왜곡합니다.

05 Layers(레이어) 패널 하단의 'Add a layer style(레이어 스타일 추가, [fx.])'을 클릭하여 [Stroke(획)]를 선택, 'Size(크기) : 2px, Color(색상) : #ffffcc'로 설정합니다. 계속해서 [Gradient Overlay(그레이디언트 오버레이)]를 선택하고 'Click to edit the gradient(클릭하여 그레이디언트 편집)'를 클릭합니다.

06 그레이디언트 슬라이더 왼쪽 하단의 'Color Stop(색상 정지점)'을 더블 클릭하여 #ff00cc, 오른쪽 'Color Stop(색상 정지점)'을 더블 클릭하여 #0033ff로 설정한 후, 'Style(스타일) : Linear(선형), Angle(각도) : 90°로 설정합니다.

07 계속해서 [Drop Shadow(드롭 섀도)]를 선택, 'Opacity(불투명도) : 75%, Angle(각도) : 90°, Distance(거리) : 5px, Size(크기) : 5px'로 설정하고 [OK(확인)]를 클릭합니다.

08 Horizontal Type Tool(수평 문자 도구, [T])로 작업 이미지를 클릭하고 Options Bar(옵션 바)에서 'Font(글꼴) : 돋움, Set font size(글꼴 크기) : 16pt, Set anti-aliasing method(앤티 앨리어싱 방법 설정) : Strong(강하게), Center text(텍스트 중앙 정렬, [≡]), Color(색상) : #ffffff'로 설정한 후 세상을 바꾸는 작은 실천을 입력합니다.

09 Layers(레이어) 패널 하단의 'Add a layer style(레이어 스타일 추가, [fx.])'을 클릭하여 [Stroke(획)]를 선택, 'Size(크기) : 2px, Color(색상) : #660000'으로 설정합니다. [Ctrl]+[T]를 눌러 반시계 방향으로 회전하여 배치합니다.

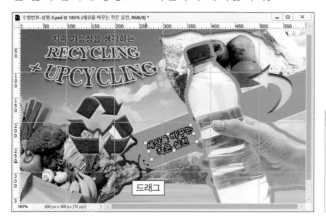

합격생의 비법

문자를 입력하고 키패드의 [Enter]를 눌러 완료해야 [Ctrl]+[T]를 눌러 회전을 할 수 있습니다. 문자 입력을 완료하지 않으면 Character Panel(문자 패널)이 활성됩니다.

10 Layers(레이어) 패널에서 'Hue/Saturation 1' 레이어를 선택합니다. Horizontal Type Tool(수평 문자 도구, T)로 작업 이미지를 클릭하고 Options Bar(옵션 바)에서 'Font(글꼴) : 궁서, Set font size(글꼴 크기) : 20pt, Set anti-aliasing method(앤티 앨리어싱 방법 설정) : Strong(강하게), Color(색상) : #ffff99'로 설정한 후 라벨프리 페트병 사용을 입력합니다.

11 Options Bar(옵션 바)에서 Create warped text(뒤틀어진 텍스트 만들기, ⊥)를 클릭하여 [Warp Text(텍스트 뒤틀기)] 대화상자에서 'Style(스타일) : Arch(아치), Horizontal(가로) : 체크, Bend(구부리기) : −25%'로 설정하여 문자의 모양을 왜곡합니다.

12 Layers(레이어) 패널 하단의 'Add a layer style(레이어 스타일 추가, fx.)'을 클릭하여 [Stroke(획)]를 선택, 'Size(크기) : 2px, Fill Type(칠 유형) : Gradient(그레이디언트), Click to edit the gradient(클릭하여 그레이디언트 편집)'를 클릭합니다.

13 그레이디언트 슬라이더 왼쪽 하단의 'Color Stop(색상 정지점)'을 더블 클릭하여 #3366cc, 가운데 빈 곳을 클릭하여 'Color Stop(색상 정지점)'을 추가하고 더블 클릭하여 #330033, 오른쪽 'Color Stop(색상 정지점)'을 더블 클릭하여 #3366cc로 설정한 후, 'Style(스타일) : Linear(선형), Angle(각도) : 0°'로 설정합니다.

14 계속해서 [Drop Shadow(드롭 섀도)]를 선택, 'Opacity(불투명도) : 75%, Angle(각도) : 90°, Distance(거리) : 5px, Size(크기) : 5px'로 설정하고 [OK(확인)]를 클릭합니다. Ctrl + S 를 눌러 저장합니다.

06 정답 파일 저장

01 [View(보기)]-[Show(표시)]-[Grid(격자)]([Ctrl]+[']')를 선택하여 격자를 가립니다.

02 [File(파일)]-[Save As(다른 이름으로 저장)]([Shift]+[Ctrl]+[S])를 선택하고 '저장 위치 : 내 PC₩문서₩GTQ, 파일 형식 : JPEG, 파일 이름 : 수험번호-성명-문제번호.jpg'를 입력하고 [저장]을 클릭한 후 [JPEG Options(JPEG 옵션)] 대화상자에서 'Quality(품질) : 8'로 설정하고 [OK(확인)]를 클릭합니다.

03 [Image(이미지)]-[Image Size(이미지 크기)]([Alt]+[Ctrl]+[I])를 선택하고 'Constrain aspect ratio(종횡비 제한) : 클릭, Width(폭) : 60Pixels(픽셀), Height(높이) : 40Pixels(픽셀)'로 입력하여 이미지 크기를 1/10로 축소한 후 [OK(확인)]를 클릭합니다.

04 [File(파일)]-[Save As(다른 이름으로 저장)]([Shift]+[Ctrl]+[S])를 선택하고 '저장 위치 : 내 PC₩문서₩GTQ, 파일 형식 : Photoshop(*.PSD, *.PDD), 파일 이름 : 수험번호-성명-문제번호.psd'를 입력하고 [저장]을 클릭합니다.

05 답안 저장이 완료되면 [File(파일)]-[Close(닫기)]([Ctrl]+[W])를 선택하여 파일을 닫고 수험 프로그램에서 [답안 전송]을 클릭하여 psd와 jpg 파일을 감독관 컴퓨터로 전송합니다.

문제 04	**CHAPTER 03** [실무응용] 웹 페이지 제작	
작업과정	새 작업 이미지 만들기 및 파일 저장하기 ▶ 혼합 모드 합성 및 필터, 레이어 마스크 적용 ▶ 이미지 보정 및 레이어 스타일 적용 ▶ 필터 및 레이어 스타일 적용 ▶ 모양 생성 및 변형, 레이어 스타일 적용 ▶ 펜 도구 작업 및 레이어 스타일 적용 ▶ 패턴 정의와 적용 및 레이어 마스크 적용 ▶ 문자 입력과 왜곡 및 레이어 스타일 적용 ▶ 정답 파일 저장	
완성이미지	Part04₩기출유형문제03회₩정답파일₩G120210003-성명-4.jpg, G120210003-성명-4.psd	

01 새 작업 이미지 만들기 및 파일 저장하기

01 [File(파일)]-[New(새로 만들기)]([Ctrl]+[N])를 선택하고 'Width(폭) : 600Pixels(픽셀), Height(높이) : 400Pixels(픽셀), Resolution(해상도) : 72Pixels/Inch(픽셀/인치), Color Mode(색상 모드) : RGB Color(RGB 색상), 8bit(비트), Background Contents(배경 내용) : White(흰색)'로 설정하여 새 작업 이미지를 만듭니다.

02 [Edit(편집)]-[Preference(환경설정)]([Ctrl]+[K])를 클릭하고 [Guides, Grid & Slices(안내선, 격자와 슬라이스)]를 선택하여 Grid(격자)의 'Color(색상)'를 클릭하여 밝은 색상으로 변경한 후 'Gridline Every(격자 간격) : 100Pixels(픽셀), Subdivisions(세분) : 1'로 설정합니다.

03 [View(보기)]-[Show(표시)]-[Grid(격자)]([Ctrl]+[']')와 [View(보기)]-[Rulers(눈금자)]([Ctrl]+[R])를 선택하여 격자와 눈금자를 표시합니다.

04 작업 도큐먼트를 저장하기 위해 [File(파일)]-[Save As(다른 이름으로 저장)](Shift+Ctrl+S)를 선택하고 임의 경로에 수험번호-성명-문제번호.psd로 파일을 저장합니다.

02 혼합 모드 합성 및 필터, 레이어 마스크 적용

01 Tool Panel(도구 패널) 하단의 'Set foreground color(전경색 설정)'을 클릭하여 # 오른쪽 입력란에 cccccc로 입력한 후, Alt+Delete를 눌러 제시된 Foreground Color(전경색)를 작업 이미지의 배경에 채웁니다.

02 [File(파일)]-[Open(열기)](Ctrl+O)을 선택하여 1급-12.jpg를 불러옵니다. Ctrl+A로 전체 선택, Ctrl+C로 복사, 작업 이미지에 Ctrl+V로 붙여넣기를 하고 Ctrl+T로 크기를 조절하여 배치합니다.

03 Layers(레이어) 패널에서 'Blending Mode(혼합 모드) : Multiply(곱하기)'로 설정하여 배경 이미지와 합성을 합니다.

04 Layers(레이어) 패널 하단의 'Add layer mask(레이어 마스크 추가, ▣)'를 클릭하여 레이어 마스크를 추가합니다.

05 Tool Panel(도구 패널) 하단의 Set foreground color(전경색 설정)를 #000000, Set background color(배경색 설정)를 #ffffff로 설정합니다. Gradient Tool(그레이디언트 도구, ▣)을 클릭하고 Options Bar(옵션 바)에서 'Type(유형) : Linear Gradient(선형 그레이디언트), Mode(모드) : Normal(표준), Opacity(불투명도) : 100%'로 설정한 후 Shift를 누른 채 왼쪽에서 오른쪽으로 가로 방향으로 드래그하여 이미지 일부를 자연스럽게 지워 합성합니다.

06 [File(파일)]−[Open(열기)]([Ctrl]+[O])을 선택하여 1급−13.jpg를 불러옵니다. Magic Wand Tool(자동 선택 도구, [✎])을 클릭하고 Options Bar(옵션 바)에서 'Add to selection(선택 영역에 추가, [🔲]), Tolerance(허용치) : 13'으로 설정하고 배경 부분을 여러 차례 클릭하여 선택합니다.

07 [Shift]+[Ctrl]+[I]로 선택 영역을 반전한 후, [Ctrl]+[C]로 복사합니다. 작업 이미지에 [Ctrl]+[V]로 붙여 넣기를 하고, [Ctrl]+[T]를 눌러 마우스 오른쪽 버튼을 클릭하여 [Flip Horizontal(가로로 뒤집기)]로 뒤집고 크기와 회전을 조절하여 배치합니다.

08 [Filter(필터)]−[Filter Gallery(필터 갤러리)]−[Artistic(예술 효과)]−[Film Grain(필름 그레인)]을 선택합니다.

03 이미지 보정 및 레이어 스타일 적용

01 [File(파일)]−[Open(열기)]([Ctrl]+[O])을 선택하여 1급−14.jpg를 불러옵니다. Pen Tool(펜 도구, [✎])을 클릭하고 Options Bar(옵션 바)에서 'Path(패스), Path operations(패스 작업) : Exclude Overlapping Shapes(모양 오버랩 제외, [🔲])'를 클릭하고 제시된 텀블러 이미지를 따라 닫힌 패스로 완료합니다.

02 패스가 완료되면 [Ctrl]+[Enter]를 눌러 선택 상태로 전환하고 [Ctrl]+[C]를 눌러 복사합니다. 작업 이미지에 [Ctrl]+[V]로 붙여넣기를 한 후, [Ctrl]+[T]를 눌러 [Shift]를 누른 채 크기를 조절하고 배치합니다.

03 Layers(레이어) 패널 하단의 'Add a layer style(레이어 스타일 추가, [fx.])'을 클릭하여 [Bevel & Emboss(경사와 엠보스)]를 선택, 'Style(스타일) : Inner Bevel(내부 경사), Direction(방향) : Up(위로), Size(크기) : 7px'로 설정합니다.

04 계속해서 [Outer Glow(외부 광선)]를 선택, 'Opacity(불투명도) : 75%, Size(크기) : 7px'로 설정하고 [OK(확인)]를 클릭합니다.

05 Layers(레이어) 패널에서 'Layer 3' 레이어의 'Layer thumbnail(레이어 축소판)'을 Ctrl 을 누르고 클릭하여 텀블러 이미지를 선택 상태로 전환합니다.

합격생의 비법

'Layer thumbnail(레이어 축소판)'을 Ctrl 을 누르고 클릭하면 레이어의 투명 영역을 제외한 픽셀로 채워진 이미지만을 빠르게 선택할 수 있습니다.

06 Polygonal Lasso Tool(다각형 올가미 도구,) 을 선택하고 Options Bar(옵션 바)에서 'Intersect with selection(선택 교차 영역 남기기,), Feather(페더) : 0px'로 설정하고 오른쪽 텀블러 이미지의 하단 부분에 클릭하여 교차된 이미지만 선택합니다.

합격생의 비법

Intersect with selection(선택 교차 영역 남기기) 키캡

Shift 와 Alt 를 동시에 누르고 클릭하여 겹치는 부분만을 남길 수 있습니다.

07 Layers(레이어) 패널 하단의 'Create new fill or adjustment layer(새 칠 또는 조정 레이어 생성,)'를 클릭하고 [Hue/Saturation(색조/채도)]을 선택합니다. Properties(속성) 패널에서 'Colorize(색상화) : 체크, Hue(색조) : 186, Saturation(채도) : 63, Lightness(명도) : −20'으로 설정하여 파란색 계열로 색상을 보정합니다.

08 [File(파일)]–[Open(열기)]([Ctrl]+[O])을 선택하여 1급–15.jpg를 불러온 후 Quick Selection Tool(빠른 선택 도구, ✐)을 클릭하고 Options Bar(옵션 바)에서 'Add to selection(선택 영역에 추가, ✐)'으로 설정한 후 브러시의 크기를 조절하며 드래그하여 선택합니다.

합격생 비법

Subtract from selection(선택 영역 빼기) 키캡

이미 선택된 이미지 영역에서 특정 영역의 선택을 빼고자 할 때 사용. [Alt]를 누르고 클릭 또는 드래그하여 선택 영역을 뺄 수 있습니다.

09 [Ctrl]+[C]로 복사, 작업 이미지에 [Ctrl]+[V]로 붙여넣기를 합니다. [Ctrl]+[T]를 눌러 크기와 회전을 조절하고 텀블러 이미지와 겹치도록 배치합니다.

10 Layers(레이어) 패널 하단의 'Add a layer style(레이어 스타일 추가, *fx.*)'을 클릭하여 [Drop Shadow(그림자)]를 선택, 'Opacity(불투명도) : 75%, Angle(각도) : 90˚, Distance (거리) : 3px, Size(크기) : 7px'로 설정하고 [OK(확인)]를 클릭합니다.

11 Rectangle Tool(사각형 도구, ▭)을 클릭하고 Options Bar(옵션 바)에서 'Feather(페더) : 0px, Style(스타일) : Normal(표준)'을 설정하고 문제지의 《출력형태》를 참조하여 태그의 왼쪽 끈 부분을 드래그하여 선택합니다. [Delete]를 눌러 삭제한 후, [Ctrl]+[D]를 눌러 선택을 해제합니다.

04 필터 및 레이어 스타일 적용

01 [File(파일)]–[Open(열기)]([Ctrl]+[O])을 선택하여 1급–16.jpg를 불러옵니다. Quick Selec-tion Tool(빠른 선택 도구, [🖌])을 클릭하고 Options Bar(옵션 바)에서 'Add to selection(선택 영역에 추가, [🖌])'을 설정한 후 브러시의 크기를 조절하며 드래그하여 선택하고 [Ctrl]+[C]로 복사합니다.

02 작업 이미지에 [Ctrl]+[V]로 붙여넣기를 합니다. [Ctrl]+[T]를 누르고, 마우스 오른쪽 버튼을 클릭하여 [Flip Horizontal(가로로 뒤집기)]로 뒤집고 크기 조절과 회전을 하여 배치합니다.

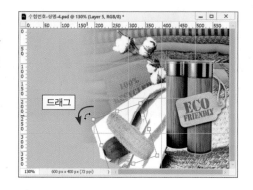

03 [Filter(필터)]–[Filter Gallery(필터 갤러리)]–[Texture(텍스처)]–[Texturizer(텍스처화)]를 선택합니다.

04 Layers(레이어) 패널 하단의 'Add a layer style(레이어 스타일 추가, [fx.])'을 클릭하여 [Drop Shadow(그림자)]를 선택, 'Opacity(불투명도) : 75%, Angle(각도) : 90˚, Distance (거리) : 3px, Size(크기) : 7px'로 설정하고 [OK(확인)]를 클릭합니다.

05 [File(파일)]–[Open(열기)]([Ctrl]+[O])을 선택하여 1급–17.jpg를 불러옵니다. Pen Tool(펜 도구, [✒])을 클릭하고 Options Bar(옵션 바)에서 'Path(패스), Path operations(패스 작업) : Exclude Overlapping Shapes(모양 오버랩 제외, [🖮])'를 클릭하고 제시된 이미지를 따라 닫힌 패스로 완료합니다.

합격생의 비법

에코백 외곽선을 따라 닫힌 패스로 먼저 완성한 후, 손잡이 부분의 선택에서 제외할 영역을 각각 닫힌 패스로 완료합니다.

06 패스가 완료되면 Ctrl + Enter 를 눌러 선택 상태
로 전환하고, Ctrl + C 를 눌러 복사합니다. 작업
이미지에 Ctrl + V 로 붙여넣기를 한 후, Ctrl
+ T 를 눌러 Shift 를 누른 채 크기를 조절하고 회
전하여 배치합니다.

07 Alt + Ctrl + F 를 눌러 앞에서 적용한 동일한 필터를 적용합니다.

08 Layers(레이어) 패널 하단의 'Add a layer style(레이어 스타일 추가, fx.)'을 클릭하여
[Drop Shadow(그림자)]를 선택하고 [OK(확인)]를 클릭합니다.

05 모양 생성 및 변형, 레이어 스타일 적용

01 Custom Shape Tool(사용자 정의 모양 도구, ✿)을 클릭하고 Options Bar(옵션 바)에서
'Shape(모양), Fill(칠) : #999999, Stroke(획) : No Color(색상 없음), Shape(모양) :
World(세계, ⊕)'로 설정한 후 Shift 를 누른 채 오른쪽 하단에 모양을 그립니다.

Shape 경로

[Legacy Shapes and More(레거시
모양 및 기타)]–[All Legacy Default
Shapes(모든 레거시 기본 모양)]–
[Symbols(기호)]

02 Layers(레이어) 패널 하단의 'Add a layer style(레이어 스타일 추가, fx.)'을 클릭하여
[Outer Glow(외부 광선)]를 선택, 'Opacity(불투명도) : 75%, Size(크기) : 5px'로 설정하고
[OK(확인)]를 클릭합니다.

03 Layers(레이어) 패널 상단의 'Opacity(불투명도) : 60%'로 설정합니다.

04 Layers(레이어) 패널에서 'Layer 6' 레이어를 선택합니다. Custom Shape Tool(사용자 정의 모양 도구, ⚙)을 클릭하고 Options Bar(옵션 바)에서 'Shape(모양), Fill(칠) : #ff9966, Stroke(획) : No Color(색상 없음), Shape(모양) : Heart Card(하트 모양 카드, ♥)'로 설정한 후 Shift 를 누른 채 오른쪽 상단에 드래그하여 모양을 그립니다.

Shape 경로

[Legacy Shapes and More(레거시 모양 및 기타)]-[All Legacy Default Shapes(모든 레거시 기본 모양)]-[Shapes(모양)]

05 Ctrl + T 를 눌러 Options Bar(옵션 바)에서 'Rotate(회전, ◿) : 30°'를 입력하고 Enter 를 눌러 회전을 적용하고 배치합니다.

합격생의 비법

Ctrl + T 를 눌러 Shift 를 누른 채 조절점 밖을 시계 방향으로 드래그하면 15° 단위로 회전할 수 있습니다.

06 Layers(레이어) 패널 하단의 'Add a layer style(레이어 스타일 추가, fx.)'을 클릭하여 [Inner Shadow(내부 그림자)]를 선택, 'Opacity(불투명도) : 75%, Angle(각도) : 90°, Distance(거리) : 5px, Size(크기) : 5px'로 설정하고 [OK(확인)]를 클릭합니다.

07 Layers(레이어) 패널 상단의 'Opacity(불투명도) : 80%'로 설정합니다.

08 Rounded Rectangle Tool(모서리가 둥근 직사각형 도구, ▢)을 클릭하고 Options Bar(옵션 바)에서 'Shape(모양), Fill(칠) : 임의 색상, Stroke(획) : No Color(색상 없음), Radius(반경) : 5px'로 설정한 후 왼쪽 하단에 드래그하여 모양을 그립니다.

09 Layers(레이어) 패널 하단의 'Add a layer style(레이어 스타일 추가, fx.)'을 클릭하여 [Gradient Overlay(그레이디언트 오버레이)]를 선택하고 'Click to edit the gradient(클릭하여 그레이디언트 편집)'를 클릭합니다.

10 그레이디언트 슬라이더 왼쪽 하단의 'Color Stop(색상 정지점)'을 더블 클릭하여 #333333, 오른쪽 'Color Stop(색상 정지점)'을 더블 클릭하여 #666699로 설정한 후, 'Style(스타일) : Linear(선형), Angle(각도) : 90°'로 설정합니다.

11 계속해서 [Drop Shadow(드롭 섀도)]를 선택, 'Opacity(불투명도) : 75%, Angle(각도) : 90°, Distance(거리) : 5px, Size(크기) : 5px'로 설정하고 [OK(확인)]를 클릭합니다.

06 펜 도구 작업 및 레이어 스타일 적용

01 Pen Tool(펜 도구, ✐)을 클릭하고 Options Bar(옵션 바)에서 'Shape(모양), Fill(칠) : 임의 색상, Stroke(획) : No Color(색상 없음)'로 설정한 후 나뭇잎 모양의 닫힌 패스를 그립니다.

02 완성된 나뭇잎 모양의 닫힌 패스를 Ctrl+C로 복사, Ctrl+V로 붙여넣기를 합니다. Ctrl+ T를 눌러 Shift를 누른 채 크기를 축소하고 회전하여 서로 겹치도록 배치합니다.

합격생의 비법

닫힌 패스를 Ctrl+C로 복사하고 Ctrl+V로 붙여넣기를 하면, 현재 작업 중인 레이어에 제자리 붙여넣기가 됩니다. Ctrl+T로 변형하면 복사된 패스 모양이 변형됩니다.

03 Options Bar(옵션 바)에서 'Path operations(패스 작업) : Merge Shape Components(모양 병합 구성 요소, ▣)'를 클릭하여 나뭇잎 모양을 하나로 병합하고 Enter를 눌러 패스 작업을 완료합니다.

04 Layers(레이어) 패널 하단의 'Add a layer style(레이어 스타일 추가, $fx.$)'을 클릭하여 [Gradient Overlay(그레이디언트 오버레이)]를 선택하고 'Click to edit the gradient(클릭하여 그레이디언트 편집)'를 클릭합니다. 그레이디언트 슬라이더 왼쪽 하단의 'Color Stop(색상 정지점)'을 더블 클릭하여 #ffff33, 오른쪽 'Color Stop(색상 정지점)'을 더블 클릭하여 #00ff66으로 설정한 후, 'Style(스타일) : Linear(선형), Angle(각도) : 0°로 설정합니다.

05 계속해서 [Drop Shadow(드롭 섀도)]를 선택, 'Opacity(불투명도) : 75%, Angle(각도) : 90°, Distance(거리) : 7px, Size(크기) : 7px'로 설정하고 [OK(확인)]를 클릭합니다.

06 Custom Shape Tool(사용자 정의 모양 도구, $\textcircled{\varpi}$)을 클릭하고 Options Bar(옵션 바)에서 'Shape(모양), Fill(칠) : 임의 색상, Stroke(획) : No Color(색상 없음), Shape(모양) : Sign 1(기호 1, ●)'로 설정한 후 격자를 참고하여 Shift 를 누른 채 드래그하여 모양을 그립니다.

> **Shape 경로**
>
> [Legacy Shapes and More(레거시 모양 및 기타)]–[All Legacy Default Shapes(모든 레거시 기본 모양)]–[Symbols(기호)]

07 Options Bar(옵션 바)에서 'Path operations(패스 작업) : Combine Shapes(모양 결합, $\textcircled{\square}$)'로 설정하고 나머지 3개의 모양을 서로 겹치도록 그린 후 배치합니다.

08 Rectangle Tool(사각형 도구, $\square$)을 클릭하고 Options Bar(옵션 바)에서 'Shape(모양), Fill(칠) : 임의 색상, Stroke(획) : No Color(색상 없음), Path operations(패스 작업) : Combine Shapes(모양 결합, $\textcircled{\square}$)'로 설정한 후 격자를 참고하여 하단에 겹치도록 그립니다.

09 Options Bar(옵션 바)에서 'Path operations(패스 작업) : Merge Shape Components(모양 병합 구성 요소, $\textcircled{\square}$)'를 클릭하여 하나로 병합하고 Enter 를 눌러 패스 작업을 완료합니다.

10 Layers(레이어) 패널 하단의 'Add layer mask(레이어 마스크 추가, ▣)'를 클릭하여 레이어 마스크를 추가합니다.

11 Tool Panel(도구 패널) 하단의 Set foreground color(전경색 설정)를 #000000, Set background color(배경색 설정)를 #ffffff로 설정합니다. Gradient Tool(그레이디언트 도구, ▣)을 클릭하고 Options Bar(옵션 바)에서 'Type(유형) : Linear Gradient(선형 그레이디언트), Mode(모드) : Normal(표준), Opacity(불투명도) : 100%'로 설정한 후 [Shift]를 누른 채 아래쪽에서 위쪽으로 세로 방향으로 드래그하여 자연스럽게 지워 합성합니다.

12 Layers(레이어) 패널 하단의 'Add a layer style(레이어 스타일 추가, [fx.])'을 클릭하여 [Gradient Overlay(그레이디언트 오버레이)]를 선택하고 'Click to edit the gradient(클릭하여 그레이디언트 편집)'를 클릭합니다. 그레이디언트 슬라이더 왼쪽 하단의 'Color Stop(색상 정지점)'을 더블 클릭하여 #66ff66, 오른쪽 'Color Stop(색상 정지점)'을 더블 클릭하여 #333333으로 설정한 후 'Style(스타일) : Linear(선형), Angle(각도) : 90°'로 설정하고 [OK(확인)]를 클릭합니다.

07 패턴 정의와 적용 및 레이어 마스크 적용

01 [File(파일)]−[New(새로 만들기)]([Ctrl]+[N])를 선택하고 'Width(폭) : 60Pixels(픽셀), Height(높이) : 30Pixels(픽셀), Resolution(해상도) : 72Pixels/Inch(픽셀/인치), Color Mode(색상 모드) : RGB Color(RGB 색상), 8bit(비트), Background Contents(배경 내용) : Transparent(투명)'로 설정하여 새 작업 이미지를 만듭니다.

02 Custom Shape Tool(사용자 정의 모양 도구, 🔲)을 클릭하고 Options Bar(옵션 바)에서 'Shape(모양), Fill(칠) : #993300, Stroke(획) : No Color(색상 없음), Shape(모양) : 5 Point Star(5포인트 별, ★)'로 설정한 후 Shift를 누른 채 모양을 그립니다.

> **Shape 경로**
>
> [Legacy Shapes and More(레거시 모양 및 기타)]–[All Legacy Default Shapes(모든 레거시 기본 모양)]–[Shapes(모양)]

03 Custom Shape Tool(사용자 정의 모양 도구, 🔲)을 클릭하고 Options Bar(옵션 바)에서 'Shape(모양), Fill(칠) : #3399cc, Stroke(획) : No Color(색상 없음), Shape(모양) : Crescent Moon(초승달, 🌙)'으로 설정한 후 Shift를 누른 채 모양을 그립니다.

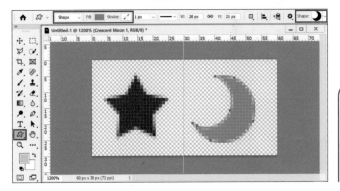

> **Shape 경로**
>
> [Legacy Shapes and More(레거시 모양 및 기타)]–[All Legacy Default Shapes(모든 레거시 기본 모양)]–[Shapes(모양)]

04 [Edit(편집)]–[Define Pattern(패턴 정의)]을 선택하고 'Pattern Name : 별과 달'로 설정하여 패턴을 등록합니다.

05 Layers(레이어) 패널에서 'Layer 1' 레이어를 선택합니다. 패널 하단의 'Create a new layer(새 레이어 만들기, 🔲)'을 클릭하여 'Layer 1' 레이어의 위쪽에 새 레이어를 추가하고 이름을 pattern으로 설정합니다.

06 Layers(레이어) 패널의 'pattern' 레이어를 선택하고, [Edit(편집)]–[Fill(칠)]을 선택하고 'Contents(내용) : Pattern(패턴), Custom Pattern(사용자 정의 패턴) : 별과 달, Mode(모드) : Normal(표준), Opacity(불투명도) : 100%, Preserve Transparency(투명도 유지) : 체크 해제'로 설정하여 채웁니다.

07 Layers(레이어) 패널 상단의 'Opacity(불투명도) : 70%'로 설정합니다.

08 Layers(레이어) 패널 하단의 'Add layer mask(레이어 마스크 추가, 🔲)'를 클릭하여 레이어 마스크를 추가합니다.

09 Tool Panel(도구 패널) 하단의 Set foreground color(전경색 설정)를 #000000, Set background color(배경색 설정)를 #ffffff로 설정합니다. Gradient Tool(그레이디언트 도구, ◼)을 클릭하고 Options Bar(옵션 바)에서 'Type(유형) : Linear Gradient(선형 그레이디언트), Mode(모드) : Normal(표준), Opacity(불투명도) : 100%'로 설정한 후 오른쪽 위에서 왼쪽 아래로 대각선 방향으로 드래그하여 패턴의 일부를 자연스럽게 지워 합성합니다.

08 문자 입력과 왜곡 및 레이어 스타일 적용

01 Layers(레이어) 패널에서 맨 위쪽의 레이어를 선택합니다. Horizontal Type Tool(수평 문자 도구, T)로 작업 이미지를 클릭하고 Options Bar(옵션 바)에서 'Font(글꼴) : Arial, Set font style(글꼴 스타일 설정) : Bold, Set font size(글꼴 크기) : 30pt, Center text(텍스트 중앙 정렬, ▤), Color(색상) : 임의 색상'으로 설정한 후 ECO SHOP을 입력합니다.

02 Layers(레이어) 패널 하단에 'Add a layer style(레이어 스타일 추가, *fx.*)'을 클릭하여 [Stroke(획)]를 선택, 'Size(크기) : 3px, Color(색상) : #ffffff'로 설정합니다.

03 계속해서 [Gradient Overlay(그레이디언트 오버레이)]를 선택하고 'Click to edit the gradient(클릭하여 그레이디언트 편집)'를 클릭합니다. 그레이디언트 슬라이더 왼쪽 하단의 'Color Stop(색상 정지점)'을 더블 클릭하여 #ff3333, 오른쪽 'Color Stop(색상 정지점)'을 더블 클릭하여 #339900으로 설정한 후, 'Style(스타일) : Linear(선형), Angle(각도) : 90°'로 설정합니다.

04 Horizontal Type Tool(수평 문자 도구, T)로 작업 이미지를 클릭하고 Options Bar(옵션 바)에서 'Font(글꼴) : Arial, Set font style(글꼴 스타일 설정) : Bold, Set font size(글꼴 크기) : 16pt, Color(색상) : 임의 색상'으로 설정한 후 Welcome to Eco Shop을 입력합니다.

05 Options Bar(옵션 바)에서 Create warped text(뒤틀어진 텍스트 만들기, ⊥)를 클릭하여 [Warp Text(텍스트 뒤틀기)] 대화상자에서 'Style(스타일) : Flag(깃발), Horizontal(가로) : 체크, Bend(구부리기) : −25%'로 설정하여 문자의 모양을 왜곡합니다.

06 Layers(레이어) 패널 하단에 'Add a layer style(레이어 스타일 추가, fx.)'을 클릭하여 [Stroke(획)]를 선택, 'Size(크기) : 2px, Color(색상) : #ffffff'로 설정합니다. 계속해서 [Gradient Overlay(그레이디언트 오버레이)]를 선택하고 'Click to edit the gradient(클릭 하여 그레이디언트 편집)'를 클릭합니다.

07 그레이디언트 슬라이더 왼쪽 하단의 'Color Stop(색상 정지점)'을 더블 클릭하여 #ff6633 을, 가운데 빈 곳을 클릭하여 'Color Stop(색상 정지점)'을 추가하고 더블 클릭하여 #0099cc, 오른쪽 'Color Stop(색상 정지점)'을 더블 클릭하여 #ff99cc로 설정한 후, 'Style(스타일) : Linear(선형), Angle(각도) : 0°'로 설정하고 [OK(확인)]를 클릭합니다.

08 Horizontal Type Tool(수평 문자 도구, T)로 작업 이미지를 클릭하고 Options Bar(옵션 바)에서 'Font(글꼴) : 바탕, Set font size(글꼴 크기) : 15pt, Set anti−aliasing method (앤티 앨리어싱 방법 설정) : Strong(강하게), Color(색상) : #ffffff'로 설정한 후 업사이클링 에코제품 사용후기를 입력합니다.

09 Layers(레이어) 패널 하단에 'Add a layer style(레이어 스타일 추가, fx.)'을 클릭하여 [Stroke(획)]를 선택, 'Size(크기) : 1px, Color(색상) : #cc6633'으로 설정하고 [OK(확인)]를 클릭합니다.

10 Horizontal Type Tool(수평 문자 도구, T)로 작업 이미지를 클릭하고 Options Bar(옵션 바)에서 'Font(글꼴) : 궁서, Set font size(글꼴 크기) : 20pt, Set anti−aliasing method (앤티 앨리어싱 방법 설정) : Strong(강하게), Color(색상) : #ccffff'로 설정한 후 탄소 제로! 실천이 중요합니다를 입력합니다.

11 Options Bar(옵션 바)에서 Create warped text(뒤틀어진 텍스트 만들기, ㅗ)를 클릭하여 [Warp Text(텍스트 뒤틀기)] 대화상자에서 'Style(스타일) : Arc(부채꼴), Horizontal(가로) : 체크, Bend(구부리기) : 30%'로 설정하여 문자의 모양을 왜곡합니다.

12 Layers(레이어) 패널 하단에 'Add a layer style(레이어 스타일 추가, fx.)'을 클릭하여 [Stroke(획)]를 선택, 'Size(크기) : 2px, Color(색상) : #333399'로 설정합니다.

13 계속해서 [Drop Shadow(드롭 섀도)]를 선택, 'Opacity(불투명도) : 75%, Angle(각도) : 90°, Distance(거리) : 3px, Size(크기) : 7px'로 설정하고 [OK(확인)]를 클릭합니다.

14 Ctrl + T 를 눌러 Options Bar(옵션 바)에서 'Rotate(회전, ⊿) : −15°'를 입력하고 Enter 를 눌러 회전을 적용하고 배치합니다. Ctrl + S 를 눌러 저장합니다.

🞉 정답 파일 저장

01 [View(보기)]−[Show(표시)]−[Grid(격자)](Ctrl + ')를 선택하여 격자를 가립니다.

02 [File(파일)]−[Save As(다른 이름으로 저장)](Shift + Ctrl + S)를 선택하고 '저장 위치 : 내 PC₩문서₩GTQ, 파일 형식 : JPEG, 파일 이름 : 수험번호−성명−문제번호.jpg'를 입력하고 [저장]을 클릭한 후 [JPEG Options(JPEG 옵션)] 대화상자에서 'Quality(품질) : 8'로 설정하고 [OK(확인)]를 클릭합니다.

03 [Image(이미지)]−[Image Size(이미지 크기)](Alt + Ctrl + I)를 선택하고 'Constrain aspect ratio(종횡비 제한) : 클릭, Width(폭) : 60Pixels(픽셀), Height(높이) : 40Pixels(픽셀)'로 입력하여 이미지 크기를 1/10로 축소한 후 [OK(확인)]를 클릭합니다.

04 [File(파일)]−[Save As(다른 이름으로 저장)](Shift + Ctrl + S)를 선택하고 '저장 위치 : 내 PC₩문서₩GTQ, 파일 형식 : Photoshop(*.PSD, *.PDD), 파일 이름 : 수험번호−성명−문제번호.psd'를 입력하고 [저장]을 클릭합니다.

05 답안 저장이 완료되면 [File(파일)]−[Exit(종료)](Ctrl + Q)를 선택하여 프로그램을 종료하고 수험 프로그램에서 [답안 전송]을 클릭하여 psd와 jpg 파일을 감독관 컴퓨터로 전송합니다.

급수	버전	문제유형	시험시간	수험번호	성명
1급		A	90분	G120210004	

수 험 자 유 의 사 항

- 수험자는 문제지를 받는 즉시 응시하고자 하는 **과목 및 급수가 맞는지 확인**한 후 수험번호와 성명을 작성합니다.
- 파일명은 본인의 "수험번호–성명–문제번호"로 공백 없이 정확히 입력하고 답안폴더(내 PC₩문서₩GTQ)에 jpg 파일과 psd 파일의 2가지 포맷으로 저장해야 하며, jpg 파일과 psd 파일의 내용이 상이할 경우 0점 처리됩니다. 답안문서 파일명이 "수험번호–성명–문제번호"와 일치하지 않거나, 답안 파일을 전송하지 않아 미제출로 처리될 경우 불합격 처리됩니다.
- 문제의 세부조건은 '영문(한글)' 형식으로 표기되어 있으니 유의하시기 바랍니다.
- 수험자 정보와 저장한 파일명, 저장 위치가 다를 경우 전송이 되지 않으므로, 주의하시기 바랍니다.
- 답안 작성 중에도 **주기적으로 '저장'과 '답안 전송'**을 이용하여 감독위원 PC로 답안을 전송하셔야 합니다.(※ 작업한 내용을 **저장하지 않고 전송할 경우** 이전의 저장내용이 전송되오니 이 점 반드시 유념하시기 바랍니다.)
- 답안문서는 지정된 경로 외의 다른 보조기억장치에 저장하는 행위, 지정된 시험 시간 외에 작성된 파일을 활용한 행위, 기타 통신수단(이메일, 메신저, 네트워크 등)을 이용하여 타인에게 전달 또는 외부 반출하는 행위는 부정으로 간주되어 자격기본법 제32조에 의거 본 시험 및 국가공인 자격시험을 2년간 응시할 수 없습니다.
- 시험 중 부주의 또는 고의로 시스템을 파손한 경우와 〈수험자 유의사항〉에 기재된 방법대로 이행하지 않아 생기는 불이익은 수험자의 책임임을 알려 드립니다.
- 시험을 완료한 수험자는 최종적으로 저장한 답안파일이 전송되었는지 확인한 후 감독위원의 지시에 따라 문제지를 제출하고 퇴실합니다.

답 안 작 성 요 령

- **온라인 답안 작성 절차**
  수험자 등록 ⇒ 시험 시작 ⇒ 답안파일 저장 ⇒ 답안 전송 ⇒ 시험 종료
- 내 PC₩문서₩GTQ₩Image폴더에 있는 그림 원본파일을 사용하여 답안을 작성하시고 최종답안을 답안폴더(내 PC₩문서₩GTQ)에 저장하여 답안을 전송하시고, 이미지의 크기가 다른 경우 감점 처리됩니다.
- 배점은 총 100점으로 이루어지며, 점수는 각 문제별로 차등 배분됩니다.
- 각 문제는 주어진 〈조건〉에 따라 작성하고, 언급하지 않은 조건은 《출력형태》와 같이 작성합니다.
- 배치 등의 편의를 위해 주어진 눈금자의 단위는 '픽셀'입니다.
  그 외는 출력형태(효과, 이미지, 문자, 색상, 레이아웃, 규격 등)와 같이 작업하십시오.
- 문제 조건에 서체의 지정이 없을 경우 한글은 굴림이나 돋움, 영문은 Arial로 작업하십시오.
  (단, 그 외에 제시되지 않은 문자 속성을 기본값으로 작성하지 않은 경우는 감점 처리됩니다.)
- Image Mode(이미지 모드)는 별도의 처리조건이 없을 경우에는 RGB(8비트)로 작업하십시오.
- 모든 답안 파일은 해상도 72Pixels/Inch로 작업하십시오.
- Layer(레이어)는 각 기능별로 분할해야 하며, 임의로 합칠 경우나 각 기능에 대한 속성을 해지할 경우 해당 요소는 0점 처리됩니다.

한 국 생 산 성 본 부

다음의 《조건》에 따라 아래의 《출력형태》와 같이 작업하시오.

출력형태

조건

원본 이미지		Part04₩기출유형문제04회₩1급-1.jpg, 1급-2.jpg, 1급-3.jpg
파일저장규칙	JPG 파일명	문서₩GTQ₩수험번호-성명-1.jpg
	JPG 크기	400×500 pixels
	PSD 파일명	문서₩GTQ₩수험번호-성명-1.psd
	PSD 크기	40×50 pixels

1. 그림 효과
① 1급-1.jpg : 필터 – Cutout(오려내기)
② Save Path(패스 저장) : 소독약 용기 모양
③ Mask(마스크) : 소독약 용기 모양, 1급-2.jpg를 이용하여 작성
　레이어 스타일 – Stroke(선/획)(4px, 그라디언트(#ffffff, #ff99ff), Inner
　Shadow(내부 그림자))
④ 1급-3.jpg : 레이어 스타일 – Bevel & Emboss(경사와 엠보스)
⑤ Shape Tool(모양 도구) :
　– 꽃 모양(#ffffff, #99ccff, 레이어 스타일 – Outer Glow(외부 광선))
　– 나뭇잎 모양(#33ff33, 레이어 스타일 – Inner Shadow(내부 그림자))

2. 문자 효과
① Hand sanitizer(Arial, Bold Italic, 50pt, 레이어 스타일 – 그라디언트 오버레이(#ffcc00, #ffffff, #ff99ff), Drop Shadow
　(그림자 효과))

다음의 《조건》에 따라 아래의 《출력형태》와 같이 작업하시오.

출력형태

조건

원본 이미지		Part04₩기출유형문제04회₩1급-4.jpg, 1급-5.jpg, 1급-6.jpg
파일저장규칙	JPG 파일명	문서₩GTQ₩수험번호-성명-2.jpg
	JPG 크기	400×500 pixels
	PSD 파일명	문서₩GTQ₩수험번호-성명-2.psd
	PSD 크기	40×50 pixels

1. 그림 효과
① 1급-4.jpg : 필터 – Water Paper(물 종이/젖은 종이)
② 색상 보정 : 1급-5.jpg – 주황색, 빨간색 계열로 보정
③ 1급-5.jpg : 레이어 스타일 – Outer Glow(외부 광선)
④ 1급-6.jpg : 레이어 스타일 – Inner Glow(내부 광선)
⑤ Shape Tool(모양 도구) :
　– 사람 모양(#cccc99, #cc9966, 레이어 스타일 – Inner Shadow(내부 그림자))
　– 모래시계 모양(#333366, 레이어 스타일 – Inner Glow(내부 광선))

2. 문자 효과
① 생명을 살리는 자동심장충격기(돋움, 27pt, 레이어 스타일 – 그라디언트 오버레이(#00ccff, #333399, #ff3399),
　Stroke(선/획)(3px, #ffffff))

다음의 《조건》에 따라 아래의 《출력형태》와 같이 작업하시오.

조건

원본 이미지			Part04₩기출유형문제04회₩1급-7.jpg, 1급-8.jpg, 1급-9.jpg, 1급-10.jpg, 1급-11.jpg
파일저장규칙	JPG	파일명	문서₩GTQ₩수험번호-성명-3.jpg
		크기	600×400 pixels
	PSD	파일명	문서₩GTQ₩수험번호-성명-3.psd
		크기	60×40 pixels

1. 그림 효과

① 배경 : #ffcccc

② 1급-7.jpg : Blending Mode(혼합 모드) - Linear Burn(선형 번), 레이어 마스크 - 세로 방향으로 흐릿하게

③ 1급-8.jpg : 필터 - Angled Strokes(각진 선), 레이어 마스크 - 가로 방향으로 흐릿하게

④ 1급-9.jpg : 필터 - Texturizer(텍스처화), 레이어 스타일 - Stroke(선/획)(6px, 그라디언트(#660000, 투명으로), Inner Shadow(내부 그림자))

⑤ 1급-10.jpg : 레이어 스타일 - Drop Shadow(그림자 효과), Opacity(불투명도)(80%)

⑥ 1급-11.jpg : 색상 보정 - 녹색 계열로 보정, 레이어 스타일 - Inner Glow(내부 광선), Drop Shadow(그림자 효과)

⑦ 그 외 《출력형태》 참조

2. 문자 효과

① COVID-19 Medical News(Times New Roman, Bold Italic, 20pt, #cc6600, 레이어 스타일 - Drop Shadow(그림자 효과))

② 청결과 예방수칙 지키기(궁서, 40pt, 레이어 스타일 - Stroke(선/획)(2px, #663333), 그라디언트 오버레이(#33cc99, #cc66cc))

③ 올바른 생활 속 방역 준수하기(궁서, 22pt, #ccffff, 레이어 스타일 - Stroke(선/획)(2px, #333300))

④ 마스크 착용 / 올바른 손씻기 / 방역소독(궁서, 16pt, #000000, 레이어 스타일 - Outer Glow(외부 광선))

출력형태

Shape Tool(모양 도구) 사용
#99ccff, #ffffff,
레이어 스타일 - Drop Shadow(그림자 효과),
Opacity(불투명도)(70%)

Shape Tool(모양 도구) 사용
#666666,
레이어 스타일 - Outer Glow(외부 광선),
Opacity(불투명도)(70%)

Shape Tool(모양 도구) 사용
레이어 스타일 - Inner Shadow(내부 그림자),
그라디언트 오버레이(#666699, #ffcccc)

다음의 《조건》에 따라 아래의 《출력형태》와 같이 작업하시오.

조건

원본 이미지		Part04₩기출유형문제04회₩1급-12.jpg, 1급-13.jpg, 1급-14.jpg, 1급-15.jpg, 1급-16.jpg, 1급-17.jpg	
파일저장규칙	JPG	파일명	문서₩GTQ₩수험번호-성명-4.jpg
		크기	600×400 pixels
	PSD	파일명	문서₩GTQ₩수험번호-성명-4.psd
		크기	60×40 pixels

1. 그림 효과

① 배경 : #669999

② 패턴(물음표, 전구 모양) : #ff3333, #ffffff, Opacity(불투명도)(60%)

③ 1급-12.jpg : Blending Mode(혼합 모드) – Screen(스크린), 레이어 마스크 – 세로 방향으로 흐릿하게

④ 1급-13.jpg : 필터 – Angled Strokes(각진 선), 레이어 마스크 – 가로 방향으로 흐릿하게

⑤ 1급-14.jpg : 레이어 스타일 – Bevel and Emboss(경사와 엠보스)

⑥ 1급-15.jpg : 필터 – Dry Brush(드라이 브러시), 레이어 스타일 – Outer Glow(외부 광선)

⑦ 1급-16.jpg: 색상 보정 – 노란색 계열로 보정, 레이어 스타일 – Bevel and Emboss(경사와 엠보스), Stroke(선/획)(4px, 그라디언트(#cc9966, #ffffff))

⑧ 그 외 《출력형태》 참조

2. 문자 효과

① https://nedrug.mfds.go.kr(Arial, Bold, 16pt, #cc6633, 레이어 스타일 – Stroke(선/획)(2px, #ffffff))

② 의약품 통합정보시스템(돋움, 45pt, 레이어 스타일 – Stroke(선/획)(3px, #ffffff), 그라디언트 오버레이(#3300ff, #ff00ff), Drop Shadow(그림자 효과))

③ 안전하고 건강한 삶을 위하여...(돋움, 16pt, #993300, 레이어 스타일 – Stroke(선/획)(2px, #ffff99))

④ 의약품등 검색 안전사용정보 의약품정보(궁서, 17pt, #000000, #cc0033, 레이어 스타일 – Stroke(선/획)(1px, #ffffff))

출력형태

Shape Tool(모양 도구) 사용
#669999,
레이어 스타일
– Outer Glow(외부 광선)

Pen Tool(펜 도구) 사용
#000000,
레이어 스타일
– Drop Shadow(그림자 효과)

Shape Tool(모양 도구) 사용
#cc6633, #ffff00,
레이어 스타일
– Drop Shadow(그림자 효과),
Opacity(불투명도)(60%)

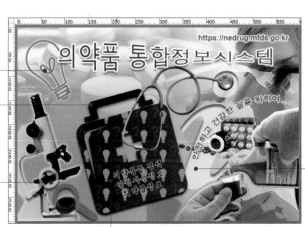

Shape Tool(모양 도구) 사용
#ccffff,
레이어 스타일
– Inner Shadow(내부 그림자),
Opacity(불투명도)(70%)

Pen Tool(펜 도구) 사용
레이어 스타일 – 그라디언트 오버레이
(#660000, #cc0000),
Drop Shadow(그림자 효과)

작업과정	새 작업 이미지 만들기 및 파일 저장하기 ▶ 필터 적용 ▶ 소독약 용기 모양 패스 생성 ▶ 패스 저장 및 레이어 스타일 적용 ▶ 클리핑 마스크 적용 후 레이어 스타일 적용 ▶ 모양 생성 및 레이어 스타일 적용 ▶ 문자 입력 및 왜곡하고 레이어 스타일 적용 ▶ 정답 파일 저장
완성이미지	Part04₩기출유형문제04회₩정답파일₩G120210004-성명-1.jpg, G120210004-성명-1.psd

01 새 작업 이미지 만들기 및 파일 저장하기

01 [File(파일)]-[New(새로 만들기)]([Ctrl]+[N])를 선택하고 'Width(폭) : 400Pixels(픽셀), Height(높이) : 500Pixels(픽셀), Resolution(해상도) : 72Pixels/Inch(픽셀/인치), Color Mode(색상 모드) : RGB Color(RGB 색상), 8bit(비트), Background Contents(배경 내용) : White(흰색)'로 설정하여 새 작업 이미지를 만듭니다.

02 [Edit(편집)]-[Preference(환경설정)]([Ctrl]+[K])를 클릭하고 [Guides, Grid & Slices(안내선, 격자와 슬라이스)]를 선택하여 Grid(격자)의 'Color(색상)'를 클릭하여 밝은 색상으로 변경한 후 'Gridline Every(격자 간격) : 100Pixels(픽셀), Subdivisions(세분) : 1'로 설정합니다.

03 [View(보기)]-[Show(표시)]-[Grid(격자)]([Ctrl]+['])와 [View(보기)]-[Rulers(눈금자)]([Ctrl]+[R])를 선택하여 격자와 눈금자를 표시합니다.

04 작업 도큐먼트를 저장하기 위해 [File(파일)]-[Save As(다른 이름으로 저장)]([Shift]+[Ctrl]+[S])를 선택하고 임의 경로에 수험번호-성명-문제번호.psd로 파일을 저장합니다.

02 필터 적용

01 [File(파일)]-[Open(열기)]([Ctrl]+[O])을 선택하여 1급-1.jpg를 불러옵니다. [Ctrl]+[A]로 전체 선택, [Ctrl]+[C]로 복사, 작업 이미지에 [Ctrl]+[V]로 붙여넣기를 합니다. [Ctrl]+[T]를 눌러 [Shift]를 누른 채 크기를 조절하고 격자를 참고하여 배치합니다.

02 [Filter(필터)]–[Filter Gallery(필터 갤러리)]–[Artistic(예술 효과)]–[Cutout(오려내기)]를 선택합니다.

03 소독약 용기 모양 패스 생성

01 Rounded Rectangle Tool(모서리가 둥근 직사각형 도구, ▢)을 클릭하고 Options Bar(옵션 바)에서 'Shape(모양), Fill(칠) : 임의 색상, Stroke(획) : No Color(색상 없음), Path operations(패스 작업) : Combine Shapes(모양 결합, ▣), Radius(반경) : 5px'로 설정한 후 드래그하여 크기가 다른 5개의 둥근 사각형을 서로 겹치도록 그립니다.

> **합격생의 비법**
>
> 'Path operations(패스 작업) : Combine Shapes(모양 결합, ▣)'을 설정하면 동일한 레이어에 칠 색상으로 여러 모양이 그려집니다.

02 Rectangle Tool(사각형 도구, ▢)을 클릭하고 Options Bar(옵션 바)에서 'Shape(모양), Fill(칠) : 임의 색상, Stroke(획) : No Color(색상 없음), Path operations(패스 작업) : Combine Shapes(모양 결합, ▣)'로 설정한 후 드래그하여 크기가 다른 2개의 사각형 모양을 배치합니다.

03 Ellipse Tool(타원 도구,)을 클릭하고 Options Bar(옵션 바)에서 'Shape(모양), Fill(칠) : 임의 색상, Stroke(획) : No Color(색상 없음), Path operations(패스 작업) : Combine Shapes(모양 결합,)'로 설정한 후 드래그하여 타원형 모양을 큰 둥근 사각형의 상단과 겹치도록 배치합니다.

04 Ctrl+C를 눌러 타원형 모양을 복사하고 Ctrl+V를 눌러 붙여넣기를 합니다. Path Selection Tool(패스 선택 도구,)을 클릭하고 큰 둥근 사각형 하단으로 이동하여 배치합니다.

05 Path Selection Tool(패스 선택 도구,)로 드래그하여 배치된 모든 모양을 선택하고 Options Bar(옵션 바)에서 'Path alignment(패스 정렬) : Align horizontal centers(수평 중앙 정렬,)'를 클릭합니다.

 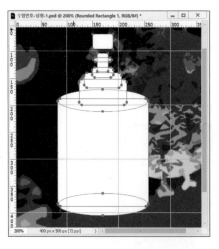

06 Pen Tool(펜 도구,)을 클릭하고 Options Bar(옵션 바)에서 'Shape(모양), Fill(칠) : 임의 색상, Stroke(획) : No Color(색상 없음), Path operations(패스 작업) : Combine Shapes(모양 결합,)'로 설정한 후 2개의 모양을 그립니다.

07 Rectangle Tool(사각형 도구, ▭)을 클릭하고 Options Bar(옵션 바)에서 'Shape(모양), Fill(칠) : 임의 색상, Stroke(획) : No Color(색상 없음), Path operations(패스 작업) : Subtract Front Shape(전면 모양 빼기, ▣)'을 설정한 후 드래그하여 사각형 모양을 그립니다.

08 Ctrl + C 를 눌러 사각형 모양을 복사하고, Ctrl + V 를 눌러 붙여넣기를 합니다. Ctrl + T 를 눌러 Shift 를 누른 채 90° 회전하고 Enter 를 눌러 완료합니다.

합격생의 비법

Ctrl + C 를 눌러 복사한 후 붙여넣기를 하면 'Path operations (패스 작업)'의 원래 옵션이 유지됩니다.

09 Options Bar(옵션 바)에서 'Path operations(패스 작업) : Merge Shape Components(모양 병합 구성 요소,)'를 클릭하여 병합합니다.

04 패스 저장 및 레이어 스타일 적용

01 Paths(패스) 패널에서 작업 패스 'Rounded Rectangle 1 Shape Path'를 더블 클릭한 후 [Save Path(패스 저장)] 대화상자에서 'Name(이름) : 소독약 용기 모양'으로 입력하여 패스를 저장합니다.

> **합격생의 비법**
>
> Paths(패스) 패널에 표시되는 이름은 최초에 그린 Shape(모양)의 이름대로 표기되며, 더블 클릭하여 [Save Path(패스 저장)]에서 문제지에 제시된 패스 이름으로 저장하면 됩니다.

02 Layers(레이어) 패널에서 'Ellipse 1' 레이어의 이름을 더블 클릭하여 'path'로 이름을 설정하고 마우스 오른쪽 버튼을 눌러 [Rasterize Layer(레이어 래스터화)]를 선택하여 일반 레이어로 속성을 변환합니다.

03 Layers(레이어) 패널 하단의 'Add a layer style(레이어 스타일 추가, [fx.])'을 클릭하여 [Stroke(획)]를 선택, 'Size(크기) : 4px, Fill Type(칠 유형) : Gradient(그레이디언트), Click to edit the gradient(클릭하여 그레이디언트 편집)'를 클릭합니다.

04 그레이디언트 슬라이더 왼쪽 하단의 'Color Stop(색상 정지점)'을 더블 클릭하여 #ffffff, 오른쪽 'Color Stop(색상 정지점)'을 더블 클릭하여 #ff99ff로 설정한 후, 'Style(스타일) : Linear(선형), Angle(각도) : -90°'로 설정합니다.

05 계속해서 Inner Shadow(내부 그림자)]를 선택, 'Opacity(불투명도) : 75%, Angle(각도) : 90°, Distance(거리) : 5px, Size(크기) : 5px'로 설정하고 [OK(확인)]를 클릭합니다.

05 클리핑 마스크 적용 후 레이어 스타일 적용

01 [File(파일)]-[Open(열기)]([Ctrl]+[O])을 선택하여 1급-2.jpg를 불러옵니다. [Ctrl]+[A]로 전체 선택, [Ctrl]+[C]로 복사, 작업 이미지에 [Ctrl]+[V]로 붙여넣기를 하고 소독약 용기 모양 위쪽에 겹치도록 배치합니다.

02 Layers(레이어) 패널에서 'path' 레이어와 'Layer 2' 레이어 사이에 마우스 커서를 놓고 [Alt]를 누르고 클릭하여 Clipping Mask(클리핑 마스크)를 적용합니다. [Ctrl]+[T]를 눌러 회전하여 배치합니다.

03 [File(파일)]–[Open(열기)]([Ctrl]+[O])을 선택하여 1급-3.jpg를 불러옵니다. Magic Wand Tool(자동 선택 도구, 🪄)을 클릭하고 Options Bar(옵션 바)에서 'Add to selection(선택 영역에 추가, 🗗), Tolerance(허용치) : 35'를 설정하고 배경 부분을 여러 차례 클릭하여 선택합니다.

04 [Shift]+[Ctrl]+[I]로 선택 영역을 반전하고, [Ctrl]+[C]로 복사합니다. 작업 이미지에 [Ctrl]+[V]로 붙여넣고, [Ctrl]+[T]로 크기 조절과 회전을 하여 배치합니다.

05 Layers(레이어) 패널 하단의 'Add a layer style(레이어 스타일 추가, 🔲)'을 클릭하여 [Bevel & Emboss(경사와 엠보스)]를 선택, 'Style(스타일) : Inner Bevel(내부 경사), Direction(방향) : Up(위로), Size(크기) : 7px'로 설정하고 [OK(확인)]를 클릭합니다.

06 모양 생성 및 레이어 스타일 적용

01 Layers(레이어) 패널에서 'Layer 2' 레이어를 클릭합니다. Custom Shape Tool(사용자 정의 모양 도구, ⬚)을 클릭하고 Options Bar(옵션 바)에서 'Shape(모양), Fill(칠) : #ffffff, Stroke(획) : No Color(색상 없음), Shape(모양) : Flower 1(꽃 1, ✿)'로 설정한 후 `Shift`를 누른 채 드래그하여 모양을 그립니다.

> **Shape 경로**
>
> [Legacy Shapes and More(레거시 모양 및 기타)]-[All Legacy Default Shapes(모든 레거시 기본 모양)]-[Nature(자연)]

02 Layers(레이어) 패널 하단의 'Add a layer style(레이어 스타일 추가, *fx*)'을 클릭하여 [Outer Glow(외부 광선)]를 선택, 'Opacity(불투명도) : 75%, Spread(스프레드) : 0%, Size(크기) : 7px'로 설정하고 [OK(확인)]를 클릭합니다.

03 `Ctrl`+`J`를 눌러 'Flower 1 1' 레이어를 복사하고 Layers(레이어) 패널에서 'Flower 1 1 copy' 레이어의 'Layer thumbnail(레이어 축소판)'을 더블 클릭하여 'Color(색상) : #99ccff'로 변경합니다.

04 `Ctrl`+`T`를 눌러 `Shift`를 누른 채 크기를 확대합니다. `Ctrl`+`[`를 여러 번 눌러 뒤로 보내기를 하여 'Layer 1' 레이어 위쪽으로 배치합니다.

05 Custom Shape Tool(사용자 정의 모양 도구, ⬚)을 클릭하고 Options Bar(옵션 바)에서 'Shape(모양), Fill(칠) : #33ff33, Stroke(획) : No Color(색상 없음), Shape(모양) : Leaf 4(나뭇잎 4, ♣)'로 설정한 후 `Shift`를 누른 채 드래그하여 모양을 그립니다. `Ctrl`+`T`를 눌러 회전하여 배치합니다.

Shape 경로

[Legacy Shapes and More(레거시 모양 및 기타)]–[All Legacy Default Shapes(모든 레거시 기본 모양)]–[Nature(자연)]

합격생의 비법

연속해서 사용자 정의 모양 도구로 그릴 때 Fill Color(칠 색상) 설정하기

Options Bar(옵션 바)에서 목록 단추를 눌러 제시된 Shape(모양)을 선택하여 그린 후에 'Layer thumbnail(레이어 축소판)'을 더블 클릭하여 Fill Color(칠 색상)를 변경합니다.

06 Layers(레이어) 패널 하단의 'Add a layer style(레이어 스타일 추가, fx.)'을 클릭하여 [Inner Shadow(내부 그림자)]를 선택, 'Opacity(불투명도) : 75%, Angle(각도) : 90°, Distance(거리) : 5px, Size(크기) : 7px'로 설정하고 [OK(확인)]를 클릭합니다.

07 문자 입력 및 왜곡하고 레이어 스타일 적용

01 Layers(레이어) 패널에서 'Flower 1 1' 레이어를 선택합니다. Horizontal Type Tool(수평 문자 도구, T)로 작업 이미지를 클릭하고 Options Bar(옵션 바)에서 'Font(글꼴) : Arial, Set font style(글꼴 스타일 설정) : Bold Italic, Set font size(글꼴 크기) : 50pt, Color(색상) : 임의 색상'으로 설정한 후 Hand sanitizer를 입력합니다.

02 Options Bar(옵션 바)에서 Create warped text(뒤틀어진 텍스트 만들기, ⊥)를 클릭하여 [Warp Text(텍스트 뒤틀기)] 대화상자에서 'Style(스타일) : Rise(상승), Horizontal(가로) : 체크, Bend(구부리기) : 50%'로 설정하여 문자의 모양을 왜곡합니다.

03 Layers(레이어) 패널 하단의 'Add a layer style(레이어 스타일 추가, *fx.*)'을 클릭하여 [Gradient Overlay(그레이디언트 오버레이)]를 선택하고 'Click to edit the gradient(클릭하여 그레이디언트 편집)'를 클릭합니다.

04 그레이디언트 슬라이더 왼쪽 하단의 'Color Stop(색상 정지점)'을 더블 클릭하여 #ffcc00, 가운데 빈 곳을 클릭하여 'Color Stop(색상 정지점)'을 추가한 후 더블 클릭하여 #ffffff, 오른쪽 'Color Stop(색상 정지점)'을 더블 클릭하여 #ff99ff로 설정한 후, 'Style(스타일) : Linear(선형), Angle(각도) : 0°로 설정합니다.

05 계속해서 [Drop Shadow(드롭 섀도)]를 선택, 'Opacity(불투명도) : 75%, Angle(각도) : 90°, Distance(거리) : 5px, Size(크기) : 7px'로 설정하고 [OK(확인)]를 클릭합니다. Ctrl + S를 눌러 저장합니다.

08 정답 파일 저장

01 [View(보기)]-[Show(표시)]-[Grid(격자)](Ctrl + ')를 선택하여 격자를 가립니다.

02 [File(파일)]-[Save As(다른 이름으로 저장)](Shift + Ctrl + S)를 선택하고 '저장 위치 : 내 PC₩문서₩GTQ, 파일 형식 : JPEG, 파일 이름 : 수험번호-성명-문제번호.jpg'를 입력하고 [저장]을 클릭한 후 [JPEG Options(JPEG 옵션)] 대화상자에서 'Quality(품질) : 8'로 설정하고 [OK(확인)]를 클릭합니다.

03 [Image(이미지)]-[Image Size(이미지 크기)](Alt + Ctrl + I)를 선택하고 'Constrain aspect ratio(종횡비 제한) : 클릭, Width(폭) : 40Pixels(픽셀), Height(높이) : 50Pixels(픽셀)'로 입력하여 이미지 크기를 1/10로 축소한 후 [OK(확인)]를 클릭합니다.

04 [File(파일)]-[Save As(다른 이름으로 저장)](Shift + Ctrl + S)를 선택하고 '저장 위치 : 내 PC₩문서₩GTQ, 파일 형식 : Photoshop(*.PSD, *.PDD), 파일 이름 : 수험번호-성명-문제번호.psd'를 입력하고 [저장]을 클릭합니다.

05 답안 저장이 완료되면 [File(파일)]–[Close(닫기)]([Ctrl]+[W])를 선택하여 파일을 닫고 수험 프로그램에서 [답안 전송]을 클릭하여 psd와 jpg 파일을 감독관 컴퓨터로 전송합니다.

문제 02 CHAPTER 04
[기능평가] 사진편집 응용

작업과정	새 작업 이미지 만들기 및 파일 저장하기 ▶ 필터 적용 및 레이어 스타일 적용 ▶ 색상 보정하기 ▶ 모양 생성 및 레이어 스타일 적용 ▶ 문자 입력 및 변형, 레이어 스타일 적용 ▶ 정답 파일 저장
완성이미지	Part04₩기출유형문제04회₩정답파일₩G120210004-성명-2.jpg, G120210004-성명-2.psd

① 새 작업 이미지 만들기 및 파일 저장하기

01 [File(파일)]–[New(새로 만들기)]([Ctrl]+[N])를 선택하고 'Width(폭) : 400Pixels(픽셀), Height(높이) : 500Pixels(픽셀), Resolution(해상도) : 72Pixels/Inch(픽셀/인치), Color Mode(색상 모드) : RGB Color(RGB 색상), 8bit(비트), Background Contents(배경 내용) : White(흰색)'로 설정하여 새 작업 이미지를 만듭니다.

02 [Edit(편집)]–[Preference(환경설정)]([Ctrl]+[K])를 클릭하고 [Guides, Grid & Slices(안내선, 격자와 슬라이스)]를 선택하여 Grid(격자)의 'Color(색상)'를 클릭하여 밝은 색상으로 변경한 후 'Gridline Every(격자 간격) : 100Pixels(픽셀), Subdivisions(세분) : 1'로 설정합니다.

03 [View(보기)]–[Show(표시)]–[Grid(격자)]([Ctrl]+[`])와 [View(보기)]–[Rulers(눈금자)]([Ctrl]+[R])를 선택하여 격자와 눈금자를 표시합니다.

04 작업 도큐먼트를 저장하기 위해 [File(파일)]–[Save As(다른 이름으로 저장)]([Shift]+[Ctrl]+[S])를 선택하고 임의 경로에 수험번호-성명-문제번호.psd로 파일을 저장합니다.

② 필터 적용 및 레이어 스타일 적용

01 [File(파일)]–[Open(열기)]([Ctrl]+[O])을 선택하여 1급-4.jpg를 불러옵니다. [Ctrl]+[A]로 전체 선택, [Ctrl]+[C]로 복사, 작업 이미지에 [Ctrl]+[V]로 붙여넣기를 합니다. [Ctrl]+[T]를 눌러 [Shift]를 누른 채 크기를 조절하고 격자를 참고하여 배치합니다.

02 [Filter(필터)]–[Filter Gallery(필터 갤러리)]–[Sketch(스케치)]–[Water Paper(물 종이/젖은 종이)]를 선택합니다.

03 [File(파일)]−[Open(열기)]([Ctrl]+[O])을 선택하여 1급−5.jpg를 불러옵니다. Object Selection Tool(개체 선택 도구, ⬚)을 클릭하고 Options Bar(옵션 바)에서 Rectangle(사각형)을 선택하고 이미지에 드래그하여 선택합니다.

04 Magic Wand Tool(자동 선택 도구, ⚲)을 클릭하고 Options Bar(옵션 바)에서 'Subtract from selection(선택 영역 빼기, ⬚)'을 설정하고 손잡이 안쪽 흰색 배경을 클릭한 후 [Ctrl]+[C]를 눌러 복사합니다.

05 작업 이미지에 [Ctrl]+[V]로 붙여넣기를 합니다. [Ctrl]+[T]를 눌러 [Shift]를 누른 채 크기를 조절하여 배치합니다.

06 Layers(레이어) 패널 하단의 'Add a layer style(레이어 스타일 추가, fx.)'을 클릭하여 [Outer Glow(외부 광선)]를 선택, 'Opacity(불투명도) : 75%, Size(크기) : 10px'로 설정하고 [OK(확인)]를 클릭합니다.

03 색상 보정하기

01 Layers(레이어) 패널에서 'Layer 2' 레이어의 'Layer thumbnail(레이어 축소판)'을 Ctrl 을 누른 채 클릭하여 제세동기 이미지를 빠르게 선택합니다.

02 Quick Selection Tool(빠른 선택 도구, ☑)을 클릭하고 Options Bar(옵션 바)에서 'Subtract from selection(선택 영역에서 빼기, ☑)'을 설정합니다. 브러시의 크기를 조절하며 드래그하여 선택 영역에서 제외하고, 노란색 부분만 선택 영역으로 남깁니다.

03 Layers(레이어) 패널 하단의 'Create new fill or adjustment layer(새 칠 또는 조정 레이어 생성, ☑)'를 클릭하고 [Hue/Saturation(색조/채도)]을 선택합니다. Properties(속성) 패널에서 'Colorize(색상화) : 체크, Hue(색조) : 35, Saturation(채도) : 100, Lightness(명도) : 10'으로 설정하여 주황색 계열로 보정합니다.

04 Quick Selection Tool(빠른 선택 도구, ☑)을 클릭하고 검정색 손잡이 이미지에 클릭하여 선택합니다.

05 Layers(레이어) 패널 하단의 'Create new fill or adjustment layer(새 칠 또는 조정 레이어 생성,)'를 클릭하고 [Hue/Saturation(색조/채도)]을 선택합니다. Properties(속성) 패널에서 'Colorize(색상화) : 체크, Hue(색조) : 0, Saturation(채도) : 75, Lightness(명도) : 25'로 설정하여 빨간색 계열로 보정합니다.

06 [File(파일)]−[Open(열기)]([Ctrl]+[O])을 선택하여 1급-6.jpg를 불러옵니다. Quick Selection Tool(빠른 선택 도구, ✎)을 클릭하고 Options Bar(옵션 바)에서 'Add to selection(선택 영역에 추가, ✎)'을 설정한 후 브러시의 크기를 조절하며 드래그하여 선택한 후 [Ctrl]+[C]로 복사합니다.

합격생의 비법

Quick Selection Tool(빠른 선택 도구, ✎)로 작업 중 [Alt]를 누르고 클릭이나 드래그하면 'Subtract from selection(선택 영역에서 빼기, ✎)'으로 설정되어 선택 영역에서 빼기가 가능합니다.

---

07 작업 이미지에 [Ctrl]+[V]로 붙여넣기를 합니다. [Ctrl]+[T]를 누르고, 마우스 오른쪽 버튼을 클릭하여 [Flip Horizontal(가로로 뒤집기)]로 뒤집고 크기를 조절하고 회전하여 배치합니다.

08 Layers(레이어) 패널 하단의 'Add a layer style(레이어 스타일 추가, fx.)'을 클릭하여 [Inner Glow(내부 광선)]를 선택, 'Opacity(불투명도) : 75%, Size(크기) : 10px'로 설정하고 [OK(확인)]를 클릭합니다.

04 모양 생성 및 레이어 스타일 적용

01 Custom Shape Tool(사용자 정의 모양 도구, ⚙)을 클릭하고 Options Bar(옵션 바)에서 'Shape(모양), 'Fill(칠) : #333366, Stroke(획) : No Color(색상 없음), Shape(모양) : Hourglass(모래 시계, ⧖)'로 설정한 후 Shift 를 누른 채 드래그하여 모양을 그립니다.

> **Shape 경로**
>
> [Legacy Shapes and More(레거시 모양 및 기타)]-[All Legacy Default Shapes(모든 레거시 기본 모양)]-[Objects(물건)]

02 Layers(레이어) 패널 하단의 'Add a layer style(레이어 스타일 추가, *fx.*)'을 클릭하여 [Inner Glow(내부 광선)]를 선택, 'Opacity(불투명도) : 75%, Choke(경계 감소) : 0%, Size(크기) : 5px'로 설정하고 [OK(확인)]를 클릭합니다.

03 Ctrl + T 를 눌러 Options Bar(옵션 바)에서 'Rotate(회전, ⊿) : 30°'로 입력하고 Enter 를 눌러 회전을 적용하고 배치합니다.

> **합격생의 비법**
>
> **15° 단위로 회전하기**
>
> Ctrl + T 를 눌러 Shift 를 누른 채 조절점 밖을 드래그하면 15° 단위로 회전할 수 있습니다.

04 Custom Shape Tool(사용자 정의 모양 도구, ⚙)을 클릭하고 Options Bar(옵션 바)에서 'Shape(모양), Fill(칠) : #cccc99, Stroke(획) : No Color(색상 없음), Shape(모양) : Pedestrian(보행자, 🚶)'으로 설정한 후 Shift 를 누른 채 드래그하여 모양을 그립니다.

> **Shape 경로**
>
> [Legacy Shapes and More(레거시 모양 및 기타)]-[All Legacy Default Shapes(모든 레거시 기본 모양)]-[Symbols(기호)]

05 Layers(레이어) 패널 하단의 'Add a layer style(레이어 스타일 추가, [fx.])'을 클릭하여 [Inner Shadow(내부 그림자)]를 선택, 'Opacity(불투명도) : 75%, Angle(각도) : 90°, Distance(거리) : 5px, Size(크기) : 5px'로 설정하고 [OK(확인)]를 클릭합니다.

06 [Ctrl]+[J]를 눌러 'Pedestrian 1' 레이어를 복사합니다. [Ctrl]+[T]를 누르고, 마우스 오른쪽 버튼을 클릭하여 [Flip Horizontal(가로로 뒤집기)]로 뒤집고 오른쪽으로 이동하여 배치합니다.

07 Layers(레이어) 패널에서 'Pedestrian 1 copy' 레이어의 'Layer thumbnail(레이어 축소판)'을 더블 클릭하여 'Color(색상) : #cc9966'으로 변경합니다.

⑤ 문자 입력 및 변형, 레이어 스타일 적용

01 Horizontal Type Tool(수평 문자 도구, [T])로 작업 이미지를 클릭하고 Options Bar(옵션 바)에서 'Font(글꼴) : 돋움, Set font size(글꼴 크기) : 27pt, Set anti-aliasing method(앤티 앨리어싱 방법 설정) : Strong(강하게), Color(색상) : 임의 색상'으로 설정한 후 생명을 살리는 자동심장충격기를 입력합니다.

02 Options Bar(옵션 바)에서 Create warped text(뒤틀어진 텍스트 만들기, [T])를 클릭하여 [Warp Text(텍스트 뒤틀기)] 대화상자에서 'Style(스타일) : Arc Upper(위 부채꼴), Horizontal(가로) : 체크, Bend(구부리기) : 30%'로 설정하여 문자의 모양을 왜곡합니다.

03 Layers(레이어) 패널 하단의 'Add a layer style(레이어 스타일 추가, *fx.*)'을 클릭하여 [Stroke(획)]를 선택, 'Size(크기) : 3px, Color(색상) : #ffffff'로 설정합니다. 계속해서 [Gradient Overlay(그레이디언트 오버레이)]를 선택하고 'Click to edit the gradient(클릭하여 그레이디언트 편집)'를 클릭합니다.

04 그레이디언트 슬라이더 왼쪽 하단의 'Color Stop(색상 정지점)'을 더블 클릭하여 #00ccff, 가운데 빈 곳을 클릭하여 'Color Stop(색상 정지점)'을 추가하고 더블 클릭하여 #333399, 오른쪽 'Color Stop(색상 정지점)'을 더블 클릭하여 #ff3399로 설정한 후, 'Style(스타일) : Radial(방사형), Angle(각도) : 0°'로 설정하고 [OK(확인)]를 클릭합니다. Ctrl + S 를 눌러 저장합니다.

06 정답 파일 저장

01 [View(보기)]-[Show(표시)]-[Grid(격자)](Ctrl + ')를 선택하여 격자를 가립니다.

02 [File(파일)]-[Save As(다른 이름으로 저장)](Shift + Ctrl + S)를 선택하고 '저장 위치 : 내 PC₩문서₩GTQ, 파일 형식 : JPEG, 파일 이름 : 수험번호-성명-문제번호.jpg'를 입력하고 [저장]을 클릭한 후 [JPEG Options(JPEG 옵션)] 대화상자에서 'Quality(품질) : 8'로 설정하고 [OK(확인)]를 클릭합니다.

03 [Image(이미지)]-[Image Size(이미지 크기)](Alt + Ctrl + I)를 선택하고 'Constrain aspect ratio(종횡비 제한) : 클릭, Width(폭) : 40Pixels(픽셀), Height(높이) : 50Pixels(픽셀)'로 입력하여 이미지 크기를 1/10로 축소한 후 [OK(확인)]를 클릭합니다.

04 [File(파일)]-[Save As(다른 이름으로 저장)](Shift + Ctrl + S)를 선택하고 '저장 위치 : 내 PC₩문서₩GTQ, 파일 형식 : Photoshop(*.PSD, *.PDD), 파일 이름 : 수험번호-성명-문제번호.psd'를 입력하고 [저장]을 클릭합니다.

05 답안 저장이 완료되면 [File(파일)]-[Close(닫기)](Ctrl + W)를 선택하여 파일을 닫고 수험 프로그램에서 [답안 전송]을 클릭하여 psd와 jpg 파일을 감독관 컴퓨터로 전송합니다.

작업과정	새 작업 이미지 만들기 및 파일 저장하기 ▶ 혼합 모드 합성 및 레이어 마스크, 필터 적용 ▶ 클리핑 마스크 및 필터 적용 ▶ 이미지 보정 및 레이어 스타일 적용 ▶ 모양 생성 및 레이어 스타일 적용 ▶ 문자 입력 및 왜곡과 레이어 스타일 적용 ▶ 정답 파일 저장
완성이미지	Part04₩기출유형문제04회₩정답파일₩G120210004-성명-3.jpg, G120210004-성명-3.psd

01 새 작업 이미지 만들기 및 파일 저장하기

01 [File(파일)]-[New(새로 만들기)]([Ctrl]+[N])를 선택하고 'Width(폭) : 600Pixels(픽셀), Height(높이) : 400Pixels(픽셀), Resolution(해상도) : 72Pixels/Inch(픽셀/인치), Color Mode(색상 모드) : RGB Color(RGB 색상), 8bit(비트), Background Contents(배경 내용) : White(흰색)'로 설정하여 새 작업 이미지를 만듭니다.

02 [Edit(편집)]-[Preference(환경설정)]([Ctrl]+[K])를 클릭하고 [Guides, Grid & Slices(안내선, 격자와 슬라이스)]를 선택하여 Grid(격자)의 'Color(색상)'를 클릭하여 밝은 색상으로 변경한 후 'Gridline Every(격자 간격) : 100Pixels(픽셀), Subdivisions(세분) : 1'로 설정합니다.

03 [View(보기)]-[Show(표시)]-[Grid(격자)]([Ctrl]+['])와 [View(보기)]-[Rulers(눈금자)] ([Ctrl]+[R])를 선택하여 격자와 눈금자를 표시합니다.

04 작업 도큐먼트를 저장하기 위해 [File(파일)]-[Save As(다른 이름으로 저장)]([Shift]+[Ctrl]+ [S])를 선택하고 임의 경로에 수험번호-성명-문제번호.psd로 파일을 저장합니다.

02 혼합 모드 합성 및 레이어 마스크, 필터 적용

01 Tool Panel(도구 패널) 하단의 'Set foreground color(전경색 설정)'을 클릭하여 # 오른쪽 입력란에 ffcccc로 입력한 후, [Alt]+[Delete]를 눌러 제시된 Foreground Color(전경색)를 작업 이미지의 배경에 채웁니다.

02 [File(파일)]-[Open(열기)]([Ctrl]+[O])을 선택하여 1급-7.jpg를 불러옵니다. [Ctrl]+[A]로 전체 선택, [Ctrl]+[C]로 복사, 작업 이미지에 [Ctrl]+[V]로 붙여넣기를 하고 [Ctrl]+[T]를 눌러 크기를 조절하여 배치합니다.

03 Layers(레이어) 패널에서 'Blending Mode(혼합 모드) : Linear Burn(선형 번)'을 설정하여 배경과 합성합니다.

04 Layers(레이어) 패널 하단의 'Add layer mask(레이어 마스크 추가, ◘)'를 클릭하여 레이어 마스크를 추가합니다.

05 Tool Panel(도구 패널) 하단의 Set foreground color(전경색 설정)를 #000000, Set background color(배경색 설정)를 #ffffff로 설정합니다. Gradient Tool(그레이디언트 도구, ▣)을 클릭하고 Options Bar(옵션 바)에서 'Type(유형) : Linear Gradient(선형 그레이디언트), Mode(모드) : Normal(표준), Opacity(불투명도) : 100%'로 설정한 후 Shift를 누르고 아래쪽에서 위쪽으로 세로 방향으로 드래그하여 이미지 일부를 자연스럽게 지워 합성합니다.

06 [File(파일)]-[Open(열기)](Ctrl+O)을 선택하여 1급-8.jpg를 불러옵니다. Ctrl+A로 전체 선택, Ctrl+C로 복사, 작업 이미지에 Ctrl+V로 붙여넣기를 합니다. Ctrl+T를 누르고 마우스 오른쪽 버튼을 클릭하여 [Flip Horizontal(가로로 뒤집기)]로 뒤집고 크기를 조절하여 격자를 참조하여 배치합니다.

07 [Filter(필터)]-[Filter Gallery(필터 갤러리)]-[Brush Strokes(브러시 선)]-[Angled Strokes(각진 선)]를 선택합니다.

08 Layers(레이어) 패널 하단의 'Add layer mask(레이어 마스크 추가, ◘)'를 클릭하여 레이어 마스크를 추가합니다.

09 Tool Panel(도구 패널) 하단의 Set foreground color(전경색 설정)를 #000000, Set background color(배경색 설정)를 #ffffff로 설정합니다. Gradient Tool(그레이디언트 도구,)을 클릭하고 Options Bar(옵션 바)에서 'Type(유형) : Linear Gradient(선형 그레이디언트), Mode(모드) : Normal(표준), Opacity(불투명도) : 100%'로 설정한 후 [Shift]를 누르고 오른쪽에서 왼쪽으로 가로 방향으로 드래그하여 이미지 일부를 자연스럽게 지워 합성합니다.

⑬ 클리핑 마스크 및 필터 적용

01 Custom Shape Tool(사용자 정의 모양 도구,)을 클릭하고 Options Bar(옵션 바)에서 'Shape(모양), Fill(칠) : 임의 색상, Stroke(획) : No Color(색상 없음), Shape(모양) : Talk 2(대화 2, ●)'로 설정한 후 격자를 참조하여 모양을 그립니다.

> **Shape 경로**
>
> [Legacy Shapes and More(레거시 모양 및 기타)]-[All Legacy Default Shapes(모든 레거시 기본 모양)]-[Talk Bubbles(말풍선)]

02 Layers(레이어) 패널 하단의 'Add a layer style(레이어 스타일 추가, *fx.*)'을 클릭하여 [Stroke(획)]를 선택, 'Size(크기) : 6px, Fill Type(칠 유형) : Gradient(그레이디언트), Click to edit the gradient(클릭하여 그레이디언트 편집)'를 클릭합니다.

03 Presets(사전 설정)의 Basics(기본 사항)에서 'Foreground to Transparent(전경색에서 투명으로)'를 클릭한 후 그레이디언트 슬라이더 왼쪽 하단의 'Color Stop(색상 정지점)'을 더블 클릭하여 #660000으로 설정하고 [OK(확인)]를 클릭합니다. 'Style(스타일) : Linear(선형), Angle(각도) : 90°로 설정합니다.

04 계속해서 [Inner Shadow(내부 그림자)]를 선택, 'Opacity(불투명도) : 75%, Angle(각도) : 90°, Distance(거리) : 3px, Size(크기) : 7px'로 설정하고 [OK(확인)]를 클릭합니다.

05 [File(파일)]–[Open(열기)]([Ctrl]+[O])을 선택하여 1급–9.jpg를 불러옵니다. [Ctrl]+[A]로 전체 선택, [Ctrl]+[C]로 복사, 작업 이미지에 [Ctrl]+[V]로 붙여넣기를 합니다. [Ctrl]+[T]를 눌러 크기를 축소하고 'Talk 2 1' 레이어와 겹치도록 배치합니다.

06 [Filter(필터)]–[Filter Gallery(필터 갤러리)]–[Texture(텍스처)]–[Texturizer(텍스처화)]를 선택합니다.

07 Layers(레이어) 패널에서 'Talk 2 1'과 'Layer 3' 레이어 사이에 마우스 커서를 놓고 [Alt]를 누르고 클릭하여 Clipping Mask(클리핑 마스크)를 적용합니다.

합격생의 비법

Clipping Mask(클리핑 마스크)를 적용할 때는 반드시 'Talk 2 1' 레이어 바로 위에 이미지 레이어를 배치해야 합니다.

08 [File(파일)]–[Open(열기)]([Ctrl]+[O])을 선택하여 1급–10.jpg를 불러온 후 Magic Wand Tool(자동 선택 도구, 🪄)을 클릭하고 Options Bar(옵션 바)에서 'Add to selection(선택 영역에 추가, ▣), Tolerance(허용치) : 15'를 설정하고 배경 부분을 클릭하여 선택합니다.

09 Shift+Ctrl+I로 선택 영역을 반전한 후, Ctrl+C로 복사합니다. 작업 이미지를 선택하여 Ctrl+V로 붙여넣고 Ctrl+T로 크기 조절과 회전을 하여 배치합니다.

10 Layers(레이어) 패널 하단의 'Add a layer style(레이어 스타일 추가, fx.)'을 클릭하여 [Drop Shadow(그림자)]를 선택, 'Opacity(불투명도) : 75%, Angle(각도) : 90°, Distance (거리) : 5px, Size(크기) : 5px'로 설정하고 [OK(확인)]를 클릭합니다.

11 Layers(레이어) 패널 상단의 'Opacity(불투명도) : 80%'로 설정합니다.

04 이미지 보정 및 레이어 스타일 적용

01 [File(파일)]−[Open(열기)](Ctrl+O)을 선택하여 1급−11.jpg를 불러온 후 Magic Wand Tool(자동 선택 도구, ✎)을 클릭하고 Options Bar(옵션 바)에서 'Tolerance(허용치) : 5'로 설정하고 배경 부분을 클릭하여 선택합니다.

02 Shift+Ctrl+I로 선택 영역을 반전한 후, Ctrl+C로 복사하고 작업 이미지를 선택하여 Ctrl+V로 붙여넣기를 합니다. Ctrl+T를 눌러 Shift를 누른 채 크기를 조절하여 배치합니다.

03 Layers(레이어) 패널 하단의 'Add a layer style(레이어 스타일 추가, fx.)'을 클릭하여 [Inner Glow(내부 광선)]를 선택, 'Opacity(불투명도) : 75%, Choke(경계 감소) : 0%, Size(크기) : 9px'로 설정합니다.

04 계속해서 [Drop Shadow(드롭 섀도)]를 선택, 'Opacity(불투명도) : 75%, Angle(각도) : 90°, Distance(거리) : 5px, Size(크기) : 5px'로 설정하고 [OK(확인)]를 클릭합니다.

05 Layers(레이어) 패널에서 'Layer 5'를 선택합니다. Polygonal Lasso Tool(다각형 올가미 도구,) 을 선택하고 Options Bar(옵션 바)에서 'New selection(새 선택 영역,), Feather(페더) : 0px, Anti-alias(앤티 앨리어스) : 체크'로 설정한 후 체온계의 액정 부분을 선택합니다.

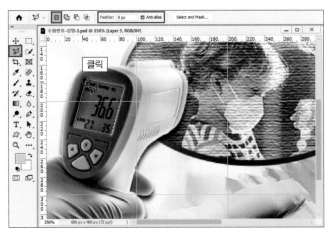

06 Layers(레이어) 패널 하단의 'Create new fill or adjustment layer(새 칠 또는 조정 레이어 생성,)'를 클릭하고 [Hue/Saturation(색조/채도)]을 선택합니다. Properties(속성) 패널에서 'Colorize(색상화) : 체크, Hue(색조) : 138, Saturation(채도) : 60, Lightness(명도) : 0'으로 설정하여 녹색 계열로 보정합니다.

05 모양 생성 및 레이어 스타일 적용

01 Layers(레이어) 패널에서 'Layer 2' 레이어를 선택합니다. Custom Shape Tool(사용자 정의 모양 도구, ☒)을 클릭하고 Options Bar(옵션 바)에서 'Shape(모양), Fill(칠) : 임의 색상, Stroke(획) : No Color(색상 없음), Shape(모양) : Shape 92(모양 92, ☒)'로 설정한 후 모양을 그립니다.

Shape 경로

[Legacy Shapes and More(레거시 모양 및 기타)]–[2019 Shapes(2019 모양)]–[Roads and Streams(도로 및 개울)]

02 Ctrl+T를 누르고, 마우스 오른쪽 버튼을 클릭하여 [Flip Horizontal(가로로 뒤집기)]로 뒤집고 격자를 참조하여 배치합니다.

03 Layers(레이어) 패널 하단의 'Add a layer style(레이어 스타일 추가, fx.)'을 클릭하여 [Inner Shadow(내부 그림자)]를 선택, 'Opacity(불투명도) : 75%, Angle(각도) : 90°, Distance(거리) : 5px, Size(크기) : 5px'로 설정합니다.

04 계속해서 [Gradient Overlay(그레이디언트 오버레이)]를 선택하고 'Click to edit the gradient(클릭하여 그레이디언트 편집)'를 클릭합니다. 그레이디언트 슬라이더 왼쪽 하단의 'Color Stop(색상 정지점)'을 더블 클릭하여 #666699, 가운데 빈 곳을 클릭하여 'Color Stop(색상 정지점)'을 추가하고 더블 클릭하여 #ffcccc, 오른쪽 'Color Stop(색상 정지점)'을 더블 클릭하여 #666699로 설정한 후, 'Style(스타일) : Linear(선형), Angle(각도) : 90°'로 설정하고 [OK(확인)]를 클릭합니다.

합격생의 비법

Color Stop(색상 정지점) 복사하기

Alt를 누른 채 'Color Stop(색상 정지점)'을 드래그하면 색상이 동일한 색상 정지점을 복사할 수 있습니다.

05 Layers(레이어) 패널에서 'Hue/Saturation 1' 레이어를 선택합니다. Custom Shape Tool (사용자 정의 모양 도구, 🎨)을 클릭하고 Options Bar(옵션 바)에서 'Shape(모양), Fill(칠) : #666666, Stroke(획) : No Color(색상 없음), Shape(모양) : Shape 284(모양 284, 🧍)'로 설정한 후 Shift 를 누른 채 드래그하여 모양을 그립니다.

Shape 경로

[Legacy Shapes and More(레거시 모양 및 기타)]-[2019 Shapes(2019 모양)]-[People(인물)]

06 Layers(레이어) 패널 하단의 'Add a layer style(레이어 스타일 추가, fx.)'을 클릭하여 [Outer Glow(외부 광선)]를 선택, 'Opacity(불투명도) : 75%, Spread(스프레드) : 0%, Size(크기) : 7px'로 설정하고 [OK(확인)]를 클릭합니다.

07 Layers(레이어) 패널 상단의 'Opacity(불투명도) : 70%'로 설정합니다.

08 Custom Shape Tool(사용자 정의 모양 도구, 🎨)을 클릭하고 Options Bar(옵션 바)에서 'Shape(모양), Fill(칠) : #99ccff, Stroke(획) : No Color(색상 없음), Shape(모양) : Ornament 7(장식 7, 🦋)'로 설정한 후 Shift 를 누른 채 드래그하여 모양을 그립니다.

Shape 경로

[Legacy Shapes and More(레거시 모양 및 기타)]-[All Legacy Default Shapes(모든 레거시 기본 모양)]-[Ornaments(장식)]

합격생의 비법

연속해서 사용자 정의 모양 도구로 그릴 때 Fill Color(칠 색상) 설정하기

Options Bar(옵션 바)에서 목록 단추를 눌러 제시된 Shape(모양)을 선택하여 그린 후에 'Layer thumbnail(레이어 축소판)'을 더블 클릭하여 Fill Color(칠 색상)를 변경합니다.

09 Ctrl+T를 눌러 Options Bar(옵션 바)에서 'Rotate(회전, ⊿) : 120°'를 입력하고 Enter를 눌러 회전을 적용하고 배치합니다.

10 Layers(레이어) 패널 하단의 'Add a layer style(레이어 스타일 추가, fx.)'을 클릭하여 [Drop Shadow(그림자)]를 선택, 'Opacity(불투명도) : 75%, Angle(각도) : 90°, Distance (거리) : 5px, Size(크기) : 5px'로 설정하고 [OK(확인)]를 클릭합니다.

11 Layers(레이어) 패널 상단의 'Opacity(불투명도) : 70%'로 설정합니다.

12 Ctrl+J를 눌러 'Ornament 7 1' 레이어를 복사하고, Layers(레이어) 패널에서 'Ornament 7 1 copy' 레이어의 'Layer thumbnail(레이어 축소판)'을 더블 클릭하여 'Color(색상) : #ffffff'로 변경합니다.

13 Ctrl+T를 누르고, 마우스 오른쪽 버튼을 클릭하여 [Rotate 180°(180도 회전)]로 회전한 후 크기를 축소하여 배치합니다.

06 문자 입력 및 왜곡과 레이어 스타일 적용

01 Horizontal Type Tool(수평 문자 도구, T)을 클릭하고 Options Bar(옵션 바)에서 'Font (글꼴) : 궁서, Set font size(글꼴 크기) : 16pt, Set anti-aliasing method(앤티 앨리어싱 방법 설정) : Strong(강하게), Color(색상) : #000000'으로 설정한 후 마스크 착용 / 올바른 손씻기 / 방역소독을 입력합니다.

02 Layers(레이어) 패널 하단의 'Add a layer style(레이어 스타일 추가, *fx.*)'을 클릭하여 [Outer Glow(외부 광선)]를 선택, 'Opacity(불투명도) : 75%, Spread(스프레드) : 0%, Size (크기) : 5px'로 설정하고 [OK(확인)]를 클릭합니다.

03 Horizontal Type Tool(수평 문자 도구, *T*)로 작업 이미지를 클릭하고 Options Bar(옵션 바)에서 'Font(글꼴) : 궁서, Set font size(글꼴 크기) : 22pt, Set anti-aliasing method (앤티 앨리어싱 방법 설정) : Strong(강하게), Color(색상) : #ccffff'로 설정한 후 올바른 생활 속 방역 준수하기를 입력합니다.

04 Options Bar(옵션 바)에서 Create warped text(뒤틀어진 텍스트 만들기, *ℤ*)를 클릭하여 [Warp Text(텍스트 뒤틀기)] 대화상자에서 'Style(스타일) : Flag(깃발), Horizontal(가로) : 체크, Bend(구부리기) : -100%'로 설정하여 문자의 모양을 왜곡합니다.

05 Layers(레이어) 패널 하단의 'Add a layer style(레이어 스타일 추가, *fx.*)'을 클릭하여 [Stroke(획)]를 선택하고 'Size(크기) : 2px, Color(색상) : #333300'으로 설정합니다.

06 Horizontal Type Tool(수평 문자 도구, *T*)로 작업 이미지를 클릭하고 Options Bar(옵션 바)에서 'Font(글꼴) : 궁서, Set font size(글꼴 크기) : 40pt, Set anti-aliasing method (앤티 앨리어싱 방법 설정) : Strong(강하게), Color(색상) : 임의 색상'으로 설정한 후 청결과 예방수칙 지키기를 입력합니다.

07 Options Bar(옵션 바)에서 Create warped text(뒤틀어진 텍스트 만들기, *ℤ*)를 클릭하여 [Warp Text(텍스트 뒤틀기)] 대화상자에서 'Style(스타일) : Arc(부채꼴), Horizontal(가로) : 체크, Bend(구부리기) : 30%'로 설정하여 문자의 모양을 왜곡합니다.

08 Layers(레이어) 패널 하단의 'Add a layer style(레이어 스타일 추가, *fx.*)'을 클릭하여 [Stroke(획)]를 선택, 'Size(크기) : 2px, Color(색상) : #663333'으로 설정합니다. 계속해서 [Gradient Overlay(그레이디언트 오버레이)]를 선택하고 'Click to edit the gradient(클릭하여 그레이디언트 편집)'를 클릭합니다.

09 그레이디언트 슬라이더 왼쪽 하단의 'Color Stop(색상 정지점)'을 더블 클릭하여 #33cc99, 오른쪽 'Color Stop(색상 정지점)'을 더블 클릭하여 #cc66cc로 설정한 후, 'Style(스타일) : Linear(선형), Angle(각도) : 0°'로 설정하고 [OK(확인)]를 클릭합니다.

10 Horizontal Type Tool(수평 문자 도구, T)로 작업 이미지를 클릭하고 Options Bar(옵션 바)에서 'Font(글꼴) : Times New Roman, Set font style(글꼴 스타일 설정) : Bold Italic, Set font size(글꼴 크기) : 20pt, Color(색상) : #cc6600'으로 설정한 후 COVID-19 Medical News를 입력합니다.

11 Layers(레이어) 패널 하단의 'Add a layer style(레이어 스타일 추가, fx.)'을 클릭하여 [Drop Shadow(그림자)]를 선택, 'Opacity(불투명도) : 75%, Angle(각도) : 90°, Distance (거리) : 2px, Size(크기) : 3px'로 설정하고 [OK(확인)]를 클릭합니다. Ctrl + S 를 눌러 저장 합니다.

07 정답 파일 저장

01 [View(보기)]-[Show(표시)]-[Grid(격자)](Ctrl + ')를 선택하여 격자를 가립니다.

02 [File(파일)]-[Save As(다른 이름으로 저장)]([Shift]+[Ctrl]+[S])를 선택하고 '저장 위치 : 내 PC₩문서₩GTQ, 파일 형식 : JPEG, 파일 이름 : 수험번호-성명-문제번호.jpg'를 입력하고 [저장]을 클릭한 후 [JPEG Options(JPEG 옵션)] 대화상자에서 'Quality(품질) : 8'로 설정 하고 [OK(확인)]를 클릭합니다.

03 [Image(이미지)]-[Image Size(이미지 크기)]([Alt]+[Ctrl]+[I])를 선택하고 'Constrain as-pect ratio(종횡비 제한) : 클릭, Width(폭) : 60Pixels(픽셀), Height(높이) : 40Pixels(픽 셀)'로 입력하여 이미지 크기를 1/10로 축소한 후 [OK(확인)]를 클릭합니다.

04 [File(파일)]-[Save As(다른 이름으로 저장)]([Shift]+[Ctrl]+[S])를 선택하고 '저장 위치 : 내 PC₩문서₩GTQ, 파일 형식 : Photoshop(*.PSD, *.PDD), 파일 이름 : 수험번호-성명-문 제번호.psd'를 입력하고 [저장]을 클릭합니다.

05 답안 저장이 완료되면 [File(파일)]-[Close(닫기)]([Ctrl]+[W])를 선택하여 파일을 닫고 수험 프 로그램에서 [답안 전송]을 클릭하여 psd와 jpg 파일을 감독관 컴퓨터로 전송합니다.

문제 04	CHAPTER 04 [실무응용] 웹 페이지 제작	
작업과정	새 작업 이미지 만들기 및 파일 저장하기 ▶ 혼합 모드 합성 및 필터. 레이어 마스크 적용 ▶ 이미지 보 정 및 필터, 레이어 스타일 적용 ▶ 모양 생성 및 변형, 레이어 스타일 적용 ▶ 펜 도구 작업 및 레이어 스타일 적용 ▶ 패턴 정의와 적용 및 레이어 마스크 적용 ▶ 문자 입력과 왜곡 및 레이어 스타일 적용 ▶ 정답 파일 저장	
완성이미지	Part04₩기출유형문제04회₩정답파일₩G120210004-성명-4.jpg, G120210004-성명-4.psd	

🔵 새 작업 이미지 만들기 및 파일 저장하기

01 [File(파일)]-[New(새로 만들기)]([Ctrl]+[N])를 선택하고 'Width(폭) : 600Pixels(픽셀), Height(높이) : 400Pixels(픽셀), Resolution(해상도) : 72Pixels/Inch(픽셀/인치), Color Mode(색상 모드) : RGB Color(RGB 색상), 8bit(비트), Background Contents(배경 내용) : White(흰색)'로 설정하여 새 작업 이미지를 만듭니다.

02 [Edit(편집)]-[Preference(환경설정)]([Ctrl]+[K])를 클릭하고 [Guides, Grid & Slices(안내 선, 격자와 슬라이스)]를 선택하여 Grid(격자)의 'Color(색상)'를 클릭하여 밝은 색상으로 변경 한 후 'Gridline Every(격자 간격) : 100Pixels(픽셀), Subdivisions(세분) : 1'로 설정합니다.

03 [View(보기)]-[Show(표시)]-[Grid(격자)]([Ctrl]+[']]와 [View(보기)]-[Rulers(눈금자)] ([Ctrl]+[R])를 선택하여 격자와 눈금자를 표시합니다.

04 작업 도큐먼트를 저장하기 위해 [File(파일)]−[Save As(다른 이름으로 저장)]($\boxed{\text{Shift}}$+$\boxed{\text{Ctrl}}$+ $\boxed{\text{S}}$)를 선택하고 임의 경로에 수험번호−성명−문제번호.psd로 파일을 저장합니다.

02 혼합 모드 합성 및 필터, 레이어 마스크 적용

01 Tool Panel(도구 패널) 하단의 'Set foreground color(전경색 설정)'을 클릭하여 # 오른쪽 입력란에 669999로 입력한 후, $\boxed{\text{Alt}}$+$\boxed{\text{Delete}}$를 눌러 제시된 Foreground Color(전경색)를 작업 이미지의 배경에 채웁니다.

02 [File(파일)]−[Open(열기)]($\boxed{\text{Ctrl}}$+$\boxed{\text{O}}$)을 선택하여 1급−12.jpg를 불러옵니다. $\boxed{\text{Ctrl}}$+$\boxed{\text{A}}$로 전체 선택, $\boxed{\text{Ctrl}}$+$\boxed{\text{C}}$로 복사, 작업 이미지에 $\boxed{\text{Ctrl}}$+$\boxed{\text{V}}$로 붙여넣기를 하고 $\boxed{\text{Ctrl}}$+$\boxed{\text{T}}$로 크기를 조절하여 배치합니다.

03 Layers(레이어) 패널에서 'Blending Mode(혼합 모드) : Screen(스크린)'으로 설정하여 배경 이미지와 합성을 합니다.

04 Layers(레이어) 패널 하단의 'Add layer mask(레이어 마스크 추가, $\boxed{\blacksquare}$)'를 클릭하여 레이어 마스크를 추가합니다.

05 Tool Panel(도구 패널) 하단의 Set foreground color(전경색 설정)를 #000000, Set background color(배경색 설정)를 #ffffff로 설정합니다. Gradient Tool(그레이디언트 도구, $\boxed{\blacksquare}$)을 클릭하고 Options Bar(옵션 바)에서 'Type(유형) : Linear Gradient(선형 그레이디언트), Mode(모드) : Normal(표준), Opacity(불투명도) : 100%'로 설정한 후 $\boxed{\text{Shift}}$를 누른 채 아래에서 위쪽으로 세로 방향으로 드래그하여 이미지 일부를 자연스럽게 지워 합성합니다.

06 [File(파일)]-[Open(열기)]([Ctrl]+[O])을 선택하여 1급-13.jpg를 불러옵니다. [Ctrl]+[A]로 전체 선택, [Ctrl]+[C]로 복사, 작업 이미지에 [Ctrl]+[V]로 붙여넣기를 하고 격자를 참조하여 배치합니다.

07 [Filter(필터)]-[Filter Gallery(필터 갤러리)]-[Brush Strokes(브러시 선)]-[Angled Strokes(각진 선)]를 선택합니다.

08 Layers(레이어) 패널에서 하단의 'Add layer mask(레이어 마스크 추가, [▣])'를 클릭하여 레이어 마스크를 추가합니다.

09 Tool Panel(도구 패널) 하단의 Set foreground color(전경색 설정)를 #000000, Set background color(배경색 설정)를 #ffffff로 설정합니다. Gradient Tool(그레이디언트 도구, [▣])을 클릭하고 Options Bar(옵션 바)에서 'Type(유형) : Linear Gradient(선형 그레이디언트), Mode(모드) : Normal(표준), Opacity(불투명도) : 100%'로 설정한 후 [Shift]를 누른 채 왼쪽에서 오른쪽으로 가로 방향으로 드래그하여 이미지 일부를 자연스럽게 지워 합성합니다.

③ 이미지 보정 및 필터, 레이어 스타일 적용

01 [File(파일)]-[Open(열기)]([Ctrl]+[O])을 선택하여 1급-14.jpg를 불러옵니다. Pen Tool(펜 도구, [✐])을 클릭하고 Options Bar(옵션 바)에서 'Path(패스), Path operations(패스 작업) : Exclude Overlapping Shapes(모양 오버랩 제외, [▣])'를 클릭하고 청진기 이미지를 따라 닫힌 패스로 완료합니다.

02 패스가 완료되면 Ctrl+Enter를 눌러 선택 상태로 전환하고, Ctrl+C를 눌러 복사한 후 작업 이미지에 Ctrl+V로 붙여넣기를 합니다. Ctrl+T를 누르고, 마우스 오른쪽 버튼을 클릭하여 [Flip Vertical(세로로 뒤집기)]로 뒤집은 후 크기와 회전을 조절하여 배치합니다.

03 Layers(레이어) 패널 하단의 'Add a layer style(레이어 스타일 추가, *fx.*)'을 클릭하여 [Bevel & Emboss(경사와 엠보스)]를 선택, 'Style(스타일) : Inner Bevel(내부 경사), Direction(방향) : Up(위로), Size(크기) : 5px'로 설정하고 [OK(확인)]를 클릭합니다.

04 [File(파일)]-[Open(열기)](Ctrl+O)을 선택하여 1급-15.jpg를 불러옵니다. Magic Wand Tool(자동 선택 도구, *🖌*)을 클릭하고 Options Bar(옵션 바)에서 'Add to selection(선택 영역에 추가, *🔲*), Tolerance(허용치) : 10, Anti-alias(앤티 앨리어스) : 체크'로 설정한 후 배경 부분을 여러 차례 클릭하여 선택합니다.

합격생의 비법

배경 부분 중 깔끔하게 선택되지 않은 영역은 Polygonal Lasso Tool(다각형 올가미 도구, *🔲*)을 선택하고 Options Bar(옵션 바)에서 'Add to selection(선택 영역에 추가, *🔲*), Feather(페더) : 0px, Anti-alias(앤티 앨리어스) : 체크'로 설정하고 선택합니다.

---

05 Shift+Ctrl+I로 선택 영역을 반전한 후, Ctrl+C로 복사합니다. 작업 이미지에 Ctrl+V로 붙여넣고 Ctrl+T를 눌러 마우스 오른쪽 버튼을 클릭하여 [Flip Horizontal(가로로 뒤집기)]로 뒤집고 크기를 조절하여 배치합니다.

06 [Filter(필터)]−[Filter Gallery(필터 갤러리)]−[Artistic(예술 효과)]−[Dry Brush(드라이 브러시)]를 선택합니다.

07 Layers(레이어) 패널 하단의 'Add a layer style(레이어 스타일 추가, _fx._)'을 클릭하여 [Outer Glow(외부 광선)]를 선택, 'Opacity(불투명도) : 75%, Spread(스프레드) : 0%, Size(크기) : 7px'로 설정하고 [OK(확인)]를 클릭합니다.

08 [File(파일)]−[Open(열기)]([Ctrl]+[O])을 선택하여 1급-16.jpg를 불러옵니다. Magic Wand Tool(자동 선택 도구, _🪄_)을 클릭하고 Options Bar(옵션 바)에서 'Add to selection(선택 영역에 추가, _⬛_), Tolerance(허용치) : 5, Anti-alias(앤티 앨리어스) : 체크'로 설정한 후 배경 부분을 여러 차례 클릭하여 선택합니다.

09 [Shift]+[Ctrl]+[I]로 선택 영역을 반전한 후, [Ctrl]+[C]로 복사, 작업 이미지에 [Ctrl]+[V]로 붙여넣기를 합니다. [Ctrl]+[T]를 눌러 종횡비에 맞게 크기를 조절하고 회전하여 배치합니다.

10 Layers(레이어) 패널 하단의 'Add a layer style(레이어 스타일 추가, _fx._)'을 클릭하여 [Bevel & Emboss(경사와 엠보스)]를 선택, 'Style(스타일) : Inner Bevel(내부 경사), Direction(방향) : Up(위로), Size(크기) : 5px'로 설정합니다.

11 계속해서 [Stroke(획)]를 선택, 'Size(크기) : 4px, Fill Type(칠 유형) : Gradient(그레이디언트), Click to edit the gradient(클릭하여 그레이디언트 편집)'를 클릭합니다. 그레이디언트 슬라이더 왼쪽 하단의 'Color Stop(색상 정지점)'을 더블 클릭하여 #cc9966, 오른쪽 'Color Stop(색상 정지점)'을 더블 클릭하여 #ffffff로 설정한 후, 'Style(스타일) : Linear(선형), Angle(각도) : 90°'로 설정하고 [OK(확인)]를 클릭합니다.

12 Quick Selection Tool(빠른 선택 도구,)을 클릭하고 Options Bar(옵션 바)에서 'Add to selection(선택 영역에 추가,)'을 설정한 후 브러시의 크기를 조절하며 드래그하여 이미지를 선택합니다.

13 Layers(레이어) 패널 하단의 'Create new fill or adjustment layer(새 칠 또는 조정 레이어 생성,)'를 클릭하고 [Hue/Saturation(색조/채도)]을 선택합니다. Properties(속성) 패널에서 'Colorize(색상화) : 체크, Hue(색조) : 42, Saturation(채도) : 80, Lightness(명도) : 10'으로 설정하여 노란색 계열로 색상을 보정합니다.

14 [File(파일)]-[Open(열기)](Ctrl + O)을 선택하여 1급-17.jpg를 불러옵니다. Pen Tool(펜 도구,)을 클릭하고 Options Bar(옵션 바)에서 'Path(패스), Path operations(패스 작업) : Exclude Overlapping Shapes(모양 오버랩 제외,)'를 클릭하고 제시된 이미지를 따라 닫힌 패스로 완료합니다.

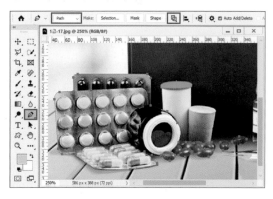

15 패스가 완료되면 `Ctrl`+`Enter`를 눌러 선택 상태로 전환하고, `Ctrl`+`C`를 눌러 복사합니다. 작업 이미지를 선택하고 Layers(레이어) 패널에서 'Layer 4'를 선택합니다. `Ctrl`+`V`로 붙여넣기를 한 후, `Ctrl`+`T`를 눌러 크기를 축소하고, 마우스 오른쪽 버튼을 클릭하여 [Flip Horizontal(가로로 뒤집기)]로 뒤집고 배치합니다.

04 모양 생성 및 변형, 레이어 스타일 적용

01 Custom Shape Tool(사용자 정의 모양 도구, ⚙)을 클릭하고 Options Bar(옵션 바)에서 'Shape(모양), Fill(칠) : #ccffff, Stroke(획) : No Color(색상 없음), Shape(모양) : Information(정보, 🛈)'로 설정한 후 `Shift`를 누른 채 모양을 그립니다.

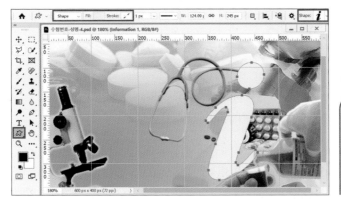

Shape 경로

[Legacy Shapes and More(레거시 모양 및 기타)]–[All Legacy Default Shapes(모든 레거시 기본 모양)]–[Symbols(기호)]

02 Layers(레이어) 패널 하단의 'Add a layer style(레이어 스타일 추가, fx.)'을 클릭하여 [Inner Shadow(내부 그림자)]를 선택, 'Opacity(불투명도) : 75%, Angle(각도) : 90°, Distance(거리) : 5px, Size(크기) : 5px'로 설정하고 [OK(확인)]를 클릭합니다.

03 Layers(레이어) 패널 상단의 'Opacity(불투명도) : 70%'로 설정한 후, `Ctrl`+`[`를 여러 번 눌러 청진기 이미지 아래쪽으로 순서를 정돈합니다.

04 Custom Shape Tool(사용자 정의 모양 도구, ⚐)을 클릭하고 Options Bar(옵션 바)에서 'Shape(모양), Fill(칠) : #669999, Stroke(획) : No Color(색상 없음), Shape(모양) : Light Bulb 2(백열 전구 2, ⚐)'로 설정한 후 Shift 를 누른 채 드래그하여 모양을 그립니다. Ctrl + T 를 눌러 회전하고 배치합니다.

Shape 경로

[Legacy Shapes and More(레거시 모양 및 기타)]-[All Legacy Default Shapes(모든 레거시 기본 모양)]-[Objects(물건)]

05 Layers(레이어) 패널 하단의 'Add a layer style(레이어 스타일 추가, *fx.*)'을 클릭하여 [Outer Glow(외부 광선)]를 선택, 'Opacity(불투명도) : 75%, Spread(스프레드) : 0%, Size(크기) : 5px'로 설정하고 [OK(확인)]를 클릭합니다.

06 Layers(레이어) 패널에서 'Layer 4' 레이어를 선택합니다. Custom Shape Tool(사용자 정의 모양 도구, ⚐)을 클릭하고 Options Bar(옵션 바)에서 'Shape(모양), Fill(칠) : #cc6633, Stroke(획) : No Color(색상 없음), Shape(모양) : Search(검색, 🔍)'로 설정한 후 Shift 를 누른 채 드래그하여 왼쪽 하단에 모양을 그립니다.

Shape 경로

[Legacy Shapes and More(레거시 모양 및 기타)]-[All Legacy Default Shapes(모든 레거시 기본 모양)]-[Web(웹)]

07 Layers(레이어) 패널 하단의 'Add a layer style(레이어 스타일 추가, *fx.*)'을 클릭하여 [Drop Shadow(그림자)]를 선택, 'Opacity(불투명도) : 75%, Angle(각도) : 90°, Distance (거리) : 5px, Size(크기) : 5px'로 설정하고 [OK(확인)]를 클릭합니다.

08 Layers(레이어) 패널 상단의 'Opacity(불투명도) : 60%'로 설정합니다. Ctrl + J 를 눌러 'Search 1' 레이어를 복사하고, 'Search 1 copy' 레이어의 'Layer thumbnail(레이어 축소판)'을 더블 클릭하여 'Color(색상) : #ffff00'으로 변경합니다.

09 Ctrl + T 를 눌러 크기를 축소하고, 마우스 오른쪽 버튼을 클릭하여 [Flip Horizontal(가로로 뒤집기)]로 뒤집고 회전하여 배치합니다.

05 펜 도구 작업 및 레이어 스타일 적용

01 Rounded Rectangle Tool(모서리가 둥근 직사각형 도구, ▢)을 클릭하고 Options Bar(옵션 바)에서 'Shape(모양), Fill(칠) : 임의 색상, Stroke(획) : No Color(색상 없음), Path operations(패스 작업) : New Layer(새 레이어, ▣), Radius(반경) : 20px'로 설정한 후 Shift 를 누른 채 드래그하여 둥근 사각형을 그립니다.

02 Pen Tool(펜 도구,)을 클릭하고 Options Bar(옵션 바)에서 'Shape(모양), Fill(칠) : 임의 색상, Stroke(획) : No Color(색상 없음), Path operations(패스 작업) : Subtract Front Shape(전면 모양 빼기, ⟐)'로 설정한 후 둥근 사각형 왼쪽 상단과 겹치도록 닫힌 패스를 그립니다.

합격생의 비법

수직, 수평 패스 그리기

[Shift]를 누른 채 클릭하여 수직, 수평선을 연결하여 그릴 수 있습니다.

03 Rectangle Tool(사각형 도구, ▢)을 클릭하고 Options Bar(옵션 바)에서 'Shape(모양), Fill(칠) : 임의 색상, Stroke(획) : No Color(색상 없음), Path operations(패스 작업) : Subtract Front Shape(전면 모양 빼기, ⟐)'로 설정한 후 드래그하여 둥근 사각형과 겹치도록 직사각형을 그립니다.

04 직사각형을 [Ctrl]+[C]를 눌러 복사하고 [Ctrl]+[V]를 눌러 붙여넣기를 합니다. [Ctrl]+[T]를 누르고, 마우스 오른쪽 버튼을 클릭하여 [Rotate 90° Clockwise(90도 시계방향 회전)]로 회전하고 [Enter]를 눌러 변형을 완료합니다

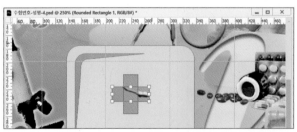

합격생의 비법

선택된 패스를 [Ctrl]+[C]로 복사하고 [Ctrl]+[V]로 붙여넣기를 하면, 현재 작업 중인 레이어에 제자리 붙여넣기가 됩니다.

05 Options Bar(옵션 바)에서 'Path operations(패스 작업) : Merge Shape Components(모양 병합 구성 요소, 🖻)'를 클릭하여 하나로 병합하고 Enter 를 눌러 패스 작업을 완료합니다.

06 Layers(레이어) 패널 하단의 'Add a layer style(레이어 스타일 추가, fx.)'을 클릭하여 [Gradient Overlay(그레이디언트 오버레이)]를 선택하고 'Click to edit the gradient(클릭하여 그레이디언트 편집)'를 클릭합니다. 그레이디언트 슬라이더 왼쪽 하단의 'Color Stop(색상 정지점)'을 더블 클릭하여 #660000, 오른쪽 'Color Stop(색상 정지점)'을 더블 클릭하여 #cc0000으로 설정한 후, 'Style(스타일) : Linear(선형), Angle(각도) : 0°'로 설정합니다.

07 계속해서 [Drop Shadow(드롭 섀도)]를 선택, 'Opacity(불투명도) : 75%, Angle(각도) : 90°, Distance(거리) : 5px, Size(크기) : 5px'로 설정하고 [OK(확인)]를 클릭합니다.

08 Layers(레이어) 패널의 레이어 이름을 더블 클릭하여 path 1로 설정합니다.

09 Rounded Rectangle Tool(모서리가 둥근 직사각형 도구, ▣)을 클릭하고 Options Bar(옵션 바)에서 'Shape(모양), Fill(칠) : #000000, Stroke(획) : No Color(색상 없음), Path operations(패스 작업) : New Layer(새 레이어, ▣), Radius(반경) : 10px'로 설정한 후 둥근 사각형을 그립니다.

10 Rectangle Tool(사각형 도구, ▢)을 클릭하고 Options Bar(옵션 바)에서 'Shape(모양), Path operations(패스 작업) : Combine Shapes(모양 결합, ▣)'로 설정한 후 드래그하여 겹치도록 직사각형을 그립니다.

11 Rounded Rectangle Tool(모서리가 둥근 직사각형 도구, ▢)을 클릭하고 Options Bar(옵션 바)에서 'Shape(모양), 'Path operations(패스 작업) : Subtract Front Shape(전면 모양 빼기, ▣), Radius(반경) : 5px'로 설정하고 서로 겹치도록 그리고 배치합니다.

합격생의 비법

모양 패스를 그린 후 [Enter]를 1번 눌러 패스의 조절점을 비활성 상태로 만든 후 다시 한번 [Enter]를 눌러 'Path operations (패스 작업)'의 옵션을 변경하여 작업을 진행할 수 있습니다.

12 계속해서 하단에 드래그하여 겹치도록 둥근 사각형을 그립니다. Path Selection Tool(패스 선택 도구, ▸)로 드래그하여 모양을 모두 선택하고 Options Bar(옵션 바)에서 'Path alignment(패스 정렬) : Align horizontal centers(수평 중앙 정렬, ▣)'를 클릭하여 중앙에 정렬합니다.

13 Options Bar(옵션 바)에서 'Path operations(패스 작업) : Merge Shape Components(모양 병합 구성 요소, ▣)'를 클릭하여 하나로 병합하고 Enter를 눌러 패스 작업을 완료합니다.

14 Layers(레이어) 패널의 레이어 이름을 더블 클릭하여 path 2로 설정합니다.

15 Layers(레이어) 패널 하단의 'Add a layer style(레이어 스타일 추가, fx.)'을 클릭하여 [Drop Shadow(그림자)]를 선택, 'Opacity(불투명도) : 75%, Angle(각도) : 90°, Distance(거리) : 3px, Size(크기) : 7px'로 설정하고 [OK(확인)]를 클릭합니다.

16 Layers(레이어) 패널에서 Shift를 누른 채 'path 1' 레이어와 'path 2' 레이어를 클릭하여 동시에 선택합니다. Ctrl+T를 눌러 Options Bar(옵션 바)에서 'Rotate(회전, ∠) : -15°'를 입력하고 Enter를 눌러 회전을 적용하고 배치합니다.

06 패턴 정의와 적용 및 레이어 마스크 적용

01 [File(파일)]-[New(새로 만들기)](Ctrl+N)를 선택하고 'Width(폭) : 40Pixels(픽셀), Height(높이) : 40Pixels(픽셀), Resolution(해상도) : 72Pixels/Inch(픽셀/인치), Color Mode(색상 모드) : RGB Color(RGB 색상), 8bit(비트), Background Contents(배경 내용) : Transparent(투명)'로 설정하여 새 작업 이미지를 만듭니다.

02 Custom Shape Tool(사용자 정의 모양 도구, ⬡)을 클릭하고 Options Bar(옵션 바)에서 'Shape(모양), Fill(칠) : #ff3333, Stroke(획) : No Color(색상 없음), Shape(모양) : Question Mark(물음표, ?)'로 설정한 후 Shift를 누른 채 모양을 그립니다.

> **Shape 경로**
>
> [Legacy Shapes and More(레거시 모양 및 기타)]-[All Legacy Default Shapes(모든 레거시 기본 모양)]-[Symbols(기호)]

03 Custom Shape Tool(사용자 정의 모양 도구, ⬚)을 클릭하고 Options Bar(옵션 바)에서 'Shape(모양), Fill(칠) : #ffffff, Stroke(획) : No Color(색상 없음), Shape(모양) : Light Bulb 1(백열 전구 1, 🔆)'로 설정한 후 Shift 를 누른 채 모양을 그립니다.

Shape 경로

[Legacy Shapes and More(레거시 모양 및 기타)]–[All Legacy Default Shapes(모든 레거시 기본 모양)]–[Objects(물건)]

04 [Edit(편집)]–[Define Pattern(패턴 정의)]을 선택하고 'Pattern Name : 물음표와 전구'로 설정하여 패턴을 등록합니다.

05 작업 이미지를 선택하고 Layers(레이어) 패널에서 'path 1' 레이어를 선택하고 'Layer thumbnail(레이어 축소판)'을 Ctrl 을 누른 채 클릭하여 선택합니다.

Ctrl +클릭

06 Layers(레이어) 패널 하단의 'Create a new layer(새 레이어 만들기, ⬚)'을 클릭하여 'Path 1' 레이어의 위쪽에 새 레이어를 추가하고 이름을 pattern으로 설정합니다.

07 Layers(레이어) 패널의 'pattern' 레이어를 선택하고 [Edit(편집)]–[Fill(칠)]을 선택하고 'Contents(내용) : Pattern(패턴), Custom Pattern(사용자 정의 패턴) : 물음표와 전구, Mode(모드) : Normal(표준), Opacity(불투명도) : 100%, Preserve Transparency(투명도 유지) : 체크 해제'로 설정하여 채웁니다.

08 Ctrl+D를 눌러 선택을 해제하고, Layers(레이어) 패널 상단의 'Opacity(불투명도) : 60%'로 설정합니다.

09 Layers(레이어) 패널에서 'Layer 3' 레이어를 선택하고 Ctrl+]를 여러 번 눌러 'pattern' 레이어의 위쪽으로 순서를 정돈하여 배치합니다.

07 문자 입력과 왜곡 및 레이어 스타일 적용

01 Layers(레이어) 패널에서 맨 위쪽의 레이어를 선택합니다. Horizontal Type Tool(수평 문자 도구, T)로 작업 이미지를 클릭하고 Options Bar(옵션 바)에서 'Font(글꼴) : Arial, Set font style(글꼴 스타일 설정) : Bold, Set font size(글꼴 크기) : 16pt, Color(색상) : #cc6633'으로 설정한 후 https://nedrug.mfds.go.kr을 입력합니다.

02 Layers(레이어) 패널 하단의 'Add a layer style(레이어 스타일 추가, fx.)'을 클릭하여 [Stroke(획)]를 선택, 'Size(크기) : 2px, Color(색상) : #ffffff'로 설정하고 [OK(확인)]를 클릭합니다.

03 Horizontal Type Tool(수평 문자 도구, T)로 작업 이미지를 클릭하고 Options Bar(옵션 바)에서 'Font(글꼴) : 돋움, Set font size(글꼴 크기) : 45pt, Set anti-aliasing method (앤티 앨리어싱 방법 설정) : Strong(강하게), Color(색상) : 임의 색상'으로 설정한 후 의약품 통합정보시스템을 입력합니다.

04 Options Bar(옵션 바)에서 Create warped text(뒤틀어진 텍스트 만들기, ⏆)를 클릭하여 [Warp Text(텍스트 뒤틀기)] 대화상자에서 'Style(스타일) : Fish(물고기), Horizontal(가로) : 체크, Bend(구부리기) : 40%'로 설정하여 문자의 모양을 왜곡합니다.

05 Layers(레이어) 패널 하단에 'Add a layer style(레이어 스타일 추가, fx.)'을 클릭하여 [Stroke(획)]를 선택, 'Size(크기) : 3px, Color(색상) : #ffffff'로 설정합니다. 계속해서 [Gradient Overlay(그레이디언트 오버레이)]를 선택하고 'Click to edit the gradient(클릭하여 그레이디언트 편집)'를 클릭합니다.

06 그레이디언트 슬라이더 왼쪽 하단의 'Color Stop(색상 정지점)'을 더블 클릭하여 #3300ff, 오른쪽 'Color Stop(색상 정지점)'을 더블 클릭하여 #ff00ff로 설정한 후, 'Style(스타일) : Linear(선형), Angle(각도) : 0°'로 설정합니다.

07 계속해서 [Drop Shadow(드롭 섀도)]를 선택, 'Opacity(불투명도) : 75%, Angle(각도) : 90°, Distance(거리) : 5px, Size(크기) : 5px'로 설정하고 [OK(확인)]를 클릭합니다.

08 Horizontal Type Tool(수평 문자 도구, T)로 작업 이미지를 클릭하고 Options Bar(옵션 바)에서 'Font(글꼴) : 궁서, Set font size(글꼴 크기) : 17pt, Set anti-aliasing method (앤티 앨리어싱 방법 설정) : Strong(강하게), Center text(텍스트 중앙 정렬, 圭), Color(색상) : #000000'으로 설정한 후 의약품등 검색 안전사용정보 의약품정보를 입력합니다. '안전사용정보' 문자를 드래그하여 선택하고 Options Bar(옵션 바)에서 'Color(색상) : #cc0033' 으로 설정합니다.

09 Layers(레이어) 패널 하단에 'Add a layer style(레이어 스타일 추가, fx.)'을 클릭하여 [Stroke(획)]를 선택, 'Size(크기) : 1px, Color(색상) : #ffffff'로 설정하고 [OK(확인)]를 클릭합니다.

10 Ctrl + T 를 눌러 Options Bar(옵션 바)에서 'Rotate(회전, △) : -15°'를 입력하고 Enter 를 눌러 회전을 적용하고 배치합니다.

11 Horizontal Type Tool(수평 문자 도구, T)로 작업 이미지를 클릭하고 Options Bar(옵션 바)에서 'Font(글꼴) : 돋움, Set font size(글꼴 크기) : 16pt, 안티에일리어싱 : Strong(강하게), Color(색상) : #993300'으로 설정한 후 안전하고 건강한 삶을 위하여…를 입력합니다.

12 Options Bar(옵션 바)에서 Create warped text(뒤틀어진 텍스트 만들기, Ⅰ)를 클릭하여 [Warp Text(텍스트 뒤틀기)] 대화상자에서 'Style(스타일) : Arc(부채꼴), Horizontal(가로) : 체크, Bend(구부리기) : 50%'로 설정하여 문자의 모양을 왜곡합니다.

13 Layers(레이어) 패널 하단에 'Add a layer style(레이어 스타일 추가, fx.)'을 클릭하여 [Stroke(획)]를 선택하고 'Size(크기) : 2px, Color(색상) : #ffff99'로 설정하고 [OK(확인)]를 클릭합니다.

14 Ctrl+T를 눌러 Options Bar(옵션 바)에서 'Rotate(회전, △) : −30°'를 입력하고 Enter를 눌러 회전을 적용하고 배치합니다. Ctrl+S를 눌러 저장합니다.

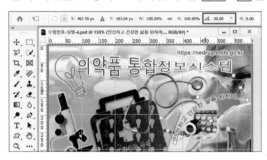

08 정답 파일 저장

01 [View(보기)]−[Show(표시)]−[Grid(격자)](Ctrl+')를 선택하여 격자를 가립니다.

02 [File(파일)]−[Save As(다른 이름으로 저장)](Shift+Ctrl+S)를 선택하고 '저장 위치 : 내 PC₩문서₩GTQ, 파일 형식 : JPEG, 파일 이름 : 수험번호−성명−문제번호.jpg'를 입력하고 [저장]을 클릭한 후 [JPEG Options(JPEG 옵션)] 대화상자에서 'Quality(품질) : 8'로 설정하고 [OK(확인)]를 클릭합니다.

03 [Image(이미지)]−[Image Size(이미지 크기)](Alt+Ctrl+I)를 선택하고 'Constrain aspect ratio(종횡비 제한) : 클릭, Width(폭) : 60Pixels(픽셀), Height(높이) : 40Pixels(픽셀)'로 입력하여 이미지 크기를 1/10로 축소한 후 [OK(확인)]를 클릭합니다.

04 [File(파일)]−[Save As(다른 이름으로 저장)](Shift+Ctrl+S)를 선택하고 '저장 위치 : 내 PC₩문서₩GTQ, 파일 형식: Photoshop(*.PSD, *.PDD), 파일 이름 : 수험번호−성명−문제번호.psd'를 입력하고 [저장]을 클릭합니다.

05 답안 저장이 완료되면 [File(파일)]−[Exit(종료)](Ctrl+Q)를 선택하여 프로그램을 종료하고 수험 프로그램에서 [답안 전송]을 클릭하여 psd와 jpg 파일을 감독관 컴퓨터로 전송합니다.

급수	버전	문제유형	시험시간	수험번호	성명
1급		A	90분	G120210005	

수 험 자 유 의 사 항

- 수험자는 문제지를 받는 즉시 응시하고자 하는 **과목 및 급수가 맞는지 확인**한 후 수험번호와 성명을 작성합니다.
- 파일명은 본인의 "수험번호−성명−문제번호"로 공백 없이 정확히 입력하고 답안폴더(내 PC\문서\GTQ)에 jpg 파일과 psd 파일의 2가지 포맷으로 저장해야 하며, jpg 파일과 psd 파일의 내용이 상이할 경우 0점 처리됩니다. 답안문서 파일명 이 "수험번호−성명−문제번호"와 일치하지 않거나, 답안 파일을 전송하지 않아 미제출로 처리될 경우 불합격 처리됩니다.
- 문제의 세부조건은 '영문(한글)' 형식으로 표기되어 있으니 유의하시기 바랍니다.
- 수험자 정보와 저장한 파일명, 저장 위치가 다를 경우 전송이 되지 않으므로, 주의하시기 바랍니다.
- 답안 작성 중에도 **주기적으로 '저장'과 '답안 전송'**을 이용하여 감독위원 PC로 답안을 전송하셔야 합니다.(※ 작업한 내용 을 **저장하지 않고 전송할 경우** 이전의 저장내용이 전송되오니 이 점 반드시 유념하시기 바랍니다.)
- 답안문서는 지정된 경로 외의 다른 보조기억장치에 저장하는 행위, 지정된 시험 시간 외에 작성된 파일을 활용한 행위, 기 타 통신수단(이메일, 메신저, 네트워크 등)을 이용하여 타인에게 전달 또는 외부 반출하는 행위는 부정으로 간주되어 자격 기본법 제32조에 의거 본 시험 및 국가공인 자격시험을 2년간 응시할 수 없습니다.
- 시험 중 부주의 또는 고의로 시스템을 파손한 경우와 〈수험자 유의사항〉에 기재된 방법대로 이행하지 않아 생기는 불이익 은 수험자의 책임임을 알려 드립니다.
- 시험을 완료한 수험자는 최종적으로 저장한 답안파일이 전송되었는지 확인한 후 감독위원의 지시에 따라 문제지를 제출하 고 퇴실합니다.

답 안 작 성 요 령

- **온라인 답안 작성 절차**
  수험자 등록 ⇒ 시험 시작 ⇒ 답안파일 저장 ⇒ 답안 전송 ⇒ 시험 종료
- 내 PC\문서\GTQ\Image폴더에 있는 그림 원본파일을 사용하여 답안을 작성하시고 최종답안을 답안폴더(내 PC\문 서\GTQ)에 저장하여 답안을 전송하시고, 이미지의 크기가 다른 경우 감점 처리됩니다.
- 배점은 총 100점으로 이루어지며, 점수는 각 문제별로 차등 배분됩니다.
- 각 문제는 주어진 〈조건〉에 따라 작성하고, 언급하지 않은 조건은 《출력형태》와 같이 작성합니다.
- 배치 등의 편의를 위해 주어진 눈금자의 단위는 '픽셀'입니다.
  그 외는 출력형태(효과, 이미지, 문자, 색상, 레이아웃, 규격 등)와 같게 작업하십시오.
- 문제 조건에 서체의 지정이 없을 경우 한글은 굴림이나 돋움, 영문은 Arial로 작업하십시오.
  (단, 그 외에 제시되지 않은 문자 속성을 기본값으로 작성하지 않은 경우는 감점 처리됩니다.)
- Image Mode(이미지 모드)는 별도의 처리조건이 없을 경우에는 RGB(8비트)로 작업하십시오.
- 모든 답안 파일은 해상도 72Pixels/Inch로 작업하십시오.
- Layer(레이어)는 각 기능별로 분할해야 하며, 임의로 합칠 경우나 각 기능에 대한 속성을 해지할 경우 해당 요소는 0점 처리 됩니다.

한 국 생 산 성 본 부

문제 1 ┊ 고급 Tool(도구) 활용   20점

다음의 《조건》에 따라 아래의 《출력형태》와 같이 작업하시오.

출력형태

조건

원본 이미지		Part04₩기출유형문제05회₩1급-1.jpg, 1급-2.jpg, 1급-3.jpg	
파일저장규칙	JPG	파일명	문서₩GTQ₩수험번호-성명-1.jpg
		크기	400×500 pixels
	PSD	파일명	문서₩GTQ₩수험번호-성명-1.psd
		크기	40×50 pixels

1. 그림 효과

① 1급-1.jpg : 필터 – Rough Pastels(거친 파스텔 효과)
② Save Path(패스 저장) : 텐트 모양
③ Mask(마스크) : 텐트 모양, 1급-2.jpg를 이용하여 작성
   레이어 스타일 – Stroke(선/획)(4px, 그라디언트(#ff6666, #ffffff)), Inner Shadow(내부 그림자)
④ 1급-3.jpg : 레이어 스타일 – Bevel & Emboss(경사와 엠보스)
⑤ Shape Tool(모양 도구) :
   – 나무 모양(#006633, 레이어 스타일 – Inner Glow(내부 광선))
   – 불 모양(#ff9933, #ff3333, 레이어 스타일 – Inner Glow(내부 광선))

2. 문자 효과

① CAMPING(Times New Roman, Bold, 45pt, #ffffff, 레이어 스타일 – Stroke(선/획)(3px, 그라디언트(#ff9999, #00cc99, #6666ff))

문제 2 ┊ 사진편집 응용   20점

다음의 《조건》에 따라 아래의 《출력형태》와 같이 작업하시오.

출력형태

조건

원본 이미지		Part04₩기출유형문제05회₩1급-4.jpg, 1급-5.jpg, 1급-6.jpg	
파일저장규칙	JPG	파일명	문서₩GTQ₩수험번호-성명-2.jpg
		크기	400×500 pixels
	PSD	파일명	문서₩GTQ₩수험번호-성명-2.psd
		크기	40×50 pixels

1. 그림 효과

① 1급-4.jpg : 필터 – Crosshatch(그물눈)
② 색상 보정 : 1급-5.jpg – 노란색 계열로 보정
③ 1급-5.jpg : 레이어 스타일 – Stroke(선/획)(2px, #ffffff)
④ 1급-6.jpg : 레이어 스타일 – Drop Shadow(그림자 효과)
⑤ Shape Tool(모양 도구) :
   – 산 모양(#006600, #ffffff, 레이어 스타일 – Outer Glow(외부 광선))
   – 꽃 모양(#ff9900, 레이어 스타일 – Inner Shadow(내부 그림자))

2. 문자 효과

① Traveling with Friends(Times New Roman, Bold, 35pt, 레이어 스타일 – Stroke(선/획)(2px, #333333), 그라디언트 오버레이(#ff9900, #ffffff, #00ff00))

다음의 《조건》에 따라 아래의 《출력형태》와 같이 작업하시오.

조건

원본 이미지		Part04\기출유형문제\05회\1급-7.jpg, 1급-8.jpg, 1급-9.jpg, 1급-10.jpg, 1급-11.jpg	
파일저장규칙	JPG	파일명	문서\GTQ\수험번호-성명-3.jpg
		크기	600×400 pixels
	PSD	파일명	문서\GTQ\수험번호-성명-3.psd
		크기	60×40 pixels

1. 그림 효과

① 배경 : #996666

② 1급-7.jpg : Blending Mode(혼합 모드) – Overlay(오버레이), 레이어 마스크 – 세로 방향으로 흐릿하게, Opacity(불투명도)(80%)

③ 1급-8.jpg : 필터 – Rough Pastels(거친 파스텔 효과), 레이어 마스크 – 가로 방향으로 흐릿하게

④ 1급-9.jpg : 레이어 스타일 – Stroke(선/획)(4px, 그라디언트(#003399, #ff9900))

⑤ 1급-10.jpg : 필터 – Crosshatch(그물눈)

⑥ 1급-11.jpg : 색상 보정 – 파란색 계열로 보정, 레이어 스타일 – Inner Glow(내부 광선), Drop Shadow(그림자 효과)

⑦ 그 외 《출력형태》 참조

2. 문자 효과

① 낯선 세계로 떠나는 설레임(돋움, 18pt, #ffffcc, 레이어 스타일 – Drop Shadow(그림자 효과))

② 삶의 여유를 찾아서(궁서, 35pt, 레이어 스타일 – Stroke(선/획)(3px, #6600cc), 그라디언트 오버레이(#00ccff, #33cc66, #ffcc00), Drop Shadow(그림자 효과))

③ Wisdom and leisure of my life(Arial, Regular, 16pt, #ffffff, 레이어 스타일 – Stroke(선/획)(2px, #336666))

④ SNS 공지 라이브 방송 참여하기 매주 목요일 저녁(돋움, 16pt, #333399, #ff0099, 레이어 스타일 – Stroke(선/획)(2px, #ffffff))

출력형태

Shape Tool(모양 도구) 사용
#333333,
레이어 스타일 – Outer Glow(외부 광선),
Opacity(불투명도)(60%)

Shape Tool(모양 도구) 사용
#993333, #996666,
레이어 스타일 – Outer Glow(외부 광선)

Shape Tool(모양 도구) 사용
레이어 스타일 – 그라디언트 오버레이
(#996699, #ffcc99),
Inner Shadow(내부 그림자)

다음의 《조건》에 따라 아래의 《출력형태》와 같이 작업하시오.

조건

원본 이미지		Part04₩기출유형문제05회₩1급-12.jpg, 1급-13.jpg, 1급-14.jpg, 1급-15.jpg, 1급-16.jpg, 1급-17.jpg
파일저장규칙	JPG 파일명	문서₩GTQ₩수험번호-성명-4.jpg
	JPG 크기	600×400 pixels
	PSD 파일명	문서₩GTQ₩수험번호-성명-4.psd
	PSD 크기	60×40 pixels

1. 그림 효과

① 배경 : #cccccc
② 패턴(여성심볼, 남성심볼 모양) : #ffffcc, #999900, Opacity(불투명도)(60%)
③ 1급-12.jpg : Blending Mode(혼합 모드) – Overlay(오버레이), 레이어 마스크 – 세로 방향으로 흐릿하게
④ 1급-13.jpg : 필터 – Dry Brush(드라이 브러시), 레이어 마스크 – 대각선 방향으로 흐릿하게
⑤ 1급-14.jpg : 레이어 스타일 – Bevel and Emboss(경사와 엠보스), Drop Shadow(그림자 효과)
⑥ 1급-15.jpg : 필터 – Film Grain(필름 그레인), 레이어 스타일 – Drop Shadow(그림자 효과)
⑦ 1급-16.jpg : 색상 보정 – 보라색 계열로 보정, 레이어 스타일 – Bevel and Emboss(경사와 엠보스), Stroke(선/획)(2px, #ff9999)
⑧ 그 외 《출력형태》 참조

2. 문자 효과

① 건강을 지키는 현명한 방법(돋움, 33pt, 레이어 스타일 – Stroke(선/획)(3px, #660066), 그라디언트 오버레이(#00ffff, #ffffff), Drop Shadow(그림자 효과))
② http://healthinfo.co.kr(Arial, Regular, 16pt, #663300, 레이어 스타일 – Stroke(선/획)(2px, #ffcccc))
③ 자기 관리와 온라인 맞춤 클래스(돋움, 20pt, #ffffff, 레이어 스타일 – Stroke(선/획)(2px, #663333))
④ 홈트레이닝 비대면수강 명상음악(돋움, 16pt, #000000, #cc0099, 레이어 스타일 – Stroke(선/획)(2px, #ffffff))

출력형태

Shape Tool(모양 도구) 사용
#660000,
레이어 스타일 – Outer Glow(외부 광선)

Pen Tool(펜 도구) 사용
#ffcc33, #ff6699,
레이어 스타일 – Drop
Shadow(그림자 효과)

Shape Tool(모양 도구) 사용
#33ffff, #009933,
레이어 스타일 –
Outer Glow(외부 광선),
Opacity(불투명도)(70%)

Shape Tool(모양 도구) 사용
레이어 스타일 –
Stroke(선/획)(2px, #cc9966),
그라디언트 오버레이
(#ffcc99, #ffffff)

작업과정	새 작업 이미지 만들기 및 파일 저장하기 ▶ 필터 적용 ▶ 텐트 모양 패스 생성 ▶ 패스 저장 및 레이어 스타일 적용 ▶ 클리핑 마스크 적용 후 레이어 스타일 적용 ▶ 모양 생성 및 레이어 스타일 적용 ▶ 문자 입력 및 왜곡, 레이어 스타일 적용 ▶ 정답 파일 저장
완성이미지	Part04₩기출유형문제05회₩정답파일₩G120210005-성명-1.jpg, G120210005-성명-1.psd

01 새 작업 이미지 만들기 및 파일 저장하기

01 [File(파일)]-[New(새로 만들기)]([Ctrl]+[N])를 선택하고 'Width(폭) : 400Pixels(픽셀), Height(높이) : 500Pixels(픽셀), Resolution(해상도) : 72Pixels/Inch(픽셀/인치), Color Mode(색상 모드) : RGB Color(RGB 색상), 8bit(비트), Background Contents(배경 내용) : White(흰색)'로 설정하여 새 작업 이미지를 만듭니다.

02 [Edit(편집)]-[Preference(환경설정)]([Ctrl]+[K])를 클릭하고 [Guides, Grid & Slices(안내선, 격자와 슬라이스)]를 선택하여 Grid(격자)의 'Color(색상)'를 클릭하여 밝은 색상으로 변경한 후 'Gridline Every(격자 간격) : 100Pixels(픽셀), Subdivisions(세분) : 1'로 설정합니다.

03 [View(보기)]-[Show(표시)]-[Grid(격자)]([Ctrl]+['])와 [View(보기)]-[Rulers(눈금자)]([Ctrl]+[R])를 선택하여 격자와 눈금자를 표시합니다.

04 작업 도큐먼트를 저장하기 위해 [File(파일)]-[Save As(다른 이름으로 저장)]([Shift]+[Ctrl]+[S])를 선택하고 임의 경로에 수험번호-성명-문제번호.psd로 파일을 저장합니다.

02 필터 적용

01 [File(파일)]-[Open(열기)]([Ctrl]+[O])을 선택하여 1급-1.jpg를 불러옵니다. [Ctrl]+[A]로 전체선택, [Ctrl]+[C]로 복사, 작업 이미지에 [Ctrl]+[V]로 붙여넣기를 하고 격자를 참고하여 배치합니다.

 →

02 [Filter(필터)]–[Filter Gallery(필터 갤러리)]–[Artistic(예술 효과)]–[Rough Pastels(거친 파스텔 효과)]를 선택합니다.

03 텐트 모양 패스 생성

01 Custom Shape Tool(사용자 정의 모양 도구, 🔯)을 클릭하고 Options Bar(옵션 바)에서 'Shape(모양), Fill(칠) : 임의 색상, Stroke(획) : No Color(색상 없음), Shape(모양) : Triangle(삼각형, ▲)'로 설정한 후 격자를 참조하여 삼각형 모양을 그립니다.

> **Shape 경로**
>
> [Legacy Shapes and More(레거시 모양 및 기타)]–[All Legacy Default Shapes(모든 레거시 기본 모양)]–[Shapes(모양)]

합격생의 비법

패스 작업의 명확한 구분을 위해서 Layers(레이어) 패널에서 'Layer 1' 레이어의 눈 아이콘을 클릭하여 이미지의 가시성을 끄고 패스를 그립니다.

02 Rectangle Tool(사각형 도구, 🔲)을 클릭하고 Options Bar(옵션 바)에서 'Shape(모양), Fill(칠) : 임의 색상, Stroke(획) : No Color(색상 없음), Path operations(패스 작업) : Combine Shapes(모양 결합, 🔳)'로 설정한 후 드래그하여 삼각형 모양 아래쪽에 겹치도록 그립니다.

03 Ellipse Tool(타원 도구, ⬭)을 클릭하고 Options Bar(옵션 바)에서 'Shape(모양), Fill(칠) : 임의 색상, Stroke(획) : No Color(색상 없음), Path operations(패스 작업) : Subtract Front Shape(전면 모양 빼기, 🔳)'을 설정한 후 드래그하여 타원형 모양을 겹치도록 배치합니다.

04 Convert Point Tool(기준점 변환 도구, ⌐⌐)을 클릭하고 타원형 모양의 상단 기준점에 클릭하여 패스를 변형합니다.

05 Ellipse Tool(타원 도구, ⬭)을 클릭하고 Options Bar(옵션 바)에서 'Shape(모양), Fill(칠) : 임의 색상, Stroke(획) : No Color(색상 없음), Path operations(패스 작업) : Combine Shapes(모양 결합, ⬚)'로 설정한 후 드래그하여 타원형 모양을 하단에 그립니다.

06 계속해서 Options Bar(옵션 바)에서 'Shape(모양), Path operations(패스 작업) : Subtract Front Shape(전면 모양 빼기, ⬚)'로 설정한 후 드래그하여 타원형 모양을 상단과 겹치도록 배치합니다.

07 Rounded Rectangle Tool(모서리가 둥근 직사각형 도구, □)을 클릭하고 'Shape(모양), Path operations(패스 작업) : Combine Shapes(모양 결합, □), Radius(반경) : 10px'로 설정한 후 드래그하여 왼쪽 하단에 둥근 사각형을 그립니다.

08 Rectangle Tool(사각형 도구, □)을 클릭하고 'Shape(모양), Path operations(패스 작업) : Combine Shapes(모양 결합, □)'을 설정한 후 드래그하여 둥근 사각형과 겹치도록 그립니다.

09 Path Selection Tool(패스 선택 도구, ▶)로 드래그하여 둥근 사각형과 사각형을 함께 선택하고 Ctrl + T를 눌러 반시계방향으로 회전하여 배치하고 Enter를 눌러 변형을 완료합니다.

10 Pen Tool(펜 도구, ⌀)을 클릭하고 Options Bar(옵션 바)에서 'Shape(모양), Fill(칠) : 임의 색상, Stroke(획) : No Color(색상 없음), Path operations(패스 작업) : Combine Shapes(모양 결합, □)'을 설정한 후 왼쪽에 닫힌 패스를 겹치도록 그립니다.

11 Path Selection Tool(패스 선택 도구, ▶)로 드래그하여 3개의 패스 모양을 함께 선택한 후 [Ctrl]+[C]를 눌러 복사하고 [Ctrl]+[V]를 눌러 붙여넣기를 합니다. [Ctrl]+[T]를 누르고 마우스 오른쪽 버튼을 클릭하여 [Flip Horizontal(가로로 뒤집기)]로 뒤집기를 합니다. 이동하여 배치한 후 [Enter]를 눌러 변형을 완료합니다.

합격생의 **비법**

[Ctrl]+[C]를 눌러 복사한 후 붙여넣기를 하면 'Path operations (패스 작업)'의 옵션이 유지됩니다.

12 Path Selection Tool(패스 선택 도구, ▶)로 드래그하여 모든 패스 모양을 함께 선택하고 Options Bar(옵션 바)에서 'Path operations(패스 작업) : Merge Shape Components(모양 병합 구성 요소, ▣)'를 클릭하여 병합합니다.

04 패스 저장 및 레이어 스타일 적용

01 Paths(패스) 패널에서 작업 패스 'Triangle 1 Shape Path'를 더블 클릭한 후 [Save Path(패스 저장)] 대화상자에서 'Name(이름) : 텐트 모양'으로 입력하여 패스를 저장합니다.

합격생의 **비법**

Paths(패스) 패널에 표시되는 이름은 최초에 그린 Shape(모양)의 이름대로 표기되며, 더블 클릭하여 [Save Path(패스 저장)] 에서 문제지에 제시된 패스 이름으로 저장하면 됩니다.

02 Layers(레이어) 패널에서 'Triangle 1' 레이어의 이름을 더블 클릭하여 path로 이름을 변경하고 마우스 오른쪽 버튼을 눌러 [Rasterize Layer(레이어 래스터화)]를 선택하여 일반 레이어로 속성을 변환합니다.

합격생의 **비법**

Layers(레이어) 패널에서 'Layer 1' 레이어의 눈 아이콘을 클릭하여 가시성을 표시합니다.

03 Layers(레이어) 패널 하단의 'Add a layer style(레이어 스타일 추가, *fx.*)'을 클릭하여 [Stroke(획)]를 선택, 'Size(크기) : 4px, Fill Type(칠 유형) : Gradient(그레이디언트), Click to edit the gradient(클릭하여 그레이디언트 편집)'를 클릭합니다.

04 그레이디언트 슬라이더 왼쪽 하단의 'Color Stop(색상 정지점)'을 더블 클릭하여 #ff6666, 오른쪽 'Color Stop(색상 정지점)'을 더블 클릭하여 #ffffff로 설정한 후, 'Style(스타일) : Linear(선형), Angle(각도) : 90°로 설정합니다.

05 계속해서 Inner Shadow(내부 그림자)]를 선택, 'Opacity(불투명도) : 75%, Angle(각도) : 90°, Distance(거리) : 7px, Size(크기) : 7px'로 설정하고 [OK(확인)]를 클릭합니다.

05 클리핑 마스크 적용 후 레이어 스타일 적용

01 [File(파일)]-[Open(열기)]([Ctrl]+[O])을 선택하여 1급-2.jpg를 불러옵니다. [Ctrl]+[A]로 전체 선택, [Ctrl]+[C]로 복사, 작업 이미지에 [Ctrl]+[V]로 붙여넣기를 하고 텐트 모양 위쪽에 겹치도록 배치합니다.

02 Layers(레이어) 패널에서 'path' 레이어와 'Layer 2' 레이어 사이에 마우스 커서를 놓고 [Alt]를 누르고 클릭하여 Clipping Mask(클리핑 마스크)를 적용합니다. [Ctrl]+[T]를 눌러 회전하여 배치합니다.

03 [File(파일)]-[Open(열기)]([Ctrl]+[O])을 선택하여 1급-3.jpg를 불러옵니다. Quick Selection Tool(빠른 선택 도구, 🖌)을 클릭하고 Options Bar(옵션 바)에서 'Add to selection(선택 영역에 추가, 🖌)'을 설정한 후 브러시의 크기를 조절하며 드래그하여 버섯 이미지를 선택하고, [Ctrl]+[C]를 눌러 복사합니다.

04 작업 이미지에 [Ctrl]+[V]로 붙여넣기를 합니다. [Ctrl]+[T]를 눌러 크기를 조절한 후, 마우스 오른쪽 버튼을 클릭하여 [Flip Horizontal(가로로 뒤집기)]로 뒤집고 회전하여 배치합니다.

05 Layers(레이어) 패널 하단의 'Add a layer style(레이어 스타일 추가, fx.)'을 클릭하여 [Bevel & Emboss(경사와 엠보스)]를 선택, 'Style(스타일) : Inner Bevel(내부 경사), Direction(방향) : Up(위로), Size(크기) : 10px'로 설정하고 [OK(확인)]를 클릭합니다.

06 모양 생성 및 레이어 스타일 적용

01 Custom Shape Tool(사용자 정의 모양 도구, ⬙)을 클릭하고 Options Bar(옵션 바)에서 'Shape(모양), Fill(칠) : #ff9933, Stroke(획) : No Color(색상 없음), Shape(모양) : Fire(불, ◈)'로 설정한 후 Shift 를 누른 채 드래그하여 모양을 그립니다.

> **Shape 경로**
>
> [Legacy Shapes and More(레거시 모양 및 기타)]–[All Legacy Default Shapes(모든 레거시 기본 모양)]–[Nature(자연)]

02 Layers(레이어) 패널 하단의 'Add a layer style(레이어 스타일 추가, fx.)'을 클릭하여 [Inner Glow(내부 광선)]를 선택, 'Opacity(불투명도) : 75%, Choke(경계 감소) : 0%, Size(크기) : 5px'로 설정하고 [OK(확인)]를 클릭합니다.

03 Ctrl + J 를 눌러 'Fire 1' 레이어를 복사하고 Layers(레이어) 패널에서 'Fire 1 copy' 레이어의 'Layer thumbnail(레이어 축소판)'을 더블 클릭하여 'Color(색상) : #ff3333'으로 변경합니다.

더블 클릭

04 Ctrl + T 를 눌러 크기를 조절한 후, 마우스 오른쪽 버튼을 클릭하여 [Flip Horizontal(가로로 뒤집기)]로 뒤집고 배치합니다.

05 Layers(레이어) 패널에서 'Layer 1' 레이어를 클릭합니다. Custom Shape Tool(사용자 정의 모양 도구, ☞)을 클릭하고 Options Bar(옵션 바)에서 'Shape(모양), Fill(칠) : #006633, Stroke(획) : No Color(색상 없음), Shape(모양) : Shape 288(모양 288, ▲)'로 설정한 후 Shift 를 누른 채 드래그하여 모양을 그립니다.

> **Shape 경로**
>
> [Legacy Shapes and More(레거시 모양 및 기타)]–[2019 Shapes(2019 모양)]–[Forests and Mountains(숲 및 산)]

06 Layers(레이어) 패널 하단의 'Add a layer style(레이어 스타일 추가, fx.)'을 클릭하여 [Inner Glow(내부 광선)]를 선택, 'Opacity(불투명도) : 75%, Size(크기) : 7px'로 설정하고 [OK(확인)]를 클릭합니다.

07 문자 입력 및 왜곡, 레이어 스타일 적용

01 Layers(레이어) 패널에서 'Fire 1 copy' 레이어를 선택합니다. Horizontal Type Tool(수평 문자 도구, T)로 작업 이미지를 클릭하고 Options Bar(옵션 바)에서 'Font(글꼴) : Times New Roman, Set font style(글꼴 스타일 설정) : Bold, Set font size(글꼴 크기) : 45pt, Color(색상) : #ffffff'로 설정한 후 CAMPING을 입력합니다.

02 Options Bar(옵션 바)에서 Create warped text(뒤틀어진 텍스트 만들기, ♨)를 클릭하여 [Warp Text(텍스트 뒤틀기)] 대화상자에서 'Style(스타일) : Shell Lower(아래가 넓은 조개), Horizontal(가로) : 체크, Bend(구부리기) : 60%'로 설정하여 문자의 모양을 왜곡합니다.

03 Layers(레이어) 패널 하단의 'Add a layer style(레이어 스타일 추가, fx.)'을 클릭하여 [Stroke(획)]를 선택, 'Size(크기) : 3px, Fill Type(칠 유형) : Gradient(그레이디언트), Click to edit the gradient(클릭하여 그레이디언트 편집)'를 클릭합니다.

04 그레이디언트 슬라이더 왼쪽 하단의 'Color Stop(색상 정지점)'을 더블 클릭하여 #ff9999, 가운데 빈 곳을 클릭하여 'Color Stop(색상 정지점)'을 추가한 후 더블 클릭하여 #00cc99, 오른쪽 'Color Stop(색상 정지점)'을 더블 클릭하여 #6666ff로 설정한 후, 'Style(스타일) : Linear(선형), Angle(각도) : 0°로 설정하고 [OK(확인)]를 클릭합니다.

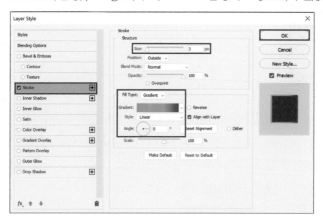

05 Ctrl + T 를 눌러 Options Bar(옵션 바)에서 'Rotate(회전, △) : −15°'를 입력하고 Enter 를 눌러 회전을 적용하고 배치합니다. Ctrl + S 를 눌러 저장합니다.

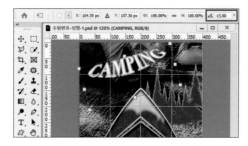

08 정답 파일 저장

01 [View(보기)]−[Show(표시)]−[Grid(격자)](Ctrl + ')를 선택하여 격자를 가립니다.

02 [File(파일)]−[Save As(다른 이름으로 저장)](Shift + Ctrl + S)를 선택하고 '저장 위치 : 내 PC₩문서₩GTQ, 파일 형식 : JPEG, 파일 이름 : 수험번호−성명−문제번호.jpg'를 입력하고 [저장]을 클릭한 후 [JPEG Options(JPEG 옵션)] 대화상자에서 'Quality(품질) : 8'로 설정하고 [OK(확인)]를 클릭합니다.

03 [Image(이미지)]−[Image Size(이미지 크기)](Alt + Ctrl + I)를 선택하고 'Constrain aspect ratio(종횡비 제한) : 클릭, Width(폭) : 40Pixels(픽셀), Height(높이) : 50Pixels(픽셀)'로 입력하여 이미지 크기를 1/10로 축소한 후 [OK(확인)]를 클릭합니다.

04 [File(파일)]−[Save As(다른 이름으로 저장)](Shift + Ctrl + S)를 선택하고 '저장 위치 : 내 PC₩문서₩GTQ, 파일 형식 : Photoshop(*.PSD, *.PDD), 파일 이름 : 수험번호−성명−문제번호.psd'를 입력하고 [저장]을 클릭합니다.

05 답안 저장이 완료되면 [File(파일)]−[Close(닫기)]([Ctrl]+[W])를 선택하여 파일을 닫고 수험 프로그램에서 [답안 전송]을 클릭하여 psd와 jpg 파일을 감독관 컴퓨터로 전송합니다.

문제 02
CHAPTER 05
[기능평가] 사진편집 응용

작업과정	새 작업 이미지 만들기 및 파일 저장하기 ▶ 필터 적용 및 레이어 스타일 적용 ▶ 색상 보정하기 ▶ 모양 생성 및 레이어 스타일 적용 ▶ 문자 입력 및 변형, 레이어 스타일 적용 ▶ 정답 파일 저장
완성이미지	Part04₩기출유형문제05회₩정답파일₩G120210005−성명−2.jpg, G120210005−성명−2.psd

01 새 작업 이미지 만들기 및 파일 저장하기

01 [File(파일)]−[New(새로 만들기)]([Ctrl]+[N])를 선택하고 'Width(폭) : 400Pixels(픽셀), Height(높이) : 500Pixels(픽셀), Resolution(해상도) : 72Pixels/Inch(픽셀/인치), Color Mode(색상 모드) : RGB Color(RGB 색상), 8bit(비트), Background Contents(배경 내용) : White(흰색)'로 설정하여 새 작업 이미지를 만듭니다.

02 [Edit(편집)]−[Preference(환경설정)]([Ctrl]+[K])를 클릭하고 [Guides, Grid & Slices(안내선, 격자와 슬라이스)]를 선택하여 Grid(격자)의 'Color(색상)'를 클릭하여 밝은 색상으로 변경한 후 'Gridline Every(격자 간격) : 100Pixels(픽셀), Subdivisions(세분) : 1'로 설정합니다.

03 [View(보기)]−[Show(표시)]−[Grid(격자)]([Ctrl]+['])와 [View(보기)]−[Rulers(눈금자)]([Ctrl]+[R])를 선택하여 격자와 눈금자를 표시합니다.

04 작업 도큐먼트를 저장하기 위해 [File(파일)]−[Save As(다른 이름으로 저장)]([Shift]+[Ctrl]+[S])를 선택하고 임의 경로에 수험번호−성명−문제번호.psd로 파일을 저장합니다.

02 필터 적용 및 레이어 스타일 적용

01 [File(파일)]−[Open(열기)]([Ctrl]+[O])을 선택하여 1급−4.jpg를 불러옵니다. [Ctrl]+[A]로 전체 선택, [Ctrl]+[C]로 복사, 작업 이미지에 [Ctrl]+[V]로 붙여넣기를 하고 격자를 참고하여 배치합니다.

02 [Filter(필터)]−[Filter Gallery(필터 갤러리)]−[Brush Strokes(브러시 선)]−[Crosshatch(그물눈)]를 선택합니다.

03 [File(파일)]−[Open(열기)]([Ctrl]+[O])을 선택하여 1급−5.jpg를 불러옵니다. Pen Tool(펜 도구, [✐])을 클릭하고 Options Bar(옵션 바)에서 'Path(패스), Path operations(패스 작업) : Exclude Overlapping Shapes(모양 오버랩 제외, [回])'를 설정하고 컵 이미지를 따라 닫힌 패스로 완료합니다. 패스가 완료되면 [Ctrl]+[Enter]를 눌러 선택 상태로 전환합니다.

04 Quick Selection Tool(빠른 선택 도구, [✐])을 클릭하고 Options Bar(옵션 바)에서 'Add to selection(선택 영역에 추가, [✐])'을 설정한 후 브러시의 크기를 조절하며 드래그하여 잎 모양을 추가로 선택하고, [Ctrl]+[C]를 눌러 복사합니다.

05 작업 이미지에 [Ctrl]+[V]로 붙여넣기를 합니다. [Ctrl]+[T]를 누르고 [Shift]를 누른 채 크기를 조절하여 배치합니다.

06 Layers(레이어) 패널 하단의 'Add a layer style(레이어 스타일 추가, [fx.])'을 클릭하여 [Stroke(획)]를 선택, 'Size(크기) : 2px, Color(색상) : #ffffff'로 설정하고 [OK(확인)]를 클릭합니다.

🔵03 색상 보정하기

01 Layers(레이어) 패널에서 'Layer 2' 레이어의 'Layer thumbnail (레이어 축소판)'을 [Ctrl]을 누른 채 클릭하여 이미지를 빠르게 선택합니다.

02 Quick Selection Tool(빠른 선택 도구, [이미지])을 클릭하고 Options Bar(옵션 바)에서 'Sub-
tract from selection(선택 영역에서 빼기, [이미지])'을 설정하고 브러시의 크기를 조절하며 잎 모
양에 드래그하여 선택 영역에서 제외합니다.

03 Layers(레이어) 패널 하단의 'Create new fill or adjustment layer(새 칠 또는 조정 레이
어 생성, [이미지])'를 클릭하고 [Hue/Saturation(색조/채도)]을 선택합니다. Properties(속성) 패
널에서 'Hue(색조) : 60, Saturation(채도) : 20, Lightness(명도) : -6'으로 설정하여 노란
색 계열로 보정합니다.

04 [File(파일)]−[Open(열기)]([Ctrl]+[O])을 선택하여 1급-6.jpg를 불러옵니다. Object Selec-
tion Tool(개체 선택 도구, [이미지])을 클릭하고 Options Bar(옵션 바)에서 Rectangle(사각형)
로 설정하고 이미지에 드래그하여 선택합니다.

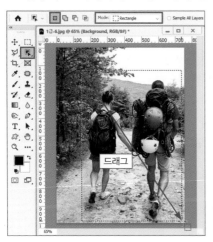

05 Quick Selection Tool(빠른 선택 도구, [이미지])을 클릭하고 Options Bar(옵션 바)에서 'Add to
selection(선택 영역에 추가, [이미지])'을 설정한 후 브러시의 크기를 조절하며 드래그하여 선택을
추가합니다. Options Bar(옵션 바)에서 'Select and Mask(선택 및 마스크)'를 클릭합니다.

06 Select and Mask(선택 및 마스크)의 Options Bar(옵션 바)에서 'Subtract from selection(선택 영역에서 빼기, ⊖)'을 클릭합니다. 선택 영역에서 제외할 이미지에 드래그하여 선택을 정교하게 조절한 후 [OK(확인)]를 클릭하고, Ctrl+C로 복사합니다.

07 작업 이미지의 Layers(레이어) 패널에서 'Layer 1' 레이어를 클릭한 후, Ctrl+V로 붙여넣기를 합니다. Ctrl+T를 누르고, 마우스 오른쪽 버튼을 클릭하여 [Flip Horizontal(가로로 뒤집기)]로 뒤집은 후 크기를 조절하고 격자를 참조하여 배치합니다.

08 Layers(레이어) 패널 하단의 'Add a layer style(레이어 스타일 추가, fx.)'을 클릭하여 [Drop Shadow(그림자)]를 선택, 'Opacity(불투명도) : 75%, Angle(각도) : 90˚, Distance (거리) : 5px, Size(크기) : 5px'로 설정하고 [OK(확인)]를 클릭합니다.

04 모양 생성 및 레이어 스타일 적용

01 Layers(레이어) 패널에서 'Hue/Saturation 1' 레이어를 선택합니다. Custom Shape Tool(사용자 정의 모양 도구, 🔷)을 클릭하고 Options Bar(옵션 바)에서 'Shape(모양), Fill(칠) : #ff9900, Stroke(획) : No Color(색상 없음), Shape(모양) : Shape 43(모양 43, ✹)'으로 설정한 후 Shift를 누른 채 드래그하여 모양을 그립니다.

Shape 경로

[Flowers(꽃)]

02 Layers(레이어) 패널 하단의 'Add a layer style(레이어 스타일 추가, fx.)'을 클릭하여 [Inner Shadow(내부 그림자)]를 선택, 'Opacity(불투명도) : 75%, Angle(각도) : 90°, Distance(거리) : 3px, Size(크기) : 3px'로 설정하고 [OK(확인)]를 클릭합니다.

03 Custom Shape Tool(사용자 정의 모양 도구, ⚙)을 클릭하고 Options Bar(옵션 바)에서 'Shape(모양), Fill(칠) : #006600, Stroke(획) : No Color(색상 없음), Shape(모양) : Shape 84(모양 84, ⌃)'로 설정한 후 드래그하여 모양을 그립니다.

> **Shape 경로**
>
> [Legacy Shapes and More(레거시 모양 및 기타)]-[2019 Shapes(2019 모양)]-[Forests and Mountains(숲 및 산)]

04 Layers(레이어) 패널 하단의 'Add a layer style(레이어 스타일 추가, fx.)'을 클릭하여 [Outer Glow(외부 광선)]를 선택, 'Opacity(불투명도) : 75%, Spread(스프레드) : 0%, Size(크기) : 8px'로 설정하고 [OK(확인)]를 클릭합니다.

05 Ctrl + J 를 눌러 'Shape 84 1' 레이어를 복사합니다. Ctrl + T 를 눌러 크기를 조절하고, 마우스 오른쪽 버튼을 클릭하여 [Flip Horizontal(가로로 뒤집기)]로 뒤집고 이동하여 배치합니다.

06 Layers(레이어) 패널에서 'Shape 84 1 copy' 레이어의 'Layer thumbnail(레이어 축소판)'을 더블 클릭하여 'Color(색상) : #ffffff'로 변경합니다.

05 문자 입력 및 변형, 레이어 스타일 적용

01 Horizontal Type Tool(수평 문자 도구, T)로 작업 이미지를 클릭하고 Options Bar(옵션 바)에서 'Font(글꼴) : Times New Roman, Set font style(글꼴 스타일 설정) : Bold, Set font size(글꼴 크기) : 35pt, Color(색상) : 임의 색상'으로 설정한 후 Traveling with Friends를 입력합니다.

02 Options Bar(옵션 바)에서 Create warped text(뒤틀어진 텍스트 만들기,)를 클릭하여 [Warp Text(텍스트 뒤틀기)] 대화상자에서 'Style(스타일) : Rise(상승), Horizontal(가로) : 체크, Bend(구부리기) : −100%'로 설정하여 문자의 모양을 왜곡합니다.

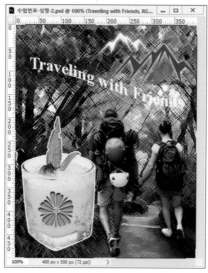

03 Layers(레이어) 패널 하단의 'Add a layer style(레이어 스타일 추가, fx.)'을 클릭하여 [Stroke(획)]를 선택, 'Size(크기) : 2px, Color(색상) : #333333'으로 설정합니다. 계속해서 [Gradient Overlay(그레이디언트 오버레이)]를 선택하고 'Click to edit the gradient(클릭하여 그레이디언트 편집)'를 클릭합니다.

04 그레이디언트 슬라이더 왼쪽 하단의 'Color Stop(색상 정지점)'을 더블 클릭하여 #ff9900, 가운데 빈 곳을 클릭하여 'Color Stop(색상 정지점)'을 추가하고 더블 클릭하여 #ffffff, 오른쪽 'Color Stop(색상 정지점)'을 더블 클릭하여 #00ff00으로 설정한 후, 'Style(스타일) : Linear(선형), Angle(각도) : 0°'로 설정하고 [OK(확인)]를 클릭합니다. [Ctrl]+[S]를 눌러 저장합니다.

06 정답 파일 저장

01 [View(보기)]−[Show(표시)]−[Grid(격자)]([Ctrl]+[']')를 선택하여 격자를 가립니다.

02 [File(파일)]−[Save As(다른 이름으로 저장)]([Shift]+[Ctrl]+[S])를 선택하고 '저장 위치 : 내 PCW문서WGTQ, 파일 형식 : JPEG, 파일 이름 : 수험번호−성명−문제번호.jpg'를 입력하고 [저장]을 클릭한 후 [JPEG Options(JPEG 옵션)] 대화상자에서 'Quality(품질) : 8'로 설정하고 [OK(확인)]를 클릭합니다.

03 [Image(이미지)]−[Image Size(이미지 크기)]([Alt]+[Ctrl]+[I])를 선택하고 'Constrain aspect ratio(종횡비 제한) : 클릭, Width(폭) : 40Pixels(픽셀), Height(높이) : 50Pixels(픽셀)'로 입력하여 이미지 크기를 1/10로 축소한 후 [OK(확인)]를 클릭합니다.

04 [File(파일)]−[Save As(다른 이름으로 저장)](⇧Shift+Ctrl+S)를 선택하고 '저장 위치 : 내 PC₩문서₩GTQ, 파일 형식 : Photoshop(*.PSD, *.PDD), 파일 이름 : 수험번호−성명−문제번호.psd'를 입력하고 [저장]을 클릭합니다.

05 답안 저장이 완료되면 [File(파일)]−[Close(닫기)](Ctrl+W)를 선택하여 파일을 닫고 수험 프로그램에서 [답안 전송]을 클릭하여 psd와 jpg 파일을 감독관 컴퓨터로 전송합니다.

문제 03	CHAPTER 05 **[실무응용] 포스터 제작**
작업과정	새 작업 이미지 만들기 및 파일 저장하기 ▶ 혼합 모드 합성 및 레이어 마스크, 필터 적용 ▶ 클리핑 마스크 및 필터 적용 ▶ 이미지 보정 및 레이어 스타일 적용 ▶ 모양 생성 및 레이어 스타일 적용 ▶ 문자 입력 및 왜곡과 레이어 스타일 적용 ▶ 정답 파일 저장
완성이미지	Part04₩기출유형문제05회₩정답파일₩G120210005−성명−3.jpg, G120210005−성명−3.psd

01 새 작업 이미지 만들기 및 파일 저장하기

01 [File(파일)]−[New(새로 만들기)](Ctrl+N)를 선택하고 'Width(폭) : 600Pixels(픽셀), Height(높이) : 400Pixels(픽셀), Resolution(해상도) : 72Pixels/Inch(픽셀/인치), Color Mode(색상 모드) : RGB Color(RGB 색상), 8bit(비트), Background Contents(배경 내용) : White(흰색)'로 설정하여 새 작업 이미지를 만듭니다.

02 [Edit(편집)]−[Preference(환경설정)](Ctrl+K)를 클릭하고 [Guides, Grid & Slices(안내선, 격자와 슬라이스)]를 선택하여 Grid(격자)의 'Color(색상)'를 클릭하여 밝은 색상으로 변경한 후 'Gridline Every(격자 간격) : 100Pixels(픽셀), Subdivisions(세분) : 1'로 설정합니다.

03 [View(보기)]−[Show(표시)]−[Grid(격자)](Ctrl+')와 [View(보기)]−[Rulers(눈금자)] (Ctrl+R)를 선택하여 격자와 눈금자를 표시합니다.

04 작업 도큐먼트를 저장하기 위해 [File(파일)]−[Save As(다른 이름으로 저장)](⇧Shift+Ctrl+S)를 선택하고 임의 경로에 수험번호−성명−문제번호.psd로 파일을 저장합니다.

02 혼합 모드 합성 및 레이어 마스크, 필터 적용

01 Tool Panel(도구 패널) 하단의 'Set foreground color(전경색 설정)'을 클릭하여 # 오른쪽 입력란에 996666으로 입력한 후, [Alt]+[Delete]를 눌러 제시된 Foreground Color(전경색)를 작업 이미지의 배경에 채웁니다.

02 [File(파일)]-[Open(열기)]([Ctrl]+[O])을 선택하여 1급-7.jpg를 불러옵니다. [Ctrl]+[A]로 전체 선택, [Ctrl]+[C]로 복사, 작업 이미지에 [Ctrl]+[V]로 붙여넣기를 하고 [Ctrl]+[T]를 눌러 크기를 조절하여 배치합니다. Layers(레이어) 패널에서 'Blending Mode(혼합 모드) : Overlay(오버레이), Opacity(불투명도) : 80%'로 설정합니다.

03 Layers(레이어) 패널 하단의 'Add layer mask(레이어 마스크 추가, ▣)'를 클릭하여 레이어 마스크를 추가합니다.

04 Tool Panel(도구 패널) 하단의 Set foreground color(전경색 설정)를 #000000, Set background color(배경색 설정)를 #ffffff로 설정합니다. Gradient Tool(그레이디언트 도구, ▣)을 클릭하고 Options Bar(옵션 바)에서 'Type(유형) : Linear Gradient(선형 그레이디언트), Mode(모드) : Normal(표준), Opacity(불투명도) : 100%'로 설정한 후 [Shift]를 누르고 아래쪽에서 위쪽으로 세로 방향으로 드래그하여 이미지 일부를 자연스럽게 지워 합성합니다.

05 [File(파일)]–[Open(열기)]([Ctrl]+[O])을 선택하여 1급–8.jpg를 불러옵니다. [Ctrl]+[A]로 전체 선택, [Ctrl]+[C]로 복사, 작업 이미지에 [Ctrl]+[V]로 붙여넣기를 합니다. [Ctrl]+[T]를 눌러 크기와 회전을 조절하고 격자를 참조하여 배치합니다.

06 [Filter(필터)]–[Filter Gallery(필터 갤러리)]–[Artistic(예술 효과)]–[Rough Pastels(거친 파스텔 효과)]를 선택합니다.

07 Layers(레이어) 패널 하단의 'Add layer mask(레이어 마스크 추가, ▣)'를 클릭하여 레이어 마스크를 추가합니다.

08 Tool Panel(도구 패널) 하단의 Set foreground color(전경색 설정)를 #000000, Set background color(배경색 설정)를 #ffffff로 설정합니다. Gradient Tool(그레이디언트 도구, ▣)을 클릭하고 Options Bar(옵션 바)에서 'Type(유형) : Linear Gradient(선형 그레이디언트), Mode(모드) : Normal(표준), Opacity(불투명도) : 100%'로 설정한 후 [Shift]를 누르고 오른쪽에서 왼쪽으로 가로 방향으로 드래그하여 이미지 일부를 자연스럽게 지워 합성합니다.

⑱ 클리핑 마스크 및 필터 적용

01 [File(파일)]−[Open(열기)]([Ctrl]+[O])을 선택하여 1급−9.jpg를 불러옵니다. Pen Tool(펜 도구, ✐)을 클릭하고 Options Bar(옵션 바)에서 'Path(패스), Path operations(패스 작업) : Exclude Overlapping Shapes(모양 오버랩 제외, 📭)'로 설정한 후 제시된 이미지를 따라 2개의 닫힌 패스를 완료합니다.

02 패스가 완료되면 [Ctrl]+[Enter]를 눌러 선택 상태로 전환하고, [Ctrl]+[C]를 눌러 복사한 후 작업 이미지에 [Ctrl]+[V]로 붙여넣기를 합니다. [Ctrl]+[T]를 누르고, 마우스 오른쪽 버튼을 클릭하여 [Flip Horizontal(가로로 뒤집기)]로 뒤집은 후 종횡비를 유지하여 크기를 조절하고 배치합니다.

03 Quick Selection Tool(빠른 선택 도구, ✐)을 클릭하고 Options Bar(옵션 바)에서 'Add to selection(선택 영역에 추가, ✐)'으로 설정한 후 브러시의 크기를 조절하며 드래그하여 배낭 이미지를 선택합니다.

드래그

04 Ctrl+J를 눌러 배낭 이미지를 복사한 레이어로 만든 후, [File(파일)]−[Open(열기)](Ctrl + O)을 선택하여 1급−10.jpg를 불러옵니다. Ctrl + A 로 전체 선택, Ctrl + C 로 복사, 작업 이미지에 Ctrl + V 로 붙여넣기를 합니다. Ctrl + T 를 눌러 종횡비를 유지하여 크기를 조절하고 'Layer 4' 레이어와 겹치도록 배치합니다.

05 Layers(레이어) 패널에서 'Layer 5' 레이어와 'Layer 4' 레이어 사이에 마우스 커서를 놓고 Alt 를 누르고 클릭하여 Clipping Mask(클리핑 마스크)를 적용합니다.

합격생의 **비법**

Clipping Mask(클리핑 마스크)를 적용할 때는 반드시 복사한 배낭 이미지 레이어 바로 위에 이미지 레이어를 배치해야 합니다.

06 [Filter(필터)]−[Filter Gallery(필터 갤러리)]−[Brush Strokes(브러시 선)]−[Crosshatch(그물눈)]를 선택합니다.

07 Layers(레이어) 패널에서 'Layer 3' 레이어를 선택합니다. 패널 하단의 'Add a layer style(레이어 스타일 추가, fx)'을 클릭하여 [Stroke(획)]를 선택, 'Size(크기) : 4px, Fill Type(칠 유형) : Gradient(그레이디언트)'를 설정하고 'Click to edit the gradient(클릭하여 그레이디언트 편집)'를 클릭합니다.

08 그레이디언트 슬라이더 왼쪽 하단의 'Color Stop(색상 정지점)'을 더블 클릭하여 #003399, 오른쪽 'Color Stop(색상 정지점)'을 더블 클릭하여 #ff9900으로 설정한 후, 'Style(스타일) : Linear(선형), Angle(각도) : −90°로 설정하고 [OK(확인)]를 클릭합니다.

04 이미지 보정 및 레이어 스타일 적용

01 [File(파일)]−[Open(열기)](Ctrl + O)을 선택하여 1급−11.jpg를 불러옵니다. Quick Selection Tool(빠른 선택 도구, ✏️)을 클릭하고 Options Bar(옵션 바)에서 'Add to selection(선택 영역에 추가, ✏️)'을 설정한 후 브러시의 크기를 조절하며 드래그하여 선택한 후 Ctrl + C 를 눌러 복사합니다.

02 Layers(레이어) 패널에서 'Layer 5' 레이어를 선택합니다. Ctrl+V로 붙여넣기를 하고 Ctrl +T를 눌러 종횡비에 맞게 크기를 축소하고 회전하여 배치합니다.

03 Layers(레이어) 패널 하단의 'Add a layer style(레이어 스타일 추가, fx.)'을 클릭하여 [Inner Glow(내부 광선)]를 선택, 'Opacity(불투명도) : 75%, Choke(경계 감소) : 0%, Size(크기) : 10px'로 설정합니다.

04 계속해서 [Drop Shadow(드롭 섀도)]를 선택, 'Opacity(불투명도) : 75%, Angle(각도) : 90°, Distance(거리) : 7px, Size(크기) : 7px'로 설정하고 [OK(확인)]를 클릭합니다.

05 Elliptical Marquee Tool(원형 선택 윤곽 도구, ○)을 클릭하고 Options Bar(옵션 바)에서 'New selection(새 선택 영역, ■), Feather(페더) : 0px, Anti-alias(앤티 앨리어스) : 체크, Style(스타일) : Normal(표준)'로 설정한 후 Alt를 누른 채 나침반의 중심 부분에서부터 드래그하여 원형으로 선택합니다.

> **합격생의 비법**
>
> **중심에서부터 선택하기**
>
> Options Bar(옵션 바)에서 'New selection(새 선택 영역, ■)'으로 설정하고 Alt를 누른 채 드래그합니다. 선택 후 선택범위를 정교하게 맞추려면 키보드의 방향키를 눌러서 이동합니다.

06 Layers(레이어) 패널 하단의 'Create new fill or adjustment layer(새 칠 또는 조정 레이어 생성, ●.)'를 클릭하고 [Hue/Saturation(색조/채도)]을 선택합니다. Properties(속성) 패널에서 'Colorize(색상화) : 체크, Hue(색조) : 175, Saturation(채도) : 70, Lightness(명도) : -30'으로 설정하여 파란색 계열로 보정합니다.

05 모양 생성 및 레이어 스타일 적용

01 Custom Shape Tool(사용자 정의 모양 도구, ✿)을 클릭하고 Options Bar(옵션 바)에서 'Shape(모양), Fill(칠) : 임의 색상, Stroke(획) : No Color(색상 없음), Shape(모양) : Snail(달팽이, 🐌)'로 설정한 후 모양을 그립니다. Ctrl + T를 누르고, 마우스 오른쪽 버튼을 클릭하여 [Flip Horizontal(가로로 뒤집기)]로 뒤집은 후 배치합니다.

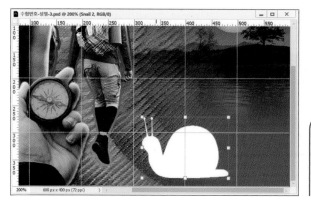

Shape 경로

[Legacy Shapes and More(레거시 모양 및 기타)]-[All Legacy Default Shapes(모든 레거시 기본 모양)]-[Animals(동물)]

02 Layers(레이어) 패널 하단의 'Add a layer style(레이어 스타일 추가, *fx.*)'을 클릭하여 [Inner Shadow(내부 그림자)]를 선택, 'Opacity(불투명도) : 75%, Angle(각도) : 90°, Distance(거리) : 7px, Size(크기) : 5px'로 설정합니다.

03 계속해서 [Gradient Overlay(그레이디언트 오버레이)]를 선택하고 'Click to edit the gradient(클릭하여 그레이디언트 편집)'를 클릭합니다. 그레이디언트 슬라이더 왼쪽 하단의 'Color Stop(색상 정지점)'을 더블 클릭하여 #996699, 오른쪽 'Color Stop(색상 정지점)'을 더블 클릭하여 #ffcc99로 설정한 후, 'Style(스타일) : Linear(선형), Angle(각도) : 90°로 설정하고 [OK(확인)]를 클릭합니다.

04 Custom Shape Tool(사용자 정의 모양 도구, ✿)을 클릭하고 Options Bar(옵션 바)에서 'Shape(모양), Fill(칠) : #993333, Stroke(획) : No Color(색상 없음), Shape(모양) : Spiral(나선형, ◎)'을 설정한 후 Shift 를 누른 채 드래그하여 모양을 그립니다.

Shape 경로

[Legacy Shapes and More(레거시 모양 및 기타)]-[All Legacy Default Shapes(모든 레거시 기본 모양)]-[Ornaments(장식)]

05 Layers(레이어) 패널 하단의 'Add a layer style(레이어 스타일 추가, *fx.*)'을 클릭하여 [Outer Glow(외부 광선)]를 선택, 'Opacity(불투명도) : 75%, Spread(스프레드) : 0%, Size (크기) : 7px'로 설정하고 [OK(확인)]를 클릭합니다.

06 Ctrl + J 를 눌러 'Spiral 1' 레이어를 복사하고 Layers(레이어) 패널에서 'Spiral 1 copy' 레이어의 'Layer thumbnail(레이어 축소판)'을 더블 클릭하여 'Color(색상) : #996666'으로 변경합니다.

07 Ctrl + T 를 누르고, 마우스 오른쪽 버튼을 클릭하여 [Flip Horizontal(가로로 뒤집기)]로 뒤집은 후 크기를 조절하여 배치합니다.

08 Custom Shape Tool(사용자 정의 모양 도구, *⚙*)을 클릭하고 Options Bar(옵션 바)에서 'Shape(모양), Fill(칠) : #333333, Stroke(획) : No Color(색상 없음), Shape(모양) : Point Right(오른쪽 표시, *▶*)'로 설정한 후 Shift 를 누른 채 드래그하여 모양을 그립니다.

Shape 경로

[Legacy Shapes and More(레거시 모양 및 기타)]-[All Legacy Default Shapes(모든 레거시 기본 모양)]-[Ornaments(장식)]

09 Layers(레이어) 패널 하단의 'Add a layer style(레이어 스타일 추가, *fx.*)'을 클릭하여 [Outer Glow(외부 광선)]를 선택, 'Opacity(불투명도) : 50%, Spread(스프레드) : 0%, Size(크기) : 10px'로 설정하고 [OK(확인)]를 클릭합니다. Layers(레이어) 패널 상단의 'Opacity(불투명도) : 60%'로 설정하여 합성합니다.

06 문자 입력 및 왜곡과 레이어 스타일 적용

01 Horizontal Type Tool(수평 문자 도구, T)로 작업 이미지를 클릭하고 Options Bar(옵션 바)에서 'Font(글꼴) : 궁서, Set font size(글꼴 크기) : 35pt, Set anti-aliasing method (앤티 앨리어싱 방법 설정) : Strong(강하게), Color(색상) : 임의 색상'으로 설정한 후 삶의 여유를 찾아서를 입력합니다.

02 Options Bar(옵션 바)에서 Create warped text(뒤틀어진 텍스트 만들기, ㅈ)를 클릭하여 [Warp Text(텍스트 뒤틀기)] 대화상자에서 'Style(스타일) : Flag(깃발), Horizontal(가로) : 체크, Bend(구부리기) : −50%'로 설정하여 문자의 모양을 왜곡합니다.

03 Layers(레이어) 패널 하단의 'Add a layer style(레이어 스타일 추가, fx)'을 클릭하여 [Stroke(획)]를 선택, 'Size(크기) : 3px, Color(색상) : #6600cc'로 설정합니다. 계속해서 [Gradient Overlay(그레이디언트 오버레이)]를 선택하고 'Click to edit the gradient(클릭 하여 그레이디언트 편집)'를 클릭합니다.

04 그레이디언트 슬라이더 왼쪽 하단의 'Color Stop(색상 정지점)'을 더블 클릭하여 #00ccff를, 가운데 빈 곳을 클릭하여 'Color Stop(색상 정지점)'을 추가한 후 더블 클릭하여 #33cc66, 오른쪽 'Color Stop(색상 정지점)'을 더블 클릭하여 #ffcc00으로 설정한 후, 'Style(스타일) : Linear(선형), Angle(각도) : 0°'로 설정합니다.

05 계속해서 [Drop Shadow(드롭 섀도)]를 선택하고 'Opacity(불투명도) : 75%, Angle(각도) : 90°, Distance(거리) : 5px, Size(크기) : 5px'로 설정하고 [OK(확인)]를 클릭합니다.

06 Horizontal Type Tool(수평 문자 도구, T)로 작업 이미지를 클릭하고 Options Bar(옵션 바)에서 'Font(글꼴) : 돋움, Set font size(글꼴 크기) : 18pt, Set anti-aliasing method (앤티 앨리어싱 방법 설정) : Strong(강하게), Color(색상) : #ffffcc'로 설정한 후 낯선 세계 로 떠나는 설레임을 입력합니다.

07 Options Bar(옵션 바)에서 Create warped text(뒤틀어진 텍스트 만들기, ㅈ)를 클릭하여 [Warp Text(텍스트 뒤틀기)] 대화상자에서 'Style(스타일) : Rise(상승), Horizontal(가로) : 체크, Bend(구부리기) : 100%'로 설정하여 문자의 모양을 왜곡합니다.

08 Layers(레이어) 패널 하단의 'Add a layer style(레이어 스타일 추가, fx)'을 클릭하여 [Drop Shadow(그림자)]를 선택, 'Opacity(불투명도) : 75%, Angle(각도) : 90°, Distance (거리) : 3px, Size(크기) : 3px'로 설정하고 [OK(확인)]를 클릭합니다.

09 Horizontal Type Tool(수평 문자 도구, T)로 작업 이미지를 클릭하고 Options Bar(옵션바)에서 'Font(글꼴) : 돋움, Set font size(글꼴 크기) : 16pt, Set anti-aliasing method(앤티 앨리어싱 방법 설정) : Strong(강하게), Center text(텍스트 중앙 정렬, 틀), Color(색상) : #333399'로 설정한 후 SNS 공지 라이브 방송 참여하기 매주 목요일 저녁을 입력합니다.

10 Horizontal Type Tool(수평 문자 도구, T)로 '라이브 방송 참여하기' 문자를 드래그하여 선택하고 'Color(색상) : #ff0099'로 설정합니다.

11 Layers(레이어) 패널 하단의 'Add a layer style(레이어 스타일 추가, fx.)'을 클릭하여 [Stroke(획)]를 선택, 'Size(크기) : 2px, Color(색상) : #ffffff'로 설정합니다.

12 Horizontal Type Tool(수평 문자 도구, T)로 작업 이미지를 클릭하고 Options Bar(옵션바)에서 'Font(글꼴) : Arial, Set font style(글꼴 스타일 설정) : Regular, Set font size(글꼴 크기) : 16pt, Color(색상) : #ffffff'로 설정한 후 Wisdom and leisure of my life를 입력합니다.

13 Layers(레이어) 패널 하단의 'Add a layer style(레이어 스타일 추가, fx.)'을 클릭하여 [Stroke(획)]를 선택, 'Size(크기) : 2px, Color(색상) : #336666'으로 설정합니다. Ctrl + S 를 눌러 저장합니다.

07 정답 파일 저장

01 [View(보기)]-[Show(표시)]-[Grid(격자)](Ctrl + ')를 선택하여 격자를 가립니다.

02 [File(파일)]-[Save As(다른 이름으로 저장)](Shift + Ctrl + S)를 선택하고 '저장 위치 : 내 PCW문서WGTQ, 파일 형식 : JPEG, 파일 이름 : 수험번호-성명-문제번호.jpg'를 입력하고 [저장]을 클릭한 후 [JPEG Options(JPEG 옵션)] 대화상자에서 'Quality(품질) : 8'로 설정하고 [OK(확인)]를 클릭합니다.

03 [Image(이미지)]−[Image Size(이미지 크기)]([Alt]+[Ctrl]+[I])를 선택하고 'Constrain aspect ratio(종횡비 제한) : 클릭, Width(폭) : 60Pixels(픽셀), Height(높이) : 40Pixels(픽셀)'로 입력하여 이미지 크기를 1/10로 축소한 후 [OK(확인)]를 클릭합니다.

04 [File(파일)]−[Save As(다른 이름으로 저장)]([Shift]+[Ctrl]+[S])를 선택하고 '저장 위치 : 내 PC₩문서₩GTQ, 파일 형식 : Photoshop(*.PSD, *.PDD), 파일 이름 : 수험번호−성명−문제번호.psd'를 입력하고 [저장]을 클릭합니다.

05 답안 저장이 완료되면 [File(파일)]−[Close(닫기)]([Ctrl]+[W])를 선택하여 파일을 닫고 수험 프로그램에서 [답안 전송]을 클릭하여 psd와 jpg 파일을 감독관 컴퓨터로 전송합니다.

문제 04 CHAPTER 05
[실무응용] 웹 페이지 제작

작업과정	새 작업 이미지 만들기 및 파일 저장하기 ▶ 혼합 모드 합성 및 필터, 레이어 마스크 적용 ▶ 이미지 보정 및 레이어 스타일 적용 ▶ 펜 도구 작업 및 레이어 스타일 적용 ▶ 패턴 정의와 적용 및 레이어 마스크 적용 ▶ 모양 생성 및 변형, 레이어 스타일 적용 ▶ 메뉴 버튼 만들기 ▶ 문자 입력과 왜곡 및 레이어 스타일 적용 ▶ 정답 파일 저장
완성이미지	Part04₩기출유형문제05회₩정답파일₩G120210005−성명−4.jpg, G120210005−성명−4.psd

01 새 작업 이미지 만들기 및 파일 저장하기

01 [File(파일)]−[New(새로 만들기)]([Ctrl]+[N])를 선택하고 'Width(폭) : 600Pixels(픽셀), Height(높이) : 400Pixels(픽셀), Resolution(해상도) : 72Pixels/Inch(픽셀/인치), Color Mode(색상 모드) : RGB Color(RGB 색상), 8bit(비트), Background Contents(배경 내용) : White(흰색)'로 설정하여 새 작업 이미지를 만듭니다.

02 [Edit(편집)]−[Preference(환경설정)]([Ctrl]+[K])를 클릭하고 [Guides, Grid & Slices(안내선, 격자와 슬라이스)]를 선택하여 Grid(격자)의 'Color(색상)'를 클릭하여 밝은 색상으로 변경한 후 'Gridline Every(격자 간격) : 100Pixels(픽셀), Subdivisions(세분) : 1'로 설정합니다.

03 [View(보기)]−[Show(표시)]−[Grid(격자)]([Ctrl]+['])와 [View(보기)]−[Rulers(눈금자)]([Ctrl]+[R])를 선택하여 격자와 눈금자를 표시합니다.

04 작업 도큐먼트를 저장하기 위해 [File(파일)]−[Save As(다른 이름으로 저장)]([Shift]+[Ctrl]+[S])를 선택하고 임의 경로에 수험번호−성명−문제번호.psd로 파일을 저장합니다.

02 혼합 모드 합성 및 필터, 레이어 마스크 적용

01 Tool Panel(도구 패널) 하단의 'Set foreground color(전경색 설정)'을 클릭하여 # 오른쪽 입력란에 cccccc로 입력한 후, [Alt]+[Delete]를 눌러 제시된 Foreground Color(전경색)를 작업 이미지의 배경에 채웁니다.

02 [File(파일)]−[Open(열기)]([Ctrl]+[O])을 선택하여 1급−12.jpg를 불러옵니다. [Ctrl]+[A]로 전체 선택, [Ctrl]+[C]로 복사, 작업 이미지에 [Ctrl]+[V]로 붙여넣기를 하고 격자를 참조하여 위치를 조절하여 배치합니다.

03 Layers(레이어) 패널에서 'Blending Mode(혼합 모드) : Overlay(오버레이)'로 설정하여 배경 이미지와 합성을 합니다.

04 Layers(레이어) 패널 하단의 'Add layer mask(레이어 마스크 추가, ▣)'를 클릭하여 레이어 마스크를 추가합니다.

05 Tool Panel(도구 패널) 하단의 Set foreground color(전경색 설정)를 #000000, Set background color(배경색 설정)를 #ffffff로 설정합니다. Gradient Tool(그레이디언트 도구, ▣)을 클릭하고 Options Bar(옵션 바)에서 'Type(유형) : Linear Gradient(선형 그레이디언트), Mode(모드) : Normal(표준), Opacity(불투명도) : 100%'로 설정한 후 [Shift]를 누른 채 위에서 아래쪽으로 세로 방향으로 드래그하여 이미지 일부를 자연스럽게 지워 합성합니다.

06 [File(파일)]−[Open(열기)]([Ctrl]+[O])을 선택하여 1급−13.jpg를 불러옵니다. [Ctrl]+[A]로 전체 선택, [Ctrl]+[C]로 복사, 작업 이미지에 [Ctrl]+[V]로 붙여넣기를 합니다. [Ctrl]+[T]를 눌러 종횡비에 맞게 크기를 조절하고 격자를 참조하여 배치합니다.

07 [Filter(필터)]−[Filter Gallery(필터 갤러리)]−[Artistic(예술 효과)]−[Dry Brush(드라이 브러시)]를 선택합니다.

08 Layers(레이어) 패널 하단의 'Add layer mask(레이어 마스크 추가, ▣)'를 클릭하여 레이어 마스크를 추가합니다.

09 Tool Panel(도구 패널) 하단의 Set foreground color(전경색 설정)를 #000000, Set background color(배경색 설정)를 #ffffff로 설정합니다. Gradient Tool(그레이디언트 도구, ▣)을 클릭하고 Options Bar(옵션 바)에서 'Type(유형) : Linear Gradient(선형 그레이디언트), Mode(모드) : Normal(표준), Opacity(불투명도) : 100%'로 설정한 후 Shift 를 누른 채 오른쪽 아래에서 왼쪽 위로 대각선 방향으로 드래그하여 이미지 일부를 자연스럽게 지워 합성합니다.

10 File(파일)]-[Open(열기)](Ctrl + O)을 선택하여 1급-14.jpg를 불러옵니다. Quick Selection Tool(빠른 선택 도구, ▣)을 클릭하고 Options Bar(옵션 바)에서 'Add to selection(선택 영역에 추가, ▣)'을 설정한 후 브러시의 크기를 조절하며 드래그하여 선택합니다.

11 Ctrl + C 로 복사, 작업 이미지에 Ctrl + V 로 붙여넣기를 합니다. Ctrl + T 를 눌러 종횡비에 맞게 크기를 조절하여 배치합니다.

12 Layers(레이어) 패널 하단의 'Add a layer style(레이어스타일 추가, fx.)'을 클릭하여 [Bevel & Emboss(경사와 엠보스)]를 선택, 'Style(스타일) : Inner Bevel(내부 경사), Direction(방향) : Up(위로), Size(크기) : 3px'로 설정합니다. 계속해서 [Drop Shadow(드롭 섀도)]를 선택, 'Opacity(불투명도) : 75%, Angle(각도) : 90°, Distance(거리) : 7px, Size(크기) : 7px'로 설정하고 [OK(확인)]를 클릭합니다.

13 [File(파일)]-[Open(열기)]([Ctrl]+[O])을 선택하여 1급-15.jpg를 불러온 후 Magic Wand Tool(자동 선택 도구, ✎)을 클릭하고 Options Bar(옵션 바)에서 'New selection(새 선택, ▣), Tolerance(허용치) : 20, Anti-alias(앤티 앨리어스) : 체크, Contiguous(인접) : 체크 해제'를 설정하고 배경 부분을 클릭하여 선택합니다.

합격생의 비법

Contiguous(인접)를 체크 해제하면 이미지 경계 밖의 유사 색상을 함께 선택할 수 있습니다.

14 [Shift]+[Ctrl]+[I]로 선택 영역을 반전한 후, [Ctrl]+[C]로 복사합니다. 작업 이미지에 [Ctrl]+[V]로 붙여넣고 [Ctrl]+[T]를 눌러 종횡비에 맞게 크기를 조절하여 배치합니다.

15 [Filter(필터)]-[Filter Gallery(필터 갤러리)]-[Artistic(예술 효과)]-[Film Grain(필름 그레인)]를 선택합니다.

16 Layers(레이어) 패널 하단의 'Add a layer style(레이어스타일 추가, ✎)'을 클릭하여 [Drop Shadow(그림자)]를 선택, 'Opacity(불투명도) : 75%, Angle(각도) : 90°, Distance(거리) : 7px, Size(크기) : 7px'로 설정하고 [OK(확인)]를 클릭합니다.

🔘 이미지 보정 및 레이어 스타일 적용

01 [File(파일)]-[Open(열기)]([Ctrl]+[O])을 선택하여 1급-16.jpg를 불러옵니다. Magic Wand Tool(자동 선택 도구, ✎)을 클릭하고 Options Bar(옵션 바)에서 'New selection(새 선택, ▣), Tolerance(허용치) : 15, Anti-alias(앤티 앨리어스) : 체크, Contiguous(인접) : 체크 해제'를 설정하고 배경 부분을 클릭하여 선택합니다.

02 [Shift]+[Ctrl]+[I]로 선택 영역을 반전한 후, [Ctrl]+[C]로 복사, 작업 이미지에 [Ctrl]+[V]로 붙여 넣기를 합니다. [Ctrl]+[T]를 눌러 종횡비에 맞게 크기를 조절합니다.

03 Layers(레이어) 패널 하단의 'Add a layer style(레이어 스타일 추가, ✎)'을 클릭하여 [Bevel & Emboss(경사와 엠보스)]를 선택, 'Style(스타일) : Inner Bevel(내부 경사), Direction(방향) : Up(위로), Size(크기) : 3px'로 설정합니다. 계속해서 [Stroke(획)]를 선택, 'Size(크기) : 2px, Color(색상) : #ff9999'로 설정하고 [OK(확인)]를 클릭합니다.

04 Polygonal Lasso Tool(다각형 올가미 도구, 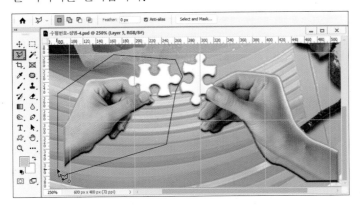)로 클릭하여 다각형 형태로 왼쪽의 손과 퍼즐 이미지를 선택합니다.

05 [Layer(레이어)]-[New(새로 만들기)]-[Layer Via Cut(잘라낸 레이어)](Shift+Ctrl+J)를 클릭하여 별도의 레이어로 설정합니다.

합격생의 비법

Shift+Ctrl+J는 선택된 이미지를 레이어로 잘라내기하여 제자리에 새로운 레이어로 붙여넣는 메뉴입니다. 이미 적용된 레이어 스타일을 그대로 유지한 채 새로운 레이어를 만듭니다.

06 Layers(레이어) 패널에서 'Layer 5' 레이어를 선택하고 격자를 참조하여 이동하여 배치합니다. 'Layer 6' 레이어를 선택하고 Ctrl+T를 눌러 Options Bar(옵션 바)에서 'Rotate(회전, △) : -15°'를 입력하고 Enter를 눌러 회전을 적용하고 이동하여 배치합니다.

07 Magic Wand Tool(자동 선택 도구, 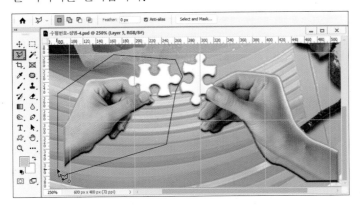)을 클릭하고 Options Bar(옵션 바)에서 'Add to selection(선택 영역에 추가, ◨), Tolerance(허용치) : 15, Anti-alias(앤티 앨리어스) : 체크, Contiguous(인접) : 체크, Sample All Layers(모든 레이어 샘플링) : 체크'를 설정합니다.

08 작업 이미지에서 'Layer 5'와 'Layer 6' 레이어의 흰색 퍼즐 이미지를 각각 클릭하여 동시에 선택합니다.

09 Layers(레이어) 패널 하단의 'Create new fill or adjustment layer(새 칠 또는 조정 레이어 생성,)'를 클릭하고 [Hue/Saturation(색조/채도)]을 선택합니다. Properties(속성) 패널에서 'Colorize(색상화) : 체크, Hue(색조) : 320, Saturation(채도) : 80, Lightness(명도) : –50'으로 설정하여 보라색 계열로 색상을 보정합니다.

10 [File(파일)]–[Open(열기)]([Ctrl]+[O])을 선택하여 1급–17.jpg를 불러옵니다. Quick Selection Tool(빠른 선택 도구, [☑])을 클릭하고 Options Bar(옵션 바)에서 'Add to selection(선택 영역에 추가, [☑])'을 설정한 후 브러시의 크기를 조절하며 드래그하여 선택하고, [Ctrl]+[C]를 눌러 복사합니다.

11 Layers(레이어) 패널에서 'Layer 4' 레이어를 선택합니다. [Ctrl]+[V]로 붙여넣기를 한 후, [Ctrl]+[T]를 눌러 크기를 축소하고, 마우스 오른쪽 버튼을 클릭하여 [Flip Horizontal(가로로 뒤집기)]로 뒤집고 배치합니다.

04 펜 도구 작업 및 레이어 스타일 적용

01 Layers(레이어) 패널에서 'Hue/Saturation 1' 레이어를 선택합니다. Rounded Rectangle Tool(모서리가 둥근 직사각형 도구, ▢)을 클릭하고 Options Bar(옵션 바)에서 'Shape(모양), Fill(칠) : #ff6699, Stroke(획) : No Color(색상 없음), Path operations(패스 작업) : Combine Shapes(모양 결합, ▣), Radius(반경) : 60px'로 설정한 후 드래그하여 둥근 사각형을 그립니다.

02 계속해서 Options Bar(옵션 바)에서 'Radius(반경) : 30px'로 설정한 후 드래그하여 상단에 겹치도록 둥근 사각형을 그립니다.

03 Ctrl+T를 누르고, 마우스 오른쪽 버튼을 눌러 [Perspective(원근)]를 선택하고 상단과 하단의 조절점 모서리를 각각 드래그하여 모양을 변형한 후, Enter를 눌러 변형을 완료합니다.

합격생의 비법

키캡으로 Perspective(원근) 적용하기

Ctrl+T를 누른 후 Ctrl+Shift+Alt를 누른 채 모서리 조절점을 드래그하여 변형할 수 있습니다.

04 Rounded Rectangle Tool(모서리가 둥근 직사각형 도구, ▢)을 클릭하고 Options Bar(옵션 바)에서 'Shape(모양), Path operations(패스 작업) : Subtract Front Shape(전면 모양 빼기, ▣), Radius(반경) : 20px'로 설정한 후 드래그하여 변형된 둥근 사각형과 겹치도록 둥근 사각형을 그립니다.

합격생의 비법

• 먼저 그린 모양 패스가 선택된 상태에서 'Path operations(패스 작업)'의 옵션을 바꾸면 작업 결과가 다를 수 있습니다. 둥근 사각형 모양을 그린 후에 옵션을 변경하여 클릭합니다.
• 모양 패스를 그린 후 Enter 를 1번 눌러 패스의 조절점을 비활성 상태로 만든 후 다시 한 번 Enter 를 눌러 'Path operations(패스 작업)'의 옵션을 변경하여 작업을 진행할 수도 있습니다.

05 Ctrl + T 를 누르고, 마우스 오른쪽 버튼을 클릭하여 [Perspective(원근)]를 선택하고 상단과 하단의 조절점 모서리를 각각 드래그하여 모양을 변형한 후 Enter 를 눌러 변형을 완료합니다.

06 Rectangle Tool(사각형 도구, ▢)을 클릭하고 Options Bar(옵션 바)에서 'Shape(모양), Fill(칠) : 임의 색상, Stroke(획) : No Color(색상 없음), Path operations(패스 작업) : Subtract Front Shape(전면 모양 빼기, ▣)'로 설정한 후 드래그하여 겹치도록 직사각형을 그립니다.

07 Ellipse Tool(타원 도구, ◯)을 클릭하고 Options Bar(옵션 바)에서 'Shape(모양), Path operations(패스 작업) : Combine Shapes(모양 결합, ▣)'로 설정한 후 드래그하여 겹치도록 타형을 그립니다.

08 Options Bar(옵션 바)에서 'Path operations(패스 작업) : Merge Shape Components(모양 병합 구성 요소, ▣)'를 클릭하여 하나로 병합하고 Enter 를 눌러 패스 작업을 완료합니다.

09 Layers(레이어) 패널 하단의 'Add a layer style(레이어 스타일 추가, fx.)'을 클릭하여 [Drop Shadow(그림자)]를 선택, 'Opacity(불투명도) : 75%, Angle(각도) : 90°, Distance (거리) : 5px, Size(크기) : 5px'로 설정하고 [OK(확인)]를 클릭합니다.

10 Layers(레이어) 패널의 레이어 이름을 더블 클릭하여 path 1로 변경합니다.

11 Pen Tool(펜 도구, ⌀)을 선택하고 Options Bar(옵션 바)에서 'Shape(모양), Fill(칠) : #ffcc33, Stroke(획) : No Color(색상 없음), Path operations(패스 작업) : Combine Shapes(모양 결합, ▣)'을 설정한 후 아령 모양을 그립니다.

12 Layers(레이어) 패널의 레이어 이름을 더블 클릭하여 path 2로 설정합니다.

13 Layers(레이어) 패널 하단의 'Add a layer style(레이어 스타일 추가, fx.])'을 클릭하여 [Drop Shadow(그림자)]를 선택하고 'Opacity(불투명도) : 75%, Angle(각도) : 90°, Distance(거리) : 7px, Size(크기) : 7px'을 설정하고 [OK(확인)]를 클릭합니다.

05 패턴 정의와 적용 및 레이어 마스크 적용

01 [File(파일)]-[New(새로 만들기)]([Ctrl]+[N])를 선택하고 'Width(폭) : 50Pixels(픽셀), Height(높이) : 50Pixels(픽셀), Resolution(해상도) : 72Pixels/Inch(픽셀/인치), Color Mode(색상 모드) : RGB Color(RGB 색상), 8bit(비트), Background Contents(배경 내용) : Transparent(투명)'로 설정하여 새 작업 이미지를 만듭니다.

02 Custom Shape Tool(사용자 정의 모양 도구, ⌀)을 클릭하고 Options Bar(옵션 바)에서 'Shape(모양), Fill(칠) : #ffffcc, Stroke(획) : No Color(색상 없음), Shape(모양) : Fe- male Symbol(여성 기호, ♀)'로 설정한 후 [Shift]를 누른 채 모양을 그립니다.

> **Shape 경로**
>
> [Legacy Shapes and More(레거시 모양 및 기타)]-[All Legacy Default Shapes(모든 레거시 기본 모양)]-[Symbols(기호)]

03 Custom Shape Tool(사용자 정의 모양 도구, 🔗)을 클릭하고 Options Bar(옵션 바)에서 'Shape(모양), Fill(칠) : #999900, Stroke(획) : No Color(색상 없음), Shape(모양) : Male Symbol(남성 기호, ♂)'로 설정한 후 Shift 를 누른 채 모양을 그립니다.

Shape 경로

[Legacy Shapes and More(레거시 모양 및 기타)]-[All Legacy Default Shapes(모든 레거시 기본 모양)]-[Symbols(기호)]

04 Ctrl + T 를 눌러 Options Bar(옵션 바)에서 'Rotate(회전, △) : −45˚'로 입력하고 Enter 를 눌러 회전을 적용하고 배치합니다.

합격생의 비법

연속해서 사용자 정의 모양 도구로 그릴 때 Fill Color(칠 색상) 설정하기

Options Bar(옵션 바)에서 목록 단추를 눌러 제시된 Shape(모양)을 선택하여 그린 후에 'Layer thumbnail(레이어 축소판)'을 더블 클릭하여 Fill Color(칠 색상)를 변경합니다.

05 [Edit(편집)]-[Define Pattern(패턴 정의)]을 선택하고 'Pattern Name : 여성과 남성'으로 설정하여 패턴을 등록합니다.

06 작업 이미지의 Layers(레이어) 패널 하단의 'Create a new layer(새 레이어 만들기, ⊞)'을 클릭하여 'Path 2' 레이어의 위쪽에 새 레이어를 추가하고 이름을 pattern으로 설정합니다.

07 Layers(레이어) 패널의 'pattern' 레이어를 선택하고 [Edit(편집)]-[Fill(칠)]을 선택하고 'Contents(내용) : Pattern(패턴), Custom Pattern(사용자 정의 패턴) : 여성과 남성, Mode(모드) : Normal(표준), Opacity(불투명도) : 100%, Preserve Transparency(투명도 유지) : 체크 해제'로 설정하여 채웁니다.

08 Layers(레이어) 패널 상단의 'Opacity(불투명도) : 60%'로 설정합니다. 'path 2' 레이어와 'pattern' 레이어 사이에 마우스 커서를 놓고 Alt 를 누르고 클릭하여 Clipping Mask(클리핑 마스크)를 적용합니다.

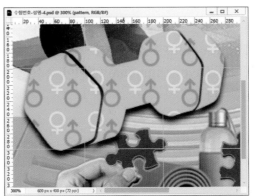

06 모양 생성 및 변형, 레이어 스타일 적용

01 Custom Shape Tool(사용자 정의 모양 도구, ⚒)을 클릭하고 Options Bar(옵션 바)에서 'Shape(모양), Fill(칠) : #660000, Stroke(획) : No Color(색상 없음), Shape(모양) : Ornament 1(장식 1, ≋)'로 설정한 후 **Shift**를 누른 채 모양을 그립니다.

> **Shape 경로**
>
> [Legacy Shapes and More(레거시 모양 및 기타)]-[All Legacy Default Shapes(모든 레거시 기본 모양)]-[Ornaments (장식)]

02 Layers(레이어) 패널 하단의 'Add a layer style(레이어 스타일 추가, _fx._)'을 클릭하여 [Outer Glow(외부 광선)]를 선택, 'Opacity(불투명도) : 75%, Spread(스프레드) : 0%, Size (크기) : 7px'로 설정하고 [OK(확인)]를 클릭합니다.

03 Custom Shape Tool(사용자 정의 모양 도구, ⚒)을 클릭하고 Options Bar(옵션 바)에서 'Shape(모양), Fill(칠) : #33ffff, Stroke(획) : No Color(색상 없음), Shape(모양) : Eighth Note(8분 음표, ♪)'로 설정한 후 **Shift**를 누른 채 드래그하여 모양을 그립니다. **Ctrl** + **T**를 눌러 회전하고 배치합니다.

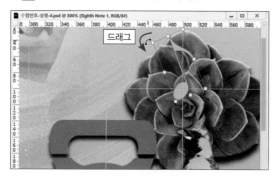

> **Shape 경로**
>
> [Legacy Shapes and More(레거시 모양 및 기타)]-[All Legacy Default Shapes(모든 레거시 기본 모양)]-[Music(음악)]

04 Layers(레이어) 패널 하단의 'Add a layer style(레이어 스타일 추가, _fx._)'을 클릭하여 [Outer Glow(외부 광선)]를 선택, 'Opacity(불투명도) : 75%, Spread(스프레드) : 0%, Size (크기) : 7px'로 설정하고 [OK(확인)]를 클릭합니다. Layers(레이어) 패널 상단의 'Opacity (불투명도) : 70%'로 설정합니다.

05 **Ctrl** + **J**를 눌러 'Eighth Note 1' 레이어를 복사하고 Layers(레이어) 패널에서 'Eighth Note 1 copy' 레이어의 'Layer thumbnail(레이어 축소판)'을 더블 클릭하여 'Color(색상) : #009933'으로 변경합니다.

06 Ctrl+T를 눌러 종횡비에 맞게 크기를 조절하고 회전하여 배치합니다.

07 메뉴 버튼 만들기

01 Custom Shape Tool(사용자 정의 모양 도구, ⬟)을 클릭하고 Options Bar(옵션 바)에서 'Shape(모양), Fill(칠) : 임의 색상, Stroke(획) : No Color(색상 없음), Shape(모양) : Hexagon(육각형, ⬣)'을 설정한 후 드래그하여 모양을 그립니다.

Shape 경로

[Legacy Shapes and More(레거시 모양 및 기타)]–[All Legacy Default Shapes(모든 레거시 기본 모양)]–[Shapes(모양)]

02 Layers(레이어) 패널 하단의 'Add a layer style(레이어 스타일 추가, fx.)'을 클릭하여 [Stroke(획)]를 선택, 'Size(크기) : 2px, Color(색상) : #cc9966'으로 설정합니다. 계속해서 [Gradient Overlay(그레이디언트 오버레이)]를 선택하고 'Click to edit the gradient(클릭하여 그레이디언트 편집)'를 클릭합니다.

03 그레이디언트 슬라이더 왼쪽 하단의 'Color Stop(색상 정지점)'을 더블 클릭하여 #ffcc99 를, 오른쪽 'Color Stop(색상 정지점)'을 더블 클릭하여 #ffffff로 설정한 후 'Style(스타일) : Linear(선형), Angle(각도) : 90°로 설정하고 [OK(확인)]를 클릭합니다.

04 Horizontal Type Tool(수평 문자 도구, T)로 작업 이미지를 클릭하고 Options Bar(옵션 바)에서 'Font(글꼴) : 돋움, Set font size(글꼴 크기) : 16pt, Set anti-aliasing method (앤티 앨리어싱 방법 설정) : Strong(강하게), Center text(텍스트 중앙 정렬, ▤), Color(색상) : #000000'으로 설정한 후 홈트레이닝을 입력합니다.

05 Layers(레이어) 패널 하단의 'Add a layer style(레이어 스타일 추가, *fx.*)'을 클릭하여 [Stroke(획)]를 선택, 'Size(크기) : 2px, Color(색상) : #ffffff'로 설정하고 [OK(확인)]를 클릭합니다.

06 Layers(레이어) 패널에서 Shift 를 누른 채 'Hexagon 1' 레이어와 '홈트레이닝' 레이어를 클릭하여 함께 선택합니다.

07 Move Tool(이동 도구, ✥.)을 클릭하고 작업 이미지에서 Alt 를 누른 채 2개의 레이어를 아래쪽으로 드래그하여 이동하며 복제합니다.

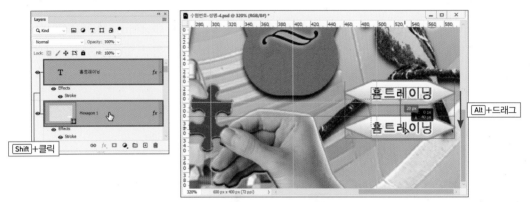

08 같은 방법으로 3번째 버튼의 모양을 만듭니다. Horizontal Type Tool(수평 문자 도구, T) 로 문자를 각각 드래그하여 비대면수강, 명상음악을 입력하여 수정합니다.

09 Horizontal Type Tool(수평 문자 도구, T)로 '비대면수강' 문자를 드래그하여 선택하고 Options Bar(옵션 바)에서 'Color(색상) : #cc0099'로 설정합니다.

⑧ 문자 입력과 왜곡 및 레이어 스타일 적용

01 Layers(레이어) 패널에서 맨 위쪽의 레이어를 선택합니다. Horizontal Type Tool(수평 문자 도구, T)로 작업 이미지를 클릭하고 Options Bar(옵션 바)에서 'Font(글꼴) : Arial, Set font style(글꼴 스타일 설정) : Regular, Set font size(글꼴 크기) : 16pt, Color(색상) : #663300'으로 설정한 후 http://healthinfo.co.kr을 입력합니다.

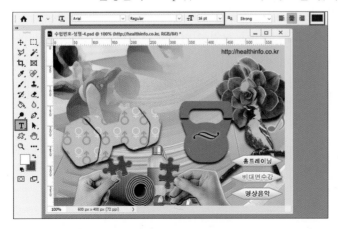

02 Layers(레이어) 패널 하단의 'Add a layer style(레이어 스타일 추가, $fx.$)'을 클릭하여 [Stroke(획)]를 선택, 'Size(크기) : 2px, Color(색상) : #ffcccc'로 설정하고 [OK(확인)]를 클릭합니다.

03 Horizontal Type Tool(수평 문자 도구, $\boxed{T}$)로 작업 이미지를 클릭하고 Options Bar(옵션 바)에서 'Font(글꼴) : 돋움, Set font size(글꼴 크기) : 33pt, Set anti-aliasing method (앤티 앨리어싱 방법 설정) : Strong(강하게), Color(색상) : 임의 색상'으로 설정한 후 건강을 지키는 현명한 방법을 입력합니다.

04 Options Bar(옵션 바)에서 Create warped text(뒤틀어진 텍스트 만들기, $\boxed{\mathcal{I}}$)를 클릭하여 [Warp Text(텍스트 뒤틀기)] 대화상자에서 'Style(스타일) : Arc Upper(위 부채꼴), Horizontal(가로) : 체크, Bend(구부리기) : 20%'로 설정하여 문자의 모양을 왜곡합니다.

05 Layers(레이어) 패널 하단에 'Add a layer style(레이어 스타일 추가, $fx.$)'을 클릭하여 [Stroke(획)]를 선택, 'Size(크기) : 3px, Color(색상) : #660066'으로 설정합니다. 계속해서 [Gradient Overlay(그레이디언트 오버레이)]를 선택하고 'Click to edit the gradient(클릭 하여 그레이디언트 편집)'를 클릭합니다.

06 그레이디언트 슬라이더 왼쪽 하단의 'Color Stop(색상 정지점)'을 더블 클릭하여 #00ffff 를, 가운데 빈 곳을 클릭하여 'Color Stop(색상 정지점)'을 추가하고 더블 클릭하여 #ffffff, 오른쪽 'Color Stop(색상 정지점)'을 더블 클릭하여 #00ffff로 설정한 후 'Style(스타일) : Linear(선형), Angle(각도) : 0°'로 설정합니다.

07 계속해서 [Drop Shadow(드롭 섀도)]를 선택, 'Opacity(불투명도) : 75%, Angle(각도) : 90°, Distance(거리) : 5px, Size(크기) : 5px'로 설정하고 [OK(확인)]를 클릭합니다.

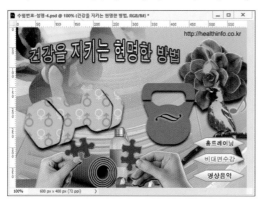

08 Horizontal Type Tool(수평 문자 도구, T)로 작업 이미지를 클릭하고 Options Bar(옵션 바)에서 'Font(글꼴) : 돋움, Set font size(글꼴 크기) : 20pt, 안티에일리어싱 : Strong(강하게), Color(색상) : #ffffff'로 설정한 후 자기 관리와 온라인 맞춤 클래스를 입력합니다.

09 Options Bar(옵션 바)에서 Create warped text(뒤틀어진 텍스트 만들기, I)를 클릭하여 [Warp Text(텍스트 뒤틀기)] 대화상자에서 'Style(스타일) : Flag(깃발), Horizontal(가로) : 체크, Bend(구부리기) : 50%'로 설정하여 문자의 모양을 왜곡합니다.

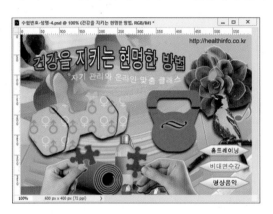

10 Layers(레이어) 패널 하단에 'Add a layer style(레이어 스타일 추가, fx.)'을 클릭하여 [Stroke(획)]를 선택, 'Size(크기) : 2px, Color(색상) : #663333'으로 설정하고 [OK(확인)]를 클릭합니다. Ctrl+S를 눌러 저장합니다.

09 정답 파일 저장

01 [View(보기)]-[Show(표시)]-[Grid(격자)](Ctrl+')를 선택하여 격자를 가립니다.

02 [File(파일)]-[Save As(다른 이름으로 저장)](Shift+Ctrl+S)를 선택하고 '저장 위치 : 내 PC₩문서₩GTQ, 파일 형식 : JPEG, 파일 이름 : 수험번호-성명-문제번호.jpg'를 입력하고 [저장]을 클릭한 후 [JPEG Options(JPEG 옵션)] 대화상자에서 'Quality(품질) : 8'로 설정하고 [OK(확인)]를 클릭합니다.

03 [Image(이미지)]-[Image Size(이미지 크기)](Alt+Ctrl+I)를 선택하고 'Constrain aspect ratio(종횡비 제한) : 클릭, Width(폭) : 60Pixels(픽셀), Height(높이) : 40Pixels(픽셀)'로 입력하여 이미지 크기를 1/10로 축소한 후 [OK(확인)]를 클릭합니다.

04 [File(파일)]-[Save As(다른 이름으로 저장)](Shift+Ctrl+S)를 선택하고 '저장 위치 : 내 PC₩문서₩GTQ, 파일 형식 : Photoshop(*.PSD, *.PDD), 파일 이름 : 수험번호-성명-문제번호.psd'를 입력하고 [저장]을 클릭합니다.

05 답안 저장이 완료되면 [File(파일)]-[Exit(종료)](Ctrl+Q)를 선택하여 프로그램을 종료하고 수험 프로그램에서 [답안 전송]을 클릭하여 psd와 jpg 파일을 감독관 컴퓨터로 전송합니다.